LES CONDAMNÉS

ET

LES PRISONS

OU

RÉFORME

MORALE, CRIMINELLE ET PÉNITENTIAIRE

PAR

LE Vte BRETIGNÈRES DE COURTEILLES

MEMBRE DU CONSEIL-GÉNÉRAL D'INDRE-ET-LOIRE

PARIS

PERROTIN, ÉDITEUR, PLACE DE LA BOURSE, 1.

JUST TESSIER, LIBRAIRE, QUAI DES AUGUSTINS, 37.

1838

LES CONDAMNÉS

ET

LES PRISONS.

IMPRIMERIE DE H. FOURNIER ET COMP., RUE DE SEINE, 14.

LES CONDAMNÉS

ET

LES PRISONS

OU

RÉFORME

MORALE, CRIMINELLE ET PENITENTIAIRE

PAR

LE Vte BRETIGNÈRES DE COURTEILLES

MEMBRE DU CONSEIL-GÉNÉRAL D'INDRE-ET-LOIRE

PARIS

PERROTIN, ÉDITEUR, PLACE DE LA BOURSE, 1.

JUST TESSIER, LIBRAIRE, QUAI DES AUGUSTINS, 37.

1838

AVANT-PROPOS.

Si notre siècle était aussi indifférent, aussi égoïste, aussi corrompu que le répètent sans cesse des hommes qui désespèrent de tout, et signalent les écueils sans indiquer le port, il faudrait renoncer à toute amélioration de nos mœurs, de nos lois et de nos institutions, à tout progrès dans les sciences, à tout perfectionnement dans les arts; nous toucherions à une époque de décadence et de dissolution; il ne resterait plus à chacun de nous, dans la prévision d'un commun naufrage, qu'à préparer sa planche de salut, tandis que notre devoir est de jeter une ancre!

Nous sommes ce peuple, dont parle Montesquieu, « qui n'a de repos dans aucune situation, qui se tâte sans cesse, et se trouve tous les endroits douloureux! »

A travers tant de récriminations stériles et de plaintes exagérées qui ne sont pas toujours proférées par ceux qui souffrent le plus, de justes appréhensions se manifestent, et des réclamations fondées s'élèvent avec trop d'unanimité pour n'être pas religieusement écoutées.

Des signes de malaise, de découragement et d'inquiétude, éclatent; des éléments de trouble fermentent au sein d'une société flottant à tout vent de doctrine; le paupérisme croissant avec la grande industrie; les attentats contre la propriété se multipliant dans les régions les plus éclairées ; l'augmentation continuelle et soutenue des délits et des crimes, attestant l'insuffisance des lois, sont des faits alarmants dont on veut arrêter les progrès sans en étudier les symptômes.

Le crime est une maladie contagieuse qu'on désespère de guérir, avant d'avoir tenté de la traiter ; tout coupable est considéré comme incurable ; on le poursuit pour en délivrer la société, dont il n'est plus qu'un membre nuisible et gangréné; quant au mal, on l'abandonne à lui-même, en tâchant de circonscrire ses ravages; c'est une plante vénéneuse dont on coupe la tige sans en extirper les racines.

Aussi, les mêmes principes reproduisent les mêmes désordres ; les mêmes peines punissent régulièrement et inutilement les mêmes attentats. La conscience du juge et le bras du bourreau semblent se lasser plutôt que l'audace et l'endurcissement des coupables, dont les rangs grossissent : il semble que nos lois fassent des criminels, et nos prisons des scélérats ! Nous parcourons invariablement le même cercle vicieux, il est temps enfin d'en sortir.

Les causes réelles des maux et des perturbations qui affligent l'humanité, ne sont pas des problèmes insolubles : il faut avoir la force de les étudier avec persévérance, la consciencieuse énergie de les dire sans exagération et sans réticence, et la persuasion intime qu'il existe des moyens pratiques, des remèdes simples, mais héroïques, à proposer au bon sens et à l'équité de tous.

Je pense avec madame de Staël, « que « chacun, ici bas, s'acquitterait dignement « envers la vie, s'il dirigeait vers un but « élevé, vers une grande entreprise, les « rayons épars de ses facultés et les résul- « tats de ses travaux. »

J'ai dirigé les miens vers les sources de

la misère et du crime, j'ai fait tous mes efforts pour les approfondir, et j'ai cherché le moyen d'en prévenir les causes, au lieu d'en réprimer les effets.

Voilà la tâche dont j'ai mesuré la hauteur, et à laquelle je n'ai pas craint de vouer mes jours! J'étais à l'œuvre quand l'excellent ouvrage de MM. de Tocqueville et de Beaumont, après avoir fixé l'attention générale sur le système pénitentiaire des États-Unis, fit réclamer son application en France: une profonde conviction, et l'accomplissement d'un devoir, m'en rendirent l'apôtre (1).

Cette haute question préoccupa tous les esprits; on sentit la nécessité de régénérer les prisons et les condamnés; aujourd'hui le gouvernement prend l'ini-

(1) L'auteur, membre du conseil-général du département d'Indre-et-Loire, a été rapporteur de la commission chargée du programme des prisons de Tours.

tiative, et demande aux Chambres les moyens d'opérer une réforme indispensable ; il doit présenter une loi spéciale dans le cours de la session actuelle ; la discussion va s'ouvrir. J'ai cru qu'en ce moment mon travail pouvait être utile, et j'ai détaché de l'ouvrage, dont je viens d'indiquer la matière, toute la partie relative à l'histoire de la justice criminelle, des supplices et de l'emprisonnement, en France, depuis le XVe siècle jusqu'au XIXe, en indiquant l'influence des mœurs sur les lois de chaque époque, en proposant pour la révision du Code pénal et pour la restauration des prisons, un plan que j'ai essayé de rendre complet dans son ensemble et dans ses détails.

J'ai concentré toute mon attention sur les prisons départementales, les maisons centrales de force et de correction, et les bagnes ; je me suis moins occupé des prisons de Paris, non pas que la surveillance de l'autorité centrale les ait rendues meilleures (une des pires est précisément celle qui est établie dans la demeure du préfet de police), mais elles ont été explorées et décrites par des hommes experts; la presse périodique s'élève journellement contre les abus et les vices qui parviennent à sa connaissance : les organes des opinions les plus opposées sont unanimes sur ce grave sujet.

J'ai résumé tous les travaux tentés et accomplis jusqu'à ce jour pour l'application du système pénitentiaire, afin de les présenter en un seul faisceau, et d'en tirer, s'il se peut, une heureuse conclusion.

Je me suis appuyé sur des faits dont j'ai toujours indiqué l'origine, sur les calculs et l'autorité des hommes éminents qui m'ont devancé.

J'ai déjà nommé MM. de Tocqueville et de Beaumont, ce sont leurs généreuses inspirations, ce sont les encouragements et l'approbation de l'un d'eux, qui m'ont décidé à publier ce livre : s'il produisait quelque bien, je leur en devrais l'hommage.

En entrant dans cette noble carrière, si utilement et si habilement parcourue par MM. Bérenger, Moreau-Christophe, Charles Lucas, Aylies, Marquet-Vasselot, Demetz et Blouet, je m'empresse de reconnaître combien je dois aux lumières et à l'expérience de tant d'hommes spéciaux dont je suis heureux de suivre les traces. Si je ne partage pas toutes leurs opinions, si je n'adopte pas tous les moyens qu'ils ont proposés, je marche du moins au même but, et je m'honore de concourir avec eux au bien commun.

LES CONDAMNÉS
ET
LES PRISONS.

CHAPITRE PREMIER.

État moral de la société.

En plaçant l'homme au sommet de son œuvre, Dieu l'a créé pour faire le bien, et pour en jouir; toutes ses facultés le poussent vers ce but, et l'y ramèneraient infailliblement lorsqu'il s'en écarte, si d'imprévoyantes et impitoyables lois, si des instincts comprimés, si des besoins méconnus, si des préjugés barbares n'élevaient entre le crime et le repentir des obstacles insurmontables. C'était peu d'avoir rendu difficiles les abords de la vertu, on a rendu presque impossible le retour au bien, qui est notre vocation sur la terre.

Le mal est une infraction à l'ordre universel, il est le résultat des passions et des institutions humaines : examinons-les, étudions nos mœurs et nos lois, voyons ce qu'elles produisent; analysons le corps social, mettons à nu ces plaies si profondes qu'on ose à peine les sonder, observons les symptômes des maux qui rongent ses entrailles. Les plus menaçants, ceux qui font irruption au dehors, sont la misère et le crime.

Voilà ce qui frappe les yeux même du vulgaire, et l'on sait que les vérités doivent *passer par lui pour arriver comme un cri public aux oreilles des gouvernements*[1].

Les pauvres et les criminels se comptent aujourd'hui; les premiers se plaignent et réclament, les seconds professent et recrutent.

C'est toujours l'intérêt personnel qui pousse au mal, et néanmoins le crime est rarement un

1. Diderot.

fait isolé, une première faute peut être le résultat d'un moment d'erreur et d'oubli, peut être l'effet des passions; mais le plus souvent la détresse et la faim poussent le malheureux au vol et au meurtre, et, qu'un coupable ait franchi le seuil d'un tribunal ou d'une prison, il est acquis au vice, il est enrôlé parmi ces malfaiteurs qui, en dehors de la société légale, riche et privilégiée, au-dessous des classes ouvrières et pauvres, au-dessous de l'aumône et du dernier degré de l'échelle sociale, composent une société à part, vivant dans l'ombre, de rapines et de souffrances, de sang et d'infamie, se faisant un droit hors du droit commun, et déclarant la guerre aux lois civiles et religieuses après avoir passé par toutes les épreuves du malheur et du crime.

Cette redoutable association lutte contre la justice humaine, et semble vouloir traiter avec elle de puissance à puissance : elle a ses lois, ses mœurs, ses alliances et son héroïsme. La force, voilà le droit de ces hommes : vainqueurs, ils en usent; vaincus, ils se résignent. Pour eux, prendre est une nécessité, nuire est une représaille. Les fers et l'échafaud sont les accidents d'une vie pleine d'émotions et de vicissitudes, dont les jouissances brutales entretiennent l'activité! Dans cet état de guerre permanent, le vice a ses chevrons, le crime a ses actions d'éclat : pour ces bandits, la prison est un hospice, une école d'enseignement mutuel, et le bagne un quartier-général, ou un hôtel des invalides. On reconnaît là les vieux services et les dévouements généreux; on n'y viole jamais la foi jurée, on y punit la trahison, et on y organise des secours, on y dresse des plans, on y établit des correspondances, et la loi qui proscrit les associations, loin d'atteindre celle-là, recrute à grands frais pour elle.

A la fin de 1836, l'autorité fit prévenir le public qu'une société de faussaires s'était formée entre Londres et Paris, pour exploiter la confiance du commerce[1]. M. Allard, chef de la police de sûreté de la ville de Paris, dévoilait dernièrement au jury :

1. Voir le journal *la Loi*, décembre 1836.

« Toutes les menées d'une association de mal-
« faiteurs, composée d'individus en apparence
« étrangers les uns aux autres et occupant dans
« le monde des positions extrêmes. Elle avait un
« chef nommé Mayer qui tramait dans l'ombre;
« des avertisseurs qui indiquaient la victime, des
« hommes d'action qui, munis de renseignements
« positifs sur les localités et les obstacles, se met-
« taient en œuvre avec cette assurance que leur
« donnaient de nombreux succès demeurés im-
« punis. Les vols exécutés, des commis-voyageurs
« prenaient la poste, et à des centaines de lieues
« du théâtre du crime, remettaient les objets
« enlevés à des correspondants qui faisaient diri-
« ger les marchandises sur tous les points de
« l'Europe, et jusqu'en Amérique! Les ramifica-
« tions de cette bande s'étendent principalement
« en Italie, en Allemagne, en Hollande et en
« Belgique [1]. »

Il est donc vrai que le vol devient une indus-

1. Cour d'assises de la Seine, audience du 7 juillet 1836 (extrait du *National*).

trie, un commerce. Les accusés répondent audacieusement au président qui les interroge sur leur profession....... Je suis voleur [1].

L'accusé Roy, qui dévalise sur les grands chemins, s'indigne d'être soupçonné de mendicité : il proteste, et déclare qu'il est voleur [2]!

Paris renferme des pépinières de jeunes bandits engagés dès l'âge le plus tendre dans cette funeste carrière. Leur ruse et leur énergie étonnent souvent les jurés, et déconcertent les juges. Dix mille six cent soixante-deux enfants, ou jeunes gens mineurs, sont poursuivis tous les ans devant les tribunaux, et huit mille quatre cents encombrent annuellement nos prisons.

En mai 1836, le public parisien vit avec effroi, sur le banc des accusés, « quarante voleurs « ayant composé une bande organisée : le réquisitoire de M. l'avocat général a duré deux jours. « Il a établi que tous ces hommes s'étaient liés « entre eux dans les prisons, dans les bagnes. « C'étaient pour la plupart des repris de justice :

1. Voyez le journal *la Loi*, 30 décembre 1836.

2. Cour d'assises de Maine-et-Loire, 10 mai 1837.

« l'un d'eux, Théophile Gaucher, s'était fait un « point d'honneur d'exécuter un vol dans la rue « du Dragon, parce que son père avait commis « dans une rue voisine le crime qui l'avait fait « condamner à mort. M. l'avocat-général a mon- « tré Joseph Leblanc, l'accusé principal, orga- « nisant le vol comme une spéculation, établis- « sant une succursale en province pour les « débouchés, venant à Paris diriger les tenta- « tives, exécuter les coups de main, et allant « ensuite se reposer à la campagne dans sa mai- « son de Château-Thierry [1]. »

Pour ces industriels les condamnations sont des revers passagers; à l'expiration d'une peine, ils reprennent rang parmi leurs frères, montent en grade, et rentrent triomphants au sein de leur famille; car, dans cette confrérie, on succède à son père, on soutient ses enfants, on venge ses amis, on se fait un nom! Ces malheureux, repoussés de toute part, flétris et corrompus, deviennent les vétérans d'une armée de cent huit mille

1. *National* du 20 mai 1836.

quatre cent seize individus, hommes, femmes, enfants, prévenus, accusés, condamnés, détenus, dans les bagnes, les maisons centrales, et les prisons départementales, où nous allons les retrouver bientôt, et où nous étudierons leurs mœurs; puis ils sortent de ces repaires, pires qu'ils n'y étaient entrés, pour s'élancer sur la société comme sur une proie, passant alternativement de la pratique à la théorie, et de l'école du crime à son application la plus funeste.

Cette société à part coûte annuellement à l'état 12,858,000 francs; elle a occasionné en outre, depuis vingt ans, en frais extraordinaires de constructions et d'appropriations, une dépense de plus de 30,000,000 francs [1]. Ce n'est plus une horde grossière et sauvage, uniquement poussée par la faim; nous n'avons plus affaire à de sales truands, à de misérables tire-laines; les adroits filous qui, sous les yeux de la police la plus nombreuse et la plus coûteuse qu'on ait vue, exploitent au grand jour les rues et les passages les

1. Voyez le Mémoire de M. Bérenger sur les moyens de généraliser en France le système pénitentiaire, page 18.

plus fréquentés de Paris, ont laissé Cartouche et Mandrin bien loin derrière eux; ces deux sommités ne seraient plus que des novices auprès de nos assassins philosophes.

« Il se trouve en France, » dit M. Bérenger dans son mémoire si plein de faits, « quarante mille « individus qui font profession d'attenter à la « propriété d'autrui. Nos tables statistiques en-« registrent près de neuf mille crimes ou délits « dénoncés à la justice, dont les auteurs demeu-« rent inconnus.

« Quarante mille forçats libérés, soixante-« quinze mille mendiants, un million huit cent « cinquante mille indigents qui, pressés par le « besoin, sont trop souvent accessibles aux sé-« ductions des hommes nourris dans le crime; « voilà pour le dommage moral. » Quant au dommage matériel, M. Bérenger évalue à une somme énorme le préjudice causé en France, « par plus de cent mille crimes ou délits punis, « depuis le simple emprisonnement jusqu'à la « peine capitale, et par plus de cent soixante-dix

« mille actes répréhensibles punis à leur tour de « la simple amende. »

Voilà le tribut du vice, voilà ce qu'il en coûte à la société pour se laisser corrompre. Ce ne sont pas les grands crimes qui prouvent le plus la démoralisation d'un peuple; c'est leur nombre, c'est leur nature, c'est le cynisme des coupables.

Nous voyons chaque jour, et dans tous les rangs, des attentats odieux, d'une exécrable immoralité, se succéder les uns aux autres; entre tous les scélérats qui ont figuré, et je pourrais dire professé dernièrement sur le banc des accusés, Lacenaire et Fieschi sont deux types à étudier. Leurs forfaits dénotent un état social dans lequel fermentent des principes de dissolution. Pour eux le poignard fut une ressource, et le tribunal un théâtre où se joue la dernière scène d'un horrible drame dont l'échafaud est le dénouement.

Le travail a manqué à Lacenaire, et Lacenaire s'est lassé de sa pénible existence. L'oisiveté développe en lui d'ardentes passions, la misère le dévore au milieu de Paris, où toutes les jouissances du riche, toutes les superfluités du luxe frappent ses regards et aiguillonnent ses sens ; ce sont des voluptés, c'est de l'or qu'il lui faut, il en va puiser dans le sang ! il assassine froidedement pour voler et pour jouir ; puis il aborde fièrement le tribunal, et là, dans ce vieux palais de saint Louis, où siégeaient ces magistrats si graves, l'honneur du pays ; devant les successeurs de ces hommes intègres qui jugeaient de si haut, de ces gardiens minutieux de nos droits et de nos priviléges ; sous ces voûtes où la voix des L'Hospital et des Molé rappelait la vertu, la simplicité des temps antiques ! dans le sanctuaire de la justice humaine, Lacenaire en profane la majesté, en outrage les organes, en élevant une chaire de droit anti-social ! Il s'exprime avec esprit, avec éloquence, on l'écoute, on l'applaudit presque ! La cour, le ministère public, si susceptibles parfois, si prompts à circonscrire la défense et à rappeler les avocats à l'ordre et à la décence, restent muets, fascinés sans doute par le charme et les grâces de l'orateur habile auquel on laisse toute liberté, toute latitude de plaider non-seulement sa cause, mais celle du vice. Nos romanciers viennent étudier ses poses, épier le jeu de sa physionomie, s'inspirer de ses pensées et envier son sang-froid. Les journaux colportent d'un bout du monde à l'autre ses paroles empoisonnées, et comme si cette dissolvante publicité ne suffisait pas, le lendemain de sa mort on imprime ses Mémoires. Lacenaire ne mourra pas tout entier, il renaîtra dans son œuvre : la dépravation n'y perdra rien.

Voilà ce que deviennent ces débats publics qui devraient être un cours d'éducation, une école de morale où le peuple vienne assister à des exemples frappants, puiser des instructions utiles et des craintes salutaires. Ce sont des leçons d'impudence et d'endurcissement qu'il y prend aujourd'hui ; il voit le juge subir sur son siége la raillerie du vice, et le mépris du coupable qui semble dire à la société : Je suis ce que tu m'as fait.

C'est une chose nouvelle dans nos mœurs et digne de méditation que cette attitude du crime se posant en face de la justice, et lui lançant comme Duhem son sabot à la tête [1], ou lui déclarant nonchalamment comme Mérand, détenu pour six effractions et trois assassinats, qu'il veut en finir et qu'il réclame la guillotine; ou débitant comme Lacenaire et tant d'autres un odieux rôle devant un public avide et blasé, qui vient là chercher des émotions et des effets dramatiques; prêt à siffler la faiblesse, ou plutôt le repentir, et confondant l'héroïsme avec l'arrogance! Dans cette dernière représentation, l'accusé, si je puis m'exprimer ainsi, lâche sa dernière bordée d'athéisme et d'immoralité. L'interrogatoire, cet assaut de ruses et d'embûches, ce tissu de phrases captieuses dans lequel on enveloppe l'accusé, dégénère en un dialogue plus ou moins grotesque, plus ou moins piquant, dans lequel la justice dé-

1. Duhem a vingt-trois ans, il a déjà subi treize années d'emprisonnement; le 18 novembre 1837, il assassine pendant la nuit le prévôt de sa chambrée, prend froidement une prise de tabac, et prie les gardiens de le conduire au cachot! Il gagne ainsi les travaux forcés à perpétuité : son but est rempli.

concertée a parfois le dessous; l'audience est un tournoi oratoire dans lequel le ministère public joûte avec les défenseurs, et fait de l'éloquence et de la littérature en demandant la tête d'un malheureux ! Quant aux monologues du cachot, Lacenaire a légué les siens à la postérité; il ne lui a manqué que de boire la ciguë dans sa prison, et d'y mourir comme Socrate entouré de ses disciples. Fieschi, moins poétique, nous a laissé des autographes et le souvenir repoussant d'un assassin vaniteux! On a flatté ses vices, on a caressé ses faiblesses, on l'a condamné avec égard! la foule a voulu le voir mourir..... Jusqu'à la guillotine il a soutenu son rôle, il y est monté comme un bateleur! Et quand ces héros du crime, soutenus comme les gladiateurs de Rome par les applaudissements de la multitude, sont tombés dans l'arène avec grâce, on couvre de leurs portraits les murs de la capitale, on fait mouler leur tête sanglante, chacun veut contempler leurs traits, et posséder leur image!

Pendant nos longues guerres, on mourait généreusement pour son pays, et les bulletins de la grande armée citaient à peine un de ces dévouements, tant ils étaient communs! Aujourd'hui le dégoût de la vie paraît une vertu, comme si le désespoir était l'héroïsme! il semble que chacun de nous, fatigué de rouler son rocher, las du joug uniforme et pesant de la médiocrité, excédé d'une vie sans but, rêvant la gloire et désespérant de l'atteindre, se prenne d'un stupide étonnement, d'une admiration involontaire, pour quiconque perce la foule, abdique l'existence vulgaire et l'apathie quotidienne; on révèle sa vie par une mort bizarre, on s'immortalise par un crime, et l'on érige en système le suicide et l'assassinat.

Ces tendances, ces doctrines fatales sont contagieuses, et portent leurs fruits. La force de l'imitation est irrésistible; il ne faut que l'étincelle de l'exemple, dit Servan, pour allumer des vices déjà tout préparés [1].

Le sang de Fieschi, de Pépin et de Morey, fume encore, il engendre un nouveau régicide;

1. Servan, discours sur l'administration de la justice criminelle.

Alibaud surgit! il n'a d'autres complices que le désœuvrement, la misère et l'égarement de ses convictions, et cette lassitude de la vie qu'indique l'acte d'accusation.

« Il faut bien le dire, parce que la force des choses et la vérité nous y contraignent, s'écrie M. Martin du Nord, l'attentat du 25 juin est une conséquence isolée, c'est plutôt un effet qu'un fait naturel, il n'est pas de son temps! » Si!.... malheureusement il est de notre temps, il caractérise au contraire notre époque de malaise et de perturbation.

Alibaud est encore un homme du peuple, jeune, égaré, ne trouvant pas à vivre, qui veut utiliser sa mort dans l'intérêt de ses semblables; d'une famille pauvre et par conséquent honnête et probe (dit-il), il veut se venger de la société riche, et (selon lui) nécessairement avide, il vous déclare qu'il meurt pour un système, il a usé du droit dont usa Brutus!.... Il n'a qu'un regret, c'est de ne pas avoir accompli son œuvre... il vous apporte loyalement sa tête, *et se croit quitte envers vous!* Vous avez tranché cette tête, d'un criminel vous avez fait un martyr, et sans l'amnistie, son exemple en eût entraîné d'autres.

Ce sont les idées, ce sont les principes qui font éclore ces mauvaises passions qu'il faut extirper et détruire. N'avons-nous pas vu *Meunier* et *Champion* continuer Alibaud? n'avons-nous pas vu la révolte éclater presque au même instant à Strasbourg et à Vendôme?

C'est en vain que M. Duvergier de Hauranne viendra demander à la chambre des députés deux millions de plus pour complément des dépenses secrètes de l'année 1837; *dans les circonstances graves et exceptionnelles* qu'il signale au pays, tout l'or de la France n'arrêterait pas les progrès de cette anarchie morale que j'entends proclamer partout comme le mal de notre époque. L'honorable député redoute pour l'armée tous les moyens de corruption devant lesquels les partis ne reculent pas [1]; qu'il se rassure, l'assassinat politique ne s'organisera pas chez nos sol-

1. Voir la séance de la Chambre des Députés du 25 avril 1837.

dats; mais toutes les polices du monde ne parviendraient pas à isoler cette armée de la nation; loin de s'en inquiéter il faut s'en réjouir.

« Pour que celui qui exécute ne puisse oppri« mer, il faut que l'armée soit peuple [1] », et la nôtre, qui se recrute chaque année dans ce qu'il y a de plus jeune, de plus actif, de plus viril dans les rangs du peuple, n'aspire qu'à y rentrer. Cela est vrai; c'est encore un nouveau symptôme moral à méditer, il n'en faut pas conclure que notre esprit militaire puisse jamais s'éteindre, mais il sommeille, l'armée s'ennuie, jamais on n'y a remarqué tant de suicides! La glorieuse revanche prise à Constantine ne prouve rien contre ces vérités.

La loi de recrutement s'exécute sans peine, mais on y satisfait avec dégoût, les conscrits altèrent volontairement leur santé, se mutilent même pour y échapper. C'est en siégant dans les conseils de révision qu'on est péniblement affecté de cet empressement général à faire valoir tous

1. Montesquieu, Esprit des lois.

les moyens, tous les prétextes de réforme. A l'expiration de ces sept années de service forcé qui ont détruit les habitudes laborieuses et frugales du laboureur, interrompu la carrière de l'étudiant, l'apprentissage de l'ouvrier, qui lui ont coûté toutes les économies qu'il aurait pu faire pendant les plus beaux et les meilleurs instants de sa vie; à l'expiration de ce temps perdu pour la famille, le travail et la production, le soldat libéré saisit avec transport son congé... sa peine est faite... il ne se réengage pas! On ne verra bientôt plus d'enrôlements volontaires, l'armée ne serait plus composée que de remplaçants si chaque conscrit pouvait se racheter.

Ce serait à tort, néanmoins, que l'on accuserait notre génération d'indifférence pour la patrie. Quand elle sera nécessaire, son ardeur renaîtra. Ce que nous voyons devait arriver, Montesquieu l'avait prévu; parlant des armées de son temps, il pensait « qu'une maladie nouvelle s'était répandue « en Europe, et qu'elle deviendrait contagieuse. » —« Sitôt, dit-il, qu'un État augmente ses troupes, « les autres, soudain, augmentent les leurs, de

« façon qu'on ne gagne rien par là, que la ruine « commune : chaque monarque tient sur pied « toutes les armées qn'il pourrait avoir si les « peuples étaient en danger d'être exterminés. »

Que dirait-il, aujourd'hui, de ce qu'on appelle en Europe l'état de paix ?

Une armée ne peut se résigner à être inutile, le soldat vit de gloire, de fatigues et de dangers ; dans l'oisiveté de la garnison il assiste immobile, mais non pas insensible, aux progrès des idées, il s'y associe même sans être révolutionnaire : la discipline ne saurait l'empêcher de penser.

Lorsque, à la grande confusion de la police civile et militaire du royaume, une conspiration éclate dans la ville de Strasbourg ; à cinq heures du matin on proclame un empereur dans une caserne, à sept heures Napoléon II parcourt les rues en triomphe ; à neuf heures il est vaincu et prisonnier ; à onze heures le général Voirol passe en revue les troupes, fait son rapport et demande des récompenses ! Pas de violence, pas d'excès, pas une goutte de sang versée ! Les habitants ont vu passer un chapeau... ! Ils ont entendu retentir un nom..... un nom cher et glorieux, mais qui ne réveille plus que des souvenirs! A midi Strasbourg jouissait de la plus grande tranquillité!

C'est que, en politique, les hommes ne sont plus rien : un camp de prétoriens ne pourrait imposer un chef au pays. L'armée le comprend et sera fidèle à ses devoirs; mais elle est instruite, elle juge ses chefs; ardente et jeune, l'inactivité la tue, et la lenteur de l'avancement la décourage; l'empire avec ses généraux de vingt-cinq ans est encore trop près de nous, pour qu'on s'accoutume à voir des capitaines en cheveux blancs. En vain le gouvernement entretient à grands frais sur une rive opposée un champ de bataille permanent, ce débouché ne ranime ni l'ambition ni l'amour de la gloire militaire. Chacun remplit héroïquement son devoir en Afrique, mais chacun y fait son plan de campagne; on y est défiant et distrait, les regards se dirigent vers la France, on s'occupe beaucoup plus de ce qui s'y passe que de ces sanglants avantages obtenus sur des peuples à demi sauvages; on discute les intérêts sociaux, et le général en chef est obligé de faire jurer par écrit et sur l'honneur, aux officiers de son état-major, qu'ils ne correspondent pas avec les journaux de l'opposition.

C'est que toutes les baïonnettes sont intelligentes aujourd'hui; c'est qu'en temps de paix une armée de 350,000 hommes, coûtant beaucoup et ne produisant rien, est un fardeau ruineux pour l'État, et un moyen de gouvernement dangereux, soit pour la liberté, soit pour le pouvoir lui-même.

La tentative insensée de Vendôme en est une preuve. Nous avons vu sur les bancs du conseil de guerre dix accusés. Le brigadier Bruyant était le chef imberbe de ces conspirateurs de vingt ans; c'est au nom de la liberté qu'il les avait entraînés à la révolte. Dans ses idées confuses encore, il avait pensé comme Owen de Lamarck, auteur du nouvel Aspect de la Société [1], qu'il fallait réclamer un système d'égalité, de communauté de travail et de biens; il pensait que la

1. *A new wiew of society.*

terre est la ferme du peuple, que la rente qui en provient doit être également répartie entre tous!

Voilà maintenant les idées de la cantine et du quartier, voilà ce qui occupe les jeunes têtes! on a bien facilement comprimé cette folle entreprise, qui ne méritait pas même le nom de complot. Mais Bruyant avait trouvé de l'écho néanmoins; il y avait de l'ame et de l'honneur chez ce jeune soldat : et lorsque, interrogé sur les chances de succès qu'il croyait avoir, il répond qu'il comptait sur le mécontentement de l'armée, sur la sympathie de son régiment et sur la misère des ouvriers, il disait vrai : ses paroles contenaient un avertissement[1].

Je ne dirai rien de tous ces complots ourdis par d'obscurs ouvriers, par de faibles enfants[2], ni même de cette parodie de Ourselle et Fontelle, qui arrivent comme la petite pièce après la tra-

1. Voir *le Courrier d'Indre et Loire*, décembre 1836. Bruyant entendit froidement la lecture de son arrêt de mort. Sa peine fut commuée en une détention perpétuelle, il fut dégradé en tête de son régiment. Son humeur devint sombre. Lorsque l'amnistie vint ouvrir les portes de sa prison, « Je serais un lâche, s'écria-t-il, si j'agissais désormais contre le roi. » Mais tant de secousses morales altérèrent sa raison.

2. Le complot de juillet.

gédie, s'accusant eux-mêmes de projets régicides, et mystifiant la justice pour se faire un nom à tout prix; je ne pense pas qu'on ait jamais vu semblable démence [1].

Si nous détournons nos regards des excès politiques, c'est pour les reporter sur des crimes d'une autre nature, et plus odieux encore, parce qu'ils s'expliquent moins.

Beccaria, recherchant l'origine du mal, dit que : « Le cœur humain est incapable d'un sentiment « inutile; il n'est cruel que par intérêt, par haine « ou par crainte [2]. »

On peut donc, sans trop s'étonner, parcourir la triste série de tous les crimes enregistrés chaque jour par la presse; mais ce qui ne peut s'expliquer que par le bouleversement de toutes les idées morales, c'est la fréquence et la nature de certains forfaits, c'est leur infamie, c'est leur incompréhensible monstruosité.

C'est une jeune fille de seize ans, qui, sans

1. Cour d'assises de la Seine, audience du 15 décembre, complot contre la vie du roi.

2. Beccaria, des Délits et des Peines.

aucune raison, quitte sa mère, et incendie, chemin faisant, une maison, parce que la pensée lui est venue d'y mettre le feu! Quelques heures après, elle dormait du plus profond sommeil : elle ne s'éveille que pour accuser un innocent que sa fausse déclaration fait arrêter. C'était ma destinée (écrit-elle à sa mère), elle est accomplie [1] !

Quelques mois après, le même désastre est renouvelé par un incendiaire de quinze ans qui brûle la maison de son bienfaiteur, pour satisfaire une horrible manie [2].

Ce sont des viols consommés sur des enfants de sept ans, de trois ans et demi, avec des circonstances d'une incroyable dépravation ; et l'on souffre à le dire, ces actes monstrueux, ces indices d'une effroyable démoralisation, prennent un hideux accroissement : en cinq ans le nombre des accusés s'est élevé dans la proportion de trois à cinq, et celui des prévenus dans la mesure de vingt-sept à trente-huit. *Le chiffre des*

1. Le journal *la Loi*, 13 décembre 1836.
2. Le journal *la Loi*, 23 et 25 novembre 1836.

crimes les plus ignobles, celui qu'on commet sur des enfants, est plus que doublé, les enfants eux-mêmes commencent à s'initier à de pareilles turpitudes; et pour quatre prévenus de cette catégorie que l'on trouvait en 1831, *il y en a seize en* 1835 [1]. La progression graduelle et continue de ces crimes est surtout remarquable :

Accusés de viol et d'attentat à la pudeur sur des enfants au-dessous de quinze ans.	en 1831.	107
	1832.	111
	1833.	149
	1834.	197
	1835.	221 [2]

C'est encore l'officier Séverac qui, dans un transport d'inexplicable rage, se précipite au milieu d'un déjeuner sur cinq de ses camarades désarmés, les taille en morceaux, les massacre les uns après les autres [3].

C'est cet assassin de treize ans, condamné par

1. Voyez dans le *Journal général des Tribunaux* du 16 novembre 1837 une analyse remarquable des comptes rendus de la justice criminelle pour 1835, par M. Léon Faucher.

2. *Idem.*

3. Voyez l'affaire de Vannes, premier conseil de guerre de la treizième division militaire (Rennes).

la cour d'assises du Rhône à vingt ans de détention.

C'est cet inexplicable Pierre Rivière qui, tourmenté de rêves monstrueux, de désirs immodérés de gloire, de renommée, se croit appelé par Dieu lui-même à exercer sa justice sur la terre. Alors, comme Jésus-Christ mourut sur une croix pour sauver le monde, il se dévoue pour sauver son père accablé de chagrins domestiques : sa mère, sa sœur et son jeune frère deviennent ses victimes. Il les immole tous trois à coups de serpe; les deux premières, parce qu'elles rendaient son père malheureux, le dernier parce que son père l'aimait tendrement. « Je craignais, dit-il dans ses Mémoires, si je tuais seulement les deux femmes, que mon père ne me regrettât lorsqu'il saurait que je mourais pour lui. Mais je savais qu'il aimait l'enfant, et je pensais, si je le tue, il aura une telle horreur de moi, qu'il se réjouira de ma mort, et par là, exempt de regrets, il vivra plus heureux [1] ».

1. Détails et explication de l'événement arrivé le 3 juin à Aunay par Pierre Rivière, chez Barbot fils, à Vire.

C'est enfin le paysan Marouty qui, à la face de toute la commune de la Grange, se rend coupable dans la même soirée de trois assassinats, d'un viol et d'un incendie, et termine à regret cette soirée de forfaits par un suicide, en déclarant que, s'il avait pu vivre encore une nuit, il aurait brûlé cinq maisons de plus.

En présence de tels faits nos mœurs s'endurcissent-elles ? Demandons-nous des codes plus sévères, des supplices plus durs, faut-il en revenir à ces vieilles atrocités judiciaires dont Beccaria fit justice il y a soixante-treize ans ? Non, tous les systèmes de sang et de barbarie sont jugés, les lois cruelles n'ont jamais retenu les coupables, la société telle que nous l'ont faite cinquante années de révolution, en est réduite à chercher de nouveaux appuis.

Tous les crimes s'expliquent, j'allais presque dire s'excusent aujourd'hui, on les impute à la mauvaise organisation de notre état social qui rend certains délits inévitables : on remonte aux sources, et la malédiction publique s'en prend aux causes plutôt qu'aux effets; il n'y a plus de convictions profondes, de haines contre de certains crimes; Lacenaire, Alibaud, sont de belles natures égarées! Une exécution politique serait odieuse aujourd'hui. Ce même peuple qui, en 1830, demandait la tête des ministres de Charles X, vient d'applaudir à l'ordonnance royale qui ouvre la porte de leur prison et rend la liberté aux condamnés de toutes les opinions! Combien ces collègues sévères qui les avaient jugés dignes de mort doivent se féliciter aujourd'hui de s'être trouvés en si petite minorité! Que de regrets n'ont pas laissés les condamnations politiques, depuis celle de Louis XVI, jusqu'à celle du maréchal Ney! Lorsqu'il faut fusiller dans les rues, lorsqu'il faut créer des tribunaux d'exception pour obtenir du sang, lorsqu'on ne punit plus pour l'exemple, mais pour la forme : il résulte de cette colère de convention, de cette indignation à froid, quelque chose de cruel et de faux qui fait horreur et déconsidère le pouvoir.

On ne peut donc se réfugier dans le passé, ni se maintenir dans le présent : tous les regards se dirigent vers un meilleur avenir qu'il faut prévoir et préparer : l'heure d'une immense réforme a sonné, tout l'annonce, et rien ne peut résister à cette formidable voix du peuple qu'on appelait avec raison, dans les temps de foi, la voix de Dieu, car il faut que sa volonté soit faite !

Les nations de l'Europe seront toujours gouvernées par les mœurs qui créent l'opinion publique, et plus que jamais il faut obéir à cette reine du monde.

Voyez cette session législative si menaçante à son début, et qui se termine par un acte de clémence. Un crime odieux en avait marqué le début ; et, comme s'il fallait consoler les assassins d'avoir manqué leur victime, le pouvoir à chaque nouvel attentat commet une nouvelle faute ; il semble que les pistolets régicides soient chargés de mauvaises lois. L'attentat de Meunier inspire au ministère des projets de déportation, de non-révélation, de disjonction ; il s'épuise à les soutenir, et l'opinion publique l'oblige à les retirer ! Elle prend l'initiative des propositions utiles et généreuses ; elle réclame d'indispensables améliorations sociales, parce que les réformes se font dans les intelligences avant de se faire dans les lois.

C'est l'opinion publique qui se prononce aujourd'hui sur deux grandes questions, la réforme du Code pénal et des prisons, et l'abolition de la peine de mort, qui est encore dans nos codes, et qui n'est plus dans nos mœurs.

CHAPITRE II.

Peine de mort.

Pour expliquer cette tendance universelle des esprits à la suppression des sacrifices humains, pour en apprécier toute l'importance, et *pour la constater comme un fait*, il faut jeter rapidement un coup d'œil en arrière, afin de prouver que, toujours, les mœurs ont été le sol sur lequel les lois ont pris racine; qu'elles se sont altérées comme lui, et renouvelées avec lui. Les mœurs sont le reflet d'une époque, et tant que les lois ne sont pas en harmonie avec elles, il y a trouble et perturbation dans la société.

Coutumes, *stiles*, *usaiges*, c'est ainsi que nos pères intitulaient leurs lois; et, sans remonter trop haut dans notre histoire, on peut étudier celles de la vieille monarchie dans le code du roy Henry III, où l'on réunit ès États de Blois en

1558 toutes les ordonnances royales sur l'instruction des procès criminels, et la punition des crimes.

La peine de mort y est écrite à chaque page; la terreur était alors considérée comme le meilleur moyen de conduire les hommes : plus le châtiment était rigoureux, plus il devait inspirer la crainte, et réprimer le mal. On devait donc, pour être conséquent, employer tous les moyens d'accroître, par l'art du bourreau, les douleurs naturelles de la destruction de la vie; il ne suffisait pas d'anéantir le coupable, il fallait encore, pour la plus grande édification et pour le plus grand effroi du vulgaire, le faire expirer dans des angoisses horribles.

Dans une société où les devoirs et les droits étaient, sinon bien répartis, au moins nettement tracés, les nuances disparaissaient, les ménagements étaient négligés, les circonstances atténuantes n'existaient pas; on punissait le coupable, et l'on tenait peu de compte des intentions et du repentir. La mort était la conséquence d'un crime, d'un simple délit, d'une faute légère même; la justice mutilait le criminel, le marquait, le flétrissait, sans songer à le convertir; inexorable envers le condamné, elle croyait faire assez pour son ame en lui accordant un confesseur; la pitié n'allait pas plus loin : Dieu devait toujours reconnaître les siens. Les mœurs étaient cruelles; la guerre les avait endurcies, les caractères étaient forts, les convictions ardentes et sincères.

C'était pour la plus grande gloire de la religion et pour le salut des hommes que le bon et très grand *roy saint Loys*, qui aimait tant Dieu, et sa bénoite mère, faisait *pugnir* si grièvement tous ceux qu'il pouvait atteindre d'avoir fait un vilain serment ou dit quelque chose de déshonnête [1].

« Je vis une fois, dit le sire de Joinville, à Cezaire, outre-mer, qu'il fit échaller un orfèvre, en brayes et chemise moult vilainement à grand deshonneur, et aussi ouï dire qu'il avait fait brûler et marcher à fer chaud, le neys et la baulièvre d'un bourgeois de Paris, pour un blasphème qu'il avait fait. »

1. Ordonnance de 1227.

Mais Joinville ajoute : « J'ai ouï dire au bon roi, de sa propre bouche, qu'il eût voulu avoir été saigné d'un fer tout chaud, s'il eût pu tant faire qu'il eût austé tous les blasphèmes et jurements de son royaume [1]. »

Nul doute que saint Louis n'eût volontiers poussé jusqu'au martyre l'héroïsme de la foi ; l'horreur qu'il éprouvait pour l'impiété était partagée par ces guerriers, superstitieux jusqu'à l'exaltation, qui abandonnaient famille et patrie pour conquérir la Terre Sainte. Un blasphème impuni eût été pour l'armée le présage d'un revers ou d'un châtiment divin. Le supplice du coupable était une expiation, un holocauste ! On conçoit ces convictions, et combien le peuple devait partager celles du roi très chrétien qui sut le mieux résister aux prétentions de Rome et qui mourut sur la cendre !

En 1347, Philippe de Valois renchérit encore sur ces barbaries qui, alors, n'avaient rien de révoltant pour la multitude; il était enjoint au

1. Mémoires de Joinville, page 20, édition de Paris, 1668.

peuple de jeter au patient attaché au pilory de la boue et autres ordures... et le peuple n'y faisait faute!

Sous François Ier, l'intolérance religieuse vint redoubler l'atrocité des supplices. Le fanatisme remplaça la foi; la loi, de sévère qu'elle était, devint atroce et persécutrice; elle ne tua plus par conviction, mais par haine. Pendant nos longues guerres civiles, lorsque de nobles gentilshommes, de notables bourgeois, d'intrépides métiers prodiguaient leur sang dans maints combats, la vie d'un homme était peu de chose; pour les coupables et les vaincus, il fallait des supplices terribles et flétrissants. Le peuple s'y réjouissait, et les dames de la cour prisaient fort ce spectacle. On voit, sous le triple règne de l'artificieuse Catherine, les peines aussi rigoureuses que les mœurs étaient dissolues, les crimes d'autant plus fréquents, d'autant plus hardis, que les supplices étaient atroces, et les lois d'autant moins observées qu'elles étaient impitoyables.

L'amende pécuniaire et progressive, le fouet,

la prison, la marque, la confiscation, le pilory ou le carcan sur lequel le patient était *subject à toutes vilainies et opprobres que chacun lui voulait impropérer*, la dégradation, l'infamie infligée jusqu'à la postérité, la mutilation, le bûcher, l'écartellement, la roue, la mort enfin sous toutes les formes, était prodiguée sous les Valois; l'espionnage et la délation étaient ordonnés sous peine de complicité; le quart des amendes était applicable aux dénonciateurs; pendant qu'on chantait les psaumes de Clément Marot, et qu'on imprimait Pantagruel avec privilége du roi, les impiétés étaient punies comme du temps de la reine Blanche. Les blasphémateurs avaient la lèvre de dessus coupée d'un fer chaud, de sorte, dit l'ordonnance, que les dents leur *apperront*, puis la lèvre de dessous, puis s'ils péchaient derechef, auront la langue coupée *tout just* [1].

Et afin que *lesdicts blasphèmes et vilains serments ne fussent pas teuz et célés*, il était enjoint à tous ceux qui les *orraient dire et proférer* de

1. Ordonnance de François Ier à Saint-Germain-en-Laye, juillet 1534, art. 29 (Code de Henri III).

les rapporter à justice dedans vingt-quatre heures après, sous peine de soixante sous parisis pour les bourgeois et manants, et sous peine, pour les gens de pied des légions, d'être punis comme le blasphémateur lui-même [1].

Une loi somptuaire de 1567 ordonnait qu'en quelques nopces, banquets, festins ou tables privées que ce soit, il n'y ait pas plus de trois services, à savoir, les entrées de tables, puis la chair, ou poisson, et finalement l'yssus, sous peine de deux cents livres d'amende pour la première fois, et quatre cents pour la seconde, applicables pour moitié *au roy et au dénonciateur;* les convives étaient tenus de dénoncer leur hôte sous peine de quarante livres d'amende; les juges ou officiers qui auraient assisté à un banquet, festin, ou table de compagnie privée, étaient tenus de procéder promptement à la condamnation des infracteurs, sous peine de complicité.

Les maistres d'hostels et cuisiniers qui avaient servi lesdits banquets étaient condamnés à l'a-

1. Ordonnance de François Ier à Saint-Germain-en-Laye, juillet 1534, art 29 (Code de Henri III).

mende, fustigés et bannys du lieu, comme pernicieux à la chose publique [1].

Ces lois introduisaient la délation jusqu'au sein des familles. Je les cite parce qu'elles font ressortir le contraste des mœurs et des lois d'alors. Les cruautés des ordonnances sur le blasphème étaient d'autant plus révoltantes, qu'à cette époque il était de mode de jurer et *malgréer* à la cour : Charles IX et ses frères étaient grands jureurs; on sait les banquets de la cour de Catherine, et l'on ne s'attend pas plus à voir des lois sur les mœurs et la tempérance, signées de Charles IX et Henri III, qu'à voir dater de ce temps de dissolution les lois les plus sévères concernant les mariages [2].

Ce fut en vain que L'Hôpital lutta contre la dépravation et les excès de son temps, et il est digne de remarque que ce fut sous le coup de ces lois de délation que l'assassinat, l'empoison-

1. Charles IX à Paris, février 1567. *Idem*, Henri III en 1577.

2. Voir le recueil des édits, déclarations, ordonnances et réglements des rois Henri II, François II, Charles IX, Henri III, Henri IV, etc., etc., concernant les mariages, avec plusieurs arrêts notables intervenus sur ce sujet.

nement et le régicide parurent se naturaliser en France!

L'emploi de la force brutale et cruelle présidant à tout le système judiciaire, la torture devait être un de ses accessoires indispensables. L'innocence même n'avait aucun moyen de s'y soustraire; l'accusé ne pouvait invoquer aucune garantie, tant les formes étaient expéditives et secrètes.

On infligeait la question préparatoire avant le commencement de la procédure, et pendant l'instruction.

Les juges la délibéraient aux matinées en la chambre du conseil, ou autres lieux secrets, et la faisaient exécuter *sans divertir à autres actes, incontinent, et non le jour suyvant, sans rien dire ni révéler à personne* [1].

La question ne pourra durer plus d'une heure à une heure un quart, dit le code!

Sur de nouveaux indices les juges pouvaient rappeler, et réitérer de nouveau la question et torture aux prisonniers, et si l'innocence avait

1. Loys 12, 1498, art. 92.

soutenu le courage du prévenu, si les tourments *de la gehenne* ne l'avaient pas contraint à s'accuser lui-même, il n'était pas absous pour cela.

Les indices n'étaient pas purgés par la question, et, *encore que l'accusé n'y confesse rien il sera néanmoins condamné en telle peine corporelle ou amende pécuniaire que les juges adviseront par leur religion* [1].

Quand l'appréhension de la torture ou la force de la vérité arrachait des aveux au coupable, il n'en subissait pas moins la question, *pour la forme*, et pour avoir preuve entière.

L'effroyable rigueur avec laquelle on l'infligeait variait arbitrairement, suivant les localités; le parlement n'en avait pas voulu régler uniformément l'application : il n'osa pas souiller de ce programme sauvage le texte de nos lois chrétiennes!

En 1687, le premier président du parlement de Paris [2] demandait que la manière de donner la

1. Henri III, 1585.

2. Nicolas Potier, seigneur de Novion, qui en 1689 se démit de sa charge à cause de son grand âge.

question fût uniforme dans tout le royaume, « parce que, en certains endroits, disait-il, on « la donne si rudement [1] que celui qui la souffre « est mis hors d'état de pouvoir travailler et en « demeure souvent estropié le reste de ses jours, « et cependant la torture n'est pas ordonnée « comme une peine, et ne rend pas infame celui « qui y est appliqué. »

Le conseiller Pussort lui répondit qu'il était impossible de rendre la question uniforme; que la description qu'il en faudrait faire serait indécente dans une ordonnance....! qu'il était sous-entendu dans l'article que les juges ne devaient pas laisser estropier les condamnés!

Ce respect du langage ne constraste-t-il pas étrangement avec ce mépris de l'humanité, avec cet oubli de la pudeur outragée par le fouet et par des supplices tels qu'on n'ose pas même les décrire! Montesquieu aborde ce triste sujet, puis s'arrête : J'entends, dit-il, *la voix de la nature qui crie contre moi!*

1. A Dijon on brûlait les pieds des patients après les avoir enduits de graisse et d'huile.

Tout a été dit sur la torture; si je reviens aujourd'hui sur cette manière d'interroger la souffrance, c'est pour rappeler combien a duré de temps la plus inutile et la plus absurde des barbaries. Il a fallu des siècles pour que Louis XVI pût en ordonner l'abolition [1], et que de clameurs s'élevèrent alors! La justice se crut désarmée et déclara la société en péril. Elle réclama la torture comme une de ses prérogatives, comme un de ses priviléges!

Tel sera toujours l'esprit de corps : la magistrature reprend aujourd'hui contre l'abolition de la peine de mort tous les vieux arguments usés contre l'abolition de la torture.

« Dans le cours d'un long gouvernement, on « va au mal par une pente insensible; on ne re-« monte au bien que par un effort [2]. »

Les préjugés de notre antique magistrature s'expliquent et se comprennent, tant qu'ils ont été le résultat des mœurs d'un peuple énergique, superstitieux et ignorant.

1. La question préparatoire fut abolie par la déclaration du 24 août 1780. La question préalable ne le fut que le 9 octobre 1789.

2. Montesquieu, Esprit des lois.

L'atrocité des supplices était en quelque sorte justifiée par ce raisonnement que l'appréhension d'une mort terrible avait plus de pouvoir sur l'esprit de l'homme, que celle d'une mort ordinaire; on établit donc, pour conserver l'équilibre entre le délit et la peine, une échelle de supplices où la douleur croissait en proportion de la faute.

L'instruction et l'expérience démontrèrent les inconvénients et la fausseté de ce système [1]; l'humanité éleva la voix. Montaigne, un des premiers, réclama contre ces barbaries; tout ce qui était au-delà de la mort simple lui semblait pure cruauté. Il aurait voulu que tous les tourments ne s'exerçassent que sur le cadavre des condamnés; mais ce fut en vain.

Plus la monarchie devint forte et absolue, plus

1. Il s'est commis des vols innombrables à la place de Grève, sous la potence, au moment qu'on y attachait les voleurs, et plus que devant le pilory qui attirait moins de monde.

La peine de mort a été abolie et rétablie plusieurs fois contre la désertion, le nombre des déserteurs a toujours été le même dans les périodes de l'abolition et du rétablissement.

(Rœderer, *Considérations sur la peine de mort.*)

Il en a été de même pour le vol avec effraction.

elle eut recours à la peine de mort, l'indispensable auxiliaire du despotisme, qui l'a toujours considérée comme l'instrument de son oppression et de ses vengeances, et qui l'a toujours plus appliquée dans l'intérêt de sa conservation que dans celui de la société, pour contenir et comprimer, et non pas pour améliorer.

Lorsque, en 1612, le parlement enregistrait l'ordonnance du 20 mars, rendue contre les sorciers et les devins, et qui les condamnait au feu, Louis XIII avait besoin d'exciter à la guerre contre les protestants.

Louis XIV renouvela, par sa déclaration du 30 juillet 1666, toutes les dispositions cruelles des anciennes lois, et en 1684 on massacrait les calvinistes des Cévennes : voilà pourquoi l'on retrouve dans l'ordonnance criminelle de 1670, dans le beau, dans le grand siècle, toutes les barbaries du moyen-âge, survivant aux causes qui les avaient produites.

Pendant que les sciences, les arts et la littérature concouraient par une réunion de talents et d'efforts, qu'on ne reverra jamais, à polir et à civiliser les hommes; pendant que Colbert fondait des académies royales, des colléges, des écoles militaires; pendant que Vincent de Paule et Fénelon vivaient, MM. les commissaires du roi, MM. du parlement et de la grand'chambre renouvelaient et continuaient tout le vieux code [1].

Il était toujours *estroictement* enjoint à la justice d'atteindre et punir des mêmes peines le blasphème, le sacrilége, la sorcellerie, cette chimère atroce qui a coûté la vie à plus de cent mille victimes [2], l'hérésie ou schisme pour l'exercice d'un autre culte que le catholique. On renchérissait sur les rigueurs de cette immorale et révoltante loi qu'on a voulu ressusciter de nos jours, qui défendait à aucuns des sujets du roi de recueillir ou *latiter* les condamnés, les contumaces, les bannis, ceux dont les biens avaient été confisqués, fussent-ils leurs parents ou amis; il y avait peine de mort pour ces réceptateurs, et la moi-

1. Voir le procès-verbal des conférences tenues par MM. les commissaires du roi et MM. les députés du parlement, pour l'examen des articles proposés pour la composition de l'ordonnance touchant la procédure et instruction criminelle de 1670.

2. Voir l'Histoire du sacrilége, par L. F. du Loiret, Paris, 1825.

tié des amendes et des confiscations était promise au dénonciateur, comme prime d'encouragement.

Le vol à main armée sur les grandes routes, même lorsqu'il n'y avait pas eu de meurtre, était puni de cette horrible peine de la roue; « c'est à savoir, dit l'ordonnance, les bras leur seront brisés et rompus en deux endroits, tant hauts que bas, avec les reins, jambes et cuisses étreints par une roue haute plantée et élevée, le visage tourné contre le ciel, où ils demeureront vivants pour y faire pénitence tant et si long-temps qu'il plaira à Notre Seigneur les y laisser, etc., etc.... » Défense était faite, sous les mêmes peines, à qui que ce fût de leur porter le moindre secours.

Les vols dans les maisons royales, cours, avant-cours, cuisines, offices et écuries royales d'y-celles, étaient punis de mort, quoique pour semblables *cas les auteurs du vol n'eussent jamais été repris et punis, et sans avoir égard à la valeur et estimation de ce qu'ils pouvaient avoir volé*[1].

1. Louis XIV, Saint-Germain 1677.

Beccaria, Rousseau, Servan, Voltaire et son école, réclament et protestent au nom de l'humanité; Franklin demande « si l'on doit punir un délit « contre la société par un crime contre la nature. »

Lacretelle aîné s'élève contre le préjugé des peines infamantes, et demande si la peine de mort est juste lorsqu'elle n'est pas la plus efficace. C'était ainsi que se posaient alors toutes les questions sociales! Le moment de les résoudre était venu; les siècles avaient préparé d'inévitables changements, que la révolution de 1789 vint accomplir. La vieille monarchie s'écroula; aux bûchers du fanatisme on vit succéder l'intolérance philosophique, le despotisme populaire, et l'échafaud politique! Ce fut une époque de théorie; la philantropie inventa son instrument de mort, qui, en épargnant la douleur, épargnait aussi le temps, et permit malheureusement au bourreau de faucher dans une heure plus de têtes qu'il n'en aurait abattu jadis en un jour.

On vit alors la guillotine en permanence; au nom de la liberté, de l'égalité, de la fraternité humaine, on fit couler dans le même ruisseau le sang de l'innocent et celui du coupable, le sang du pauvre et celui du riche, le sang du peuple et celui du roi. Toutes ces exécutions n'ont converti personne [1]; l'abolition des distinctions blessantes, d'abus révoltants, de priviléges injustes, les réformes salutaires et les bienfaits réels de la révolution française, ne sont pas l'œuvre de la terreur et de la proscription; la guillotine n'a rien résolu, rien fondé pour le bonheur et l'indépendance des citoyens. La génération qui s'éleva sur des débris et des ruines vit renaître un culte, une noblesse un instant abattus, des priviléges et des abus nouveaux, le vice et la vertu, la misère et le superflu, le despotisme et les dynasties royales. De tant de libertés écrites il est resté peu de garanties réelles, et seulement un grand et noble principe autour duquel nous devons nous rallier, l'égalité devant la loi. Pour l'établir, il n'était pas besoin de promener sur tant de têtes un niveau sanglant : Jésus-Christ

1. Dans les temps de faction on a vu conspirer sous l'échafaud où tombait la tête des conspirateurs, et dans des temps d'amnistie on a vu tout rentrer dans l'ordre et dans le devoir. (Rœderer, *Considérations sur la peine de mort*.)

était mort en prêchant l'égalité devant Dieu, en ordonnant la communauté et la fraternité sur la terre! Il fallait humblement en revenir à l'Evangile: c'est là que sont écrits les devoirs et les droits de l'homme; nous n'y trouverons jamais de prétextes ni d'excuses pour agir contre le vœu de la nature et la volonté de Dieu!

Il est ressorti des exécutions de 1793 un haut enseignement, une leçon terrible qui ne sera pas perdue pour l'avenir: c'est que la loi qui condamne à mort produit des résultats opposés à ceux que le législateur en attendait. La guillotine, fonctionnant sans relâche, devint, non pas un objet d'effroi, mais un autel pour les victimes et un spectacle pour la foule avide qui s'y accoutuma, s'y endurcit et s'en rassasia jusqu'au dégoût. Le sang appelle le sang: la peine de mort est funeste dans ses conséquences morales et physiques [1].

« J'ai jugé, acquitté, condamné à mort (nous « a dit un magistrat), et je puis hautement attes-

1. Voir dans la Revue encyclopédique les articles de M. Pierquin sur l'influence produite par la vue et l'idée des supplices.

« ter que dans aucun cas la peine de mort n'est « nécessaire [1]. » Elle est, dit-on, une infraction sanglante à l'ordre établi par le Créateur;... elle est une erreur! On en demande l'abolition comme on demande celle de l'esclavage, au nom des intérêts moraux [2]!

Tout a été dit sur ce sujet; les plaidoyers sont épuisés; on voudrait en vain prolonger le débat: en ce moment la question se juge.

La peine de mort s'efface tout naturellement de nos codes; la page sur laquelle elle est écrite est usée; les échafauds pourrissent, le couteau se rouille, et les bourreaux inoccupés oublient leur métier; moins notre génération craint la mort, plus elle éprouve le dégoût des exécutions juridiques. L'instinct des partis les guide à cet égard; si les républicains avaient triomphé en 1832, le premier usage qu'ils eussent fait de cette victoire eût été de brûler la guillotine sur la place de la Bastille.

1. M. Girod de l'Ain.

2. Matter, de l'Influence des Mœurs sur les lois et des lois sur les mœurs.

La cour des pairs, tribunal politique, ne prononce plus d'arrêt de mort que lorsque l'assassinat vient justifier la condamnation. Le jury ne condamne plus à mort, et le pouvoir fait grâce. Voilà des faits positifs de notre époque, voilà comment la volonté publique se fait jour et se prononce. Je prends comme l'expression d'un vœu général les arrêts de ce tribunal, dont les juges se recrutent et se renouvellent dans tous les rangs de la société. Eh bien! les jurés reculent tous les jours devant l'application d'une loi qui leur répugne; le juré qui n'obéit qu'à sa conscience, à sa conviction, brave l'évidence et viole la vérité pour éviter les conséquences d'un jugement qu'il prévoit; quand les faits disent *oui*, la conscience dit *non;* et pour sauver la tête d'un coupable, il va parfois jusqu'à l'impunité : rien n'est si rare qu'une condamnation à mort, depuis l'introduction des circonstances atténuantes dans les verdicts du jury.

C'est en vain aujourd'hui que des accusés sont déclarés coupables de meurtre commis volontairement, et avec préméditation : des assassins convaincus sur tous les points échappent à la mort, à l'aide des circonstances atténuantes dont l'admission n'est fondée, ni sur des considérations morales, ni sur la connaissance des antécédents ou des mœurs du coupable; le jury les reconnaît le plus souvent sans autre raison, sans autre prétexte, que sa répugnance à verser le sang.

Les infanticides s'accroissent dans une proportion affligeante : on en compta 111 en 1834; ils se sont élevés en 1835 à 134 : la progression est de près d'un cinquième. C'est en vain qu'une mère aura précipité, noyé, étranglé, brûlé son enfant, qu'elle l'aura donné pour pâture aux animaux immondes; elle ne sera plus déclarée coupable que d'homicide par imprudence, et condamnée, grâce aux circonstances atténuantes, à une année de prison et 50 francs d'amende [1].

Ainsi donc, en fait de sévérité, le thermomètre de la justice a baissé depuis vingt ans de

1. Voyez cour d'assises du Haut-Rhin, 24 décembre 1836; cour d'assises de la Côte-d'Or, session d'avril 1837; cour d'assises de la Seine, audience du 13 janvier 1837.

tous les degrés qui existaient entre les circonstances aggravantes auxquelles on ne pense plus, et les circonstances atténuantes qu'on admet toujours.

Reculer devant l'application des lois, c'est en faire la critique la plus amère.

Le pouvoir s'associe à ce mouvement des esprits par le fréquent exercice du droit de grâce; sa clémence est un aveu de la rigueur des peines, et cependant il n'ignore pas combien il serait dangereux d'abuser de la plus belle de ses prérogatives. « Les grâces fréquentes annoncent que « bientôt les forfaits n'en auront plus besoin, et « l'on sait où cela mène [1]. »

L'indulgence *obligée* devient faiblesse; il faut supprimer une peine dont l'excès engendre l'impunité; il faut que le gouvernement accorde et ne paraisse jamais contraint de céder; mais pour accorder à temps il faut épier le progrès des mœurs, il faut aborder de front les difficultés, et ne pas les éluder comme le fait aujourd'hui le pouvoir, en cachant sa justice, en dérobant au

1. Rousseau, Contrat social.

peuple le spectacle d'un châtiment qui devrait servir d'exemple. C'est convenir qu'à la vue d'une exécution à mort le public éprouve plus d'horreur du supplice que du crime.

Il y a peu de temps encore on annonçait d'avance et hautement à Paris les exécutions à mort; les crieurs publics en indiquaient l'heure et le lieu; c'était cette funeste place de Grève, ce vieil *abattoir social* [1] si souvent et si long-temps rougi de sang inutilement répandu. Cette publicité est toujours ordonnée par la loi, qui la considère comme salutaire et indispensable. Eh bien! aujourd'hui, par moralité, on dérobe à la foule la vue du supplice : on devance de plusieurs heures le moment annoncé pour l'exécution, afin de déjouer la curiosité. Après avoir relégué la guillotine à la barrière Saint-Jacques, on veut la transférer à la Roquette, pour diminuer encore

1. C'est là, malgré Gilbert et son vers immortel,
Que l'on court voir encor mourir un criminel,
Là que la politique aux sanglantes chimères
Vient sans peur essayer ses formes éphémères,
Là que l'on a dressé l'abattoir social.

(Auguste Barbier.)

le trajet de la prison au lieu du supplice, et le réduire à quelques secondes.

Se cacher pour frapper dans l'ombre, éviter la lumière du jour et les regards de la multitude, c'est convenir que la destruction de l'homme a quelque chose de funeste et de révoltant, c'est avouer l'inefficacité et l'immoralité de la peine de mort.

Cette répugnance est générale, on ne trouvera bientôt plus de bourreaux ; personne ne voudra concourir à ces scènes sanglantes que la religion, la raison et l'humanité réprouvent.

En août 1836, la guillotine ne pouvant fonctionner à Nantes, faute d'une pièce importante, le bourreau ne put la faire réparer par les ouvriers de la ville ; il fut obligé d'avoir recours à un étranger qui n'était pas charpentier[1]. Les exécutions de Louis Morice à La Rochelle et de Lacour à Château-Thierry, ont causé dans ces deux villes la plus pénible émotion.

Depuis 1830, écrit-on de La Rochelle, *aucune exécution n'avait ensanglanté nos remparts.*

1. *National*, août 1836.

Marin, déserteur, voulant sortir de la prison de Bellecroix et croyant ne se faire condamner qu'au boulet, frappa le médecin de l'établissement, et fut condamné à mort pour voies de fait envers son supérieur; l'exécution eut lieu le 30 décembre 1836.

Les troupes et cinquante condamnés des ateliers de Bellecroix défilent devant le cadavre mutilé, puis, dit le correspondant, « vous eussiez vu « cinq minutes après les soldats, pour l'exemple « desquels venait de se jouer ce drame sanglant, « rentrer le rire à la bouche dans leurs quartiers, « au son joyeux de la musique..... puis un jeune « prêtre pâle, sanglant, les yeux en pleurs..... « puis une bande d'enfants contemplant avec la « féroce curiosité de leur âge des lambeaux de cer- « velle humaine épars sur la neige ensanglantée [1]. »

« De mémoire d'homme, écrit-on de Château- « Thierry, il n'était pas souvenance que guillotine « et bourreau fussent jamais venus souiller de « leur contact le sol de notre cité. Quelques

1. *Journal d'Indre-et-Loire*, 1er janvier 1837.

« vieillards faisant retour sur leurs jeunes années, « pouvaient à peine réunir quelques vagues sou-« venirs d'une pendaison d'autrefois; ainsi nos « murs, que la première révolution avait laissés « sans echafaud, devaient subir, en l'an de grâce « 1837, l'humiliation de l'exécution d'une peine « que tant d'esprits avancés repoussent et stygma-« tisent comme contraire aux mœurs actuelles [1]. »

Citons encore d'irrécusables faits : depuis 1825, époque à laquelle les comptes de la justice criminelle ont commencé à être publiés, la peine de mort n'a pas cessé de décroître.

En 1825 . . . . 134 condamnés à mort.
1826 150
1827 109
1828 114
1829 89
1830 92
1831 108
1832 74
1833 42

1. Correspondance de Château-Thierry, *National* du 20 avril 1837.

En 1834 . . . . 25 condamnés à mort.
1835 54

Les exécutions diminuent dans la même proportion. Le nombre en a été de

111	1826
76	1827
75	1828
60	1829
38	1830
25	1831
40	1832
30	1833
15	1834
39	1835 [1]

« Pourquoi donc, tandis que la mort qui frap-
« pait deux cents fois par année sous la res-
« tauration, n'a frappé que vingt-cinq fois en
« 1831 ; pourquoi tandis que le dégoût populaire
« repousse de faubourg en faubourg l'instrument
« de mort qu'aucune place ne veut plus porter ;
« pourquoi continuons-nous à préconiser la mort
« comme un dogme, l'échafaud comme un autel,

1. Comptes généraux de la justice criminelle en France.

« le bourreau comme un expiateur public[1] ? »

Tout s'enchaîne et se lie dans la civilisation humaine : les communications journalières des peuples entre eux harmoniseront les mœurs ; le progrès général se compose des essais tentés, des résultats obtenus dans chaque pays; MM. de Beaumont et de Tocqueville signalent dans leur excellent ouvrage la même tendance aux États-Unis d'Amérique; ils prouvent, par des chiffres, que la même impulsion d'humanité suit son cours en Belgique.

« En Angleterre, où la peine de mort est si « prodiguée, on observe les mêmes résultats : en « 1834, il y a eu dans ce pays quatre cent quatre-« vingts condamnations à mort, et seulement « trente-quatre exécutions[2] ! »

Il n'a manqué qu'une voix dans la Chambre des Communes pour l'adoption de la motion de M. Ewart, relative à l'abolition de la peine de mort, excepté pour le crime de meurtre, et

1. Discours de M. de Lamartine, réponse à M. Hello.

2. Introduction à la deuxième édition du Système pénitentiaire aux États-Unis.

lord John Roussel a proposé de l'abolir dans vingt-un cas sur trente-un.

A la dernière prorogation du parlement anglais, la jeune reine disait aux lords, dans sa réponse à l'orateur-président :

« Je vois avec satisfaction que vous avez amené « à maturité un certain nombre d'utiles mesures; « dans ce nombre, je distingue avec un intérêt « tout particulier l'amendement du Code criminel « et la réduction des cas d'application de la peine « capitale. Je salue cet adoucissement à la sévé- « rité des lois pénales, comme un favorable au- « gure au début de mon règne. »

En France elle est presque abolie en matière politique; un honorable député signalait dernièrement ce fait à la tribune[1]; il s'explique tout naturellement : divisés d'opinions, nous avons encore des antipathies, mais plus de haine.

L'impulsion est donc générale, elle est immense; presque tous les organes de la presse concourent à l'activer. La Société de la Morale Chrétienne couronne les ouvrages qui prêchent

1. M. Jaubert, séance du 2 juin 1837.

cette doctrine [1]; qu'y a-t-il en effet de plus antichrétien que la destruction de l'homme?

La première fois que *la terre ouvrit la bouche* pour boire le sang d'un frère, versé par la main d'un frère, *la voix de ce sang monta de la terre à Dieu.*

Caïn trouva son iniquité trop grande pour en obtenir le pardon.

Quiconque me trouvera me tuera donc? dit-il au Seigneur qui lui répond : *Non, cela ne sera pas; mais quiconque tuera Caïn sera puni très sévèrement, et le Seigneur mit un signe sur Caïn, afin que ceux qui le trouveraient ne le tuassent point* [2].

C'est donc comme le résultat d'un horrible crime que la tradition nous transmet l'histoire du premier sang répandu, et non pas comme l'expiation d'une faute. Caïn a tué, et Dieu ne veut pas qu'on le tue : rendre le mal pour le mal, est un principe de violence que Dieu n'a pas voulu consacrer!

1. De l'Abolition de la peine de mort par Mme Eugénie Nyboyêt.

2. Génèse, chapitre IV.

M. de Lamartine enlevait dernièrement à la peine de mort son unique excuse, en prouvant qu'elle ne défend la société *ni contre les tentatives ni contre les récidives du crime.*

« Qu'est-ce qu'une peine irréparable, dit-il, « que le juge prononce en hésitant, dont l'opi- « nion flétrit l'exécuteur, qui ne sait laver le « sang qu'avec du sang..! Dans dix hypothèses « d'homicide, il y en a huit pour lesquelles la « peine de mort est non avenue, et deux où l'ef- « fet de la peine de mort est incertain. Et c'est « pour un si faible et si douteux résultat d'inti- « midation, que vous vous obstinez à maintenir « une peine qui répand le sang comme l'eau, « qui déprave l'œil, aguerrit la main et l'instinct « du peuple à l'homicide, qui lui enlève, autant « qu'il est en vous, cette prévoyante et instinc- « tive horreur que la nature lui a donnée pour « la mort violente [1] ! »

Citer tous les grands noms qui plaident cette noble cause m'entraînerait trop loin; j'ai pris

1. Discours de M. de Lamartine à la Société de la morale chrétienne, séance annuelle du 17 avril 1837.

l'engagement de constater des faits, j'espère l'avoir rempli.

Nous abolirons la peine de mort comme nos pères ont aboli la torture. A quoi serviraient donc les progrès de la science, de la philosophie, de l'expérience et de l'éducation publique, si ce n'est à polir, à corriger, à améliorer les hommes? L'instruction généralement répandue doit opérer dans les mœurs une réforme intellectuelle et morale aussi complète, aussi grande, que la réforme opérée dans les esprits il y a trois siècles par la découverte de l'imprimerie.

Lorsqu'il y a soixante ans, Rousseau disait :

« Les sages qui veulent parler au vulgaire leur « langage, au lieu du sien, n'en sauraient être « entendus; or, il y a mille sortes d'idées qu'il est « impossible de traduire dans la langue du « peuple...... »

Il disait vrai! il n'en est plus de même aujourd'hui : la liberté de la presse, une école primaire dans chaque commune, agrandissent chaque jour le cercle des intelligences. On apprend à lire au peuple, on écrit pour lui, et lorsqu'on veut se mettre à sa portée, c'est en s'élevant jusqu'à lui, et non pas en le rabaissant jusqu'à soi! La religion, l'humanité, la logique et la raison n'ont qu'un langage, que chacun peut entendre, et que chacun veut parler; un peuple est à la hauteur de toutes les idées, quand il lit la prose de Paul-Louis Courier, et quand son grand poète Béranger, avec cette verve de raison, avec cette saillie de bon sens qui le caractérisent, l'a initié à tout ce que la poésie a de plus noble, de plus spirituel et de plus sublime.

Ces conséquences d'une civilisation très avancée ne doivent pas surprendre; dans un état de civilisation parfait la peine de mort doit tomber d'elle-même; elle n'existait pas à l'origine des sociétés : dans ce cas les extrêmes se touchent. « Le Germain ne concevait pas qu'un être abs« trait, une loi, pût verser son sang. Ainsi dans « la société commençante l'instinct de l'homme « repoussait la peine de mort, comme, dans la « société achevée, la raison de l'homme l'abolira. « Cette peine n'aura donc été établie qu'entre « l'état purement sauvage et l'état complet de

« civilisation; alors, la société n'avait plus l'in-
« dépendance du premier état, et n'avait pas
« encore la perfection du second [1]. »

1. Chateaubriand, Études historiques, tome 3, page 154.

CHAPITRE III.

Législation criminelle. — Prisons.

L'ABOLITION plus ou moins prochaine, plus ou moins absolue, de la peine de mort, s'accomplira donc, c'est un fait dont j'espère avoir indiqué les causes et prouvé la réalité. Il faut maintenant en prévoir les conséquences et en préparer les résultats; nos lois ne doivent pas demeurer en arrière de nos mœurs : leur nature est d'être soumises à tous les accidents qui arrivent *et de varier à mesure que les volontés humaines changent* [1].

Si l'on désarme la justice en lui ôtant son glaive, il faut donner à la société d'autres moyens de pourvoir à sa conservation et lui en assurer de plus efficaces.

On ne veut plus, on ne peut plus anéantir violemment, rayer d'un trait de sang de la liste

1. Chateaubriand, Études historiques, tome 3, page 154.

des vivants tout homme attaquant l'ordre établi et voulu par ses semblables ; il faut renoncer, au dix-neuvième siècle, à l'emploi de la force matérielle et brutale, elle a porté de mauvais fruits. Le même droit des gens qui impose aux peuples l'obligation de se faire en temps de guerre le moins de mal qu'on peut, impose aux législateurs modernes l'obligation de réprimer et de conserver, au meilleur marché possible pour l'humanité.

C'est donc par la persuasion, par la conviction, par la propagation des idées de religion, de morale et d'honneur; c'est au nom des intérêts *réels*, c'est avec le consentement de tous, c'est par la crainte d'un châtiment moral, terrible et inévitable, qu'il faut aujourd'hui conduire les hommes.

Les délits sont de petites infractions qu'il faut punir avec prévoyance et sévérité, comme au physique on traite une indisposition qu'on ne veut pas laisser dégénérer en une maladie funeste. Le vice et le crime sont des maux contagieux qu'il faut traiter et guérir, et dont il faut préserver la société; si ce n'est plus *en supprimant* le coupable, que ce soit en le séquestrant, en l'isolant, d'une manière absolue, pour un temps, quand cela se peut, pour toujours, s'il le faut! Élevez pour le crime un lazaret moral!

C'est-à-dire, opérez dans vos lois et dans vos habitudes administratives une révolution complète; car nos prisons, malgré des améliorations qu'il faut reconnaître, sont encore des sentines de vice et des foyers d'infection! Si le criminel n'en devait plus sortir, si ces portes fatales devaient, comme la pierre du sépulcre, se refermer à toujours sur les condamnés, l'égoïsme social, le matérialisme administratif, pourraient en prendre leur parti; mais chaque jour une nouvelle série de malfaiteurs en sort, reprend son vol, et, comme une nuée d'oiseaux de proie, s'abat de nouveau sur la société; prenez donc vos mesures, vous à qui elle a confié la tutelle de ses intérêts, car votre imprévoyance et votre incurie pourraient vous coûter cher!

Il faut bien se convaincre que l'emprisonnement va composer bientôt toute la pénalité: tous les efforts tendent à ce but; c'est par la prison et dans la prison que la société doit punir et concentrer tous ses moyens d'expiation, de conservation, d'amélioration à venir. C'est là que doit commencer la réforme sociale. Pour trouver les moyens de l'opérer, il faut examiner notre législation criminelle et nos prisons, il faut voir ce qu'elles ont été, ce qu'elles sont, ce qu'elles peuvent et doivent être.

La législation criminelle se rattache à tout dans l'ordre social, et l'on peut juger par elle du degré de civilisation d'un peuple. Une des premières lois de répression fut celle du talion, œil pour œil, dent pour dent! C'est la justice des injustes, dit saint Augustin [1]! Puis chez les barbares le crime eut son tarif. Le meurtre s'expiait à prix d'argent; *chacun rachetait* sa vie, depuis l'esclave jusqu'au roi [2]; les délits et les méfaits devenaient une branche de revenu.

Puis la féodalité fonda ses juridictions seigneuriales et ecclésiastiques, sous lesquelles chaque

1. Saint-Augustin, P.S. 108.

2. Chateaubriand, Études historiques.

cité, chaque bourg, chaque forteresse eut son droit civil et criminel. La monarchie absorbant successivement tous les grands fiefs, les réunit à la couronne en conservant à chaque province, à chaque ville, ses coutumes locales, ses libertés, immunités et franchises, mais en déclarant néanmoins que toute justice émanait d'elle.

La royauté absolue remit aux mains de ses parlements cette terrible puissance de juger, dont elle comprenait toute l'importance: la magistrature devint le premier corps de l'état, elle devint un pouvoir; elle exerça par ses vertus, par son courage civil, une immense influence politique; mais la confusion et l'anarchie de ses innombrables juridictions paralysèrent ses efforts en faveur de l'humanité.

Justices royales, bailliages, prévotés, sénéchaussées, justices ecclésiastiques, seigneuriales, polices municipales, toutes ces juridictions se croisaient, s'entravaient, s'élevaient les unes contre les autres; dans ces conflits, la justice se vendait et ne se rendait pas, surtout en matière criminelle : loin de l'œil du maître, les gens du roi en faisaient un honteux trafic, un moyen de servir les intérêts privés et les vengeances particulières. Tous ces hommes de loi, organes privilégiés et inintelligibles d'une justice dont les arrêts se rendaient en une langue morte que le public ne comprenait pas, tous ces clercs fripons et diffus abusaient de leurs priviléges et de leurs lumières, chevissaient et composaient avec les délinquants et les malfaiteurs, se faisaient adjuger de fortes amendes avant *jugement* et *sentences*, et le plus souvent même avant qu'il fût informé des crimes et délits, qui demeuraient impunis.

« Ils extorquaient ainsi de grands deniers, et « les criminels demeuraient en liberté de faire de « plus grands maux, sous l'espérance d'eschaper « une autre fois par telles compositions [1]. »

François Ier voulut réprimer ces abus ; il défendit à « *toutes personnes ayant* justice et *co-* « *gnoissance* de cas criminels, et aux officiers, « *soyent nôtres et autres*, de mettre à composi- « tion aucun accusé de crimes et excès, sur peine

1. Code de Henri III.

« de privation de leurs juridictions et offices [1].

Son successeur s'éleva contre les mêmes excès, et défendit aux officiers de diverses justices et aux fermiers de ses fermes, sur peine de punitions corporelles, d'amendes arbitraires, et de restituer le quadruple de ce qu'ils auraient *prins* et *extorqués*, de ne composer et traiter avec les délinquants avant jugements et condamnations, etc. [2].

Les justices seigneuriales étaient sujettes et dépendantes des baillis et sénéchaussées, elles avaient entre elles plusieurs degrés et subordinations, différentes dignités et prééminences : les duchés, comtés, marquisats, baronnies, châtellenies, les hautes, moyennes et basses justices, dont la plupart étaient usurpées. Cette justice seigneuriale était arbitraire et n'avait pas de cours régulier. Fille d'une époque où les châtelains exerçaient la puissance militaire et la puissance civile, elle se trouvait encore en partie aux mains de ces mêmes seigneurs, enclins à se considérer

1. A Yz sur Thille, octobre 1535, chap. XIII, art. 13.

2. Code de Henri III, ordonnance de Henri II.

comme plus forts que les lois, et, selon leur bon plaisir, dictant les jugements de leurs officiers, faisant grâce, admettant les coupables à rançon, et accordant au crime une dangereuse impunité.

C'était en vain que la royauté défendait aux seigneurs hauts justiciers de faire de *telles modérations*, et leur enjoignait de laisser faire la justice à leurs officiers, sur peine pour ceux-ci de *privation de leurs offices et d'amendes arbitraires* : ces magistrats redoutaient plus l'expéditive et immédiate sévérité de leurs seigneurs, que les menaces souvent impuissantes du monarque.

Tous ces tribunaux avaient leurs prisons; prisons de villes, de couvents, de châteaux, qui n'étaient soumises à aucune surveillance régulière, à aucun régime uniforme; on enfermait les prisonniers dans de sombres cachots, on chargeait leurs membres de lourdes chaînes, ou bien on entassait ces malheureux dans des lieux infects, sans distinction de culpabilité, d'âge ni de sexe, sans aucune précaution de salubrité ni d'humanité.

La justice d'alors n'avait en vue que trois choses, enchaîner le coupable pour qu'il ne pût échapper, le torturer pour qu'il avouât, le faire expirer dans d'horribles souffrances, pour punir et effrayer en même temps. Les prisons n'étaient donc que d'ignobles lieux, le gibet faisait partie de leur mobilier; elles renfermaient des créatures vouées aux tourments et à la mort, et des débiteurs insolvables desquels on s'inquiétait peu. Le geôlier était le chef et l'entrepreneur de la prison; *il sera tenu,* dit une ordonnance de Henri III, *de livrer et de bailler à ses dépens, aux prisonniers, pain et eau.*

Les détenus criminels, et ceux qui l'étaient par commandement, n'avaient pas d'autre nourriture. Les inconvénients de cette ferme étaient de faire retenir souvent des hommes acquittés parce qu'ils ne pouvaient payer les droits de geôlage; en 1585, Henri III réforma cet abus [1]. Il ordonna que ces droits fussent rabattus sur le prix de la geôle en faveur des accusés absous.

Les geôliers devaient aussi, sous peine de pri-

1. Code de Henri III, page 263.

vations de leurs offices, « faire registres en grand « volume de papier, auxquels d'un côté seront « écrits et de jour en jour, les noms, surnoms, « états, et demeurances des prisonniers, et de « l'autre côté dudit feuillet, la date de l'élar- « gissement.

Ils devaient de plus avoir un livre

« Auquel sera mis, sous forme d'inventaire, « tout ce qui sera trouvé sur les prisonniers, « soit or, argent ou autre chose. »

Défense était faite aux sergents qui les avaient *prins et amenés*, de les fouiller avant de les avoir remis aux geôliers.

Ces ordonnances étaient fort mal exécutées, et les abus renaissaient promptement loin du maître entouré de sa joyeuse cour! Un des inconvénients du pouvoir absolu fut souvent de trouver des instruments prompts à servir ses mauvais desseins, et lents à seconder ses bonnes intentions. Trop de passions et d'intérêts s'interposaient entre le monarque et la vérité.

Qu'on ne me soupçonne pas de vouloir rajeu-

1. Code de Henri III, page 267.

nir des déclamations usées, ni de chercher à flétrir nos ancêtres! Comme si l'on ne pouvait creuser au fleuve un lit nouveau sans troubler sa source! Si je reviens sur les vices de la vieille monarchie, c'est pour indiquer l'origine, et reprendre la trace d'excès et d'abus, d'usages et de préjugés, dont nous subissons encore, malgré nous, la routinière influence; c'est afin de partir du passé pour arriver au présent. Il faut se rappeler d'où l'on vient, pour savoir où l'on veut aller. Nous avons vu combien le système d'intimidation de nos pères était terrible dans les exécutions publiques; il ne l'était pas moins dans l'intérieur des prisons.

La justice ecclésiastiqne était atroce : elle était rendue selon le fanatisme et le bon vouloir des évêques et des abbés, et s'exerçait cruellement dans l'intérieur des monastères. On connaît ces prisons appelées *vade in pace*, parce que les malheureux qu'on y renfermait ne devaient jamais revoir la lumière! Selon Pierre le Vénérable [1], Mathieu,

1. Pierre de Cluny, surnommé le Vénérable, de la famille des comtes Maurice ou de Montboissier, abbé de Cluny.

prieur de Saint-Martin-des-Champs de Paris, fut le premier qui inventa ce supplice : il fit construire une cave souterraine en forme de sépulcre, où il fit enfermer pour le reste de ses jours un misérable qui lui parut incorrigible; Pierre ajoute que, par la suite, d'autres supérieurs usèrent de cette rigueur envers leurs religieux. Ceux qui étaient plongés dans ces cachots y étaient réduits au pain et à l'eau, on leur refusait toute communication avec leurs confrères; on leur retranchait toute consolation humaine pour les faire mourir dans le désespoir [1].

Ces excès révoltants allèrent si loin, que le 27 janvier 1351, « le roi Jean étant logé à Villeneuve-« lès-Avignon, le vicaire-général d'Etienne Alde-« bron, archevêque de Toulouse, vint l'y trouver

1. En novembre 1836, en cherchant à Paris à maçonner une enclume sur l'emplacement de l'ancien couvent des Capucines, les ouvriers parvinrent à la voûte d'un cachot anciennement éclairé par un soupirail tortueux, on y pénétrait par une trappe de deux pieds carrés. On a trouvé dans ce caveau des plats, des poteries vernissées, une bouteille encore remplie d'eau, des restes de sandales, des grains de rosaires, et d'autres objets mettant hors de doute que ces sortes d'oubliettes étaient le *vade in pace* des malheureuses vestales du christianisme. (*National* du 1er décembre 1836.)

« de la part de ce prélat, pour se plaindre de « ces cruautés ».

Le roi Jean, ému de compassion, fit expédier des lettres patentes enregistrées au parlement de Languedoc en 1351, afin d'y mettre un terme. Il fit expulser du royaume les frères mineurs et les frères prêcheurs, qui, pour faire révoquer son ordonnance, en avaient appelé au pape.

Mais depuis on vit encore de ces sortes de prisons parmi ces religieux, et dans quelques maisons d'autres ordres [1].

Jean Masselin, dans son Journal des Etats-Généraux tenus à Tours en 1482, nous apprend ce qu'étaient les cachots de la Bastille à cette époque.

« Luillier, capitaine de cette forteresse, y reçut « messire Charles d'Armagnac, il le jeta dans un « cachot étroit et ténébreux, et si profond que « l'eau qui entoure la Bastille monte souvent plus « haut que cette fosse; il y avait bien une voûte « en pierre qui devait empêcher l'eau de pénétrer « partout, mais qui la retenait si mal, que sans « cesse elle retombait goutte à goutte sur la tête

1. Voir Moréry, tome 8, page 576,

« du prisonnier, et qu'il restait quelquefois en-« foncé dans la boue jusqu'aux genoux; il avait, « du pain et en petite quantité ; sa boisson « était de l'eau; il était couvert de lambeaux usés : « il manqua souvent de chemise et toujours de « chaussure.... On lui arracha violemment la moi-« tié des dents, imaginez avec quelle douleur, « puisqu'il n'y sentait nul mal, à moins que ce ne « fût le mal de la faim! Plus de cent fois on le « frappa jusqu'au sang de verges de buis, en pré-« sence de Luillier qui l'avait ordonné : tels sont « les tourmens et les afflictions dans lesquels il « passa quatorze années de sa vie.... Après le « temps susdit, ses tortures et ses chaînes l'avaient « estropié et l'avaient rendu incapable de se servir « de ses membres [1] ! »

Charles IX, ès-états d'Orléans, enjoignit à tous hauts justiciers d'avoir *prisons seures*,

« Lesquelles, d'autant qu'elles ne doivent ser-« vir que pour la garde des prisonniers, nous « défendons être faites plus basses que le rez-de-« chaussée ».

1. Discours de son avocat prononcé en présence de Charles VIII, aux états de Tours, 1482.

Il ne suffisait pas de prohiber les basses-fosses, il aurait fallu combler celles qui existaient dans les prisons d'état.

Les galères étaient encore des lieux de détention redoutables, où des malheureux étaient retenus arbitrairement tant qu'ils étaient propres au service de la mer. Les parlements réclamèrent long-temps contre cette iniquité, à laquelle Henri III voulut remédier en ordonnant,

« A tous capitaines de galères, leurs lieutenants « ou autres, de ne point retenir ceux qui y sont « conduits, outre le temps porté par les arrêts « ou sentences de condamnation, sur peine de « privation de leurs charges et états [1]. »

Aucun rappel de ban ou de galère ne pouvait être accordé à ceux qui avaient été condamnés par *arrest* de cours souveraines; les parlements formaient le premier corps judiciaire de l'État. Ils ne jugeaient pas les affaires criminelles en première instance; la connaissance en appartenait aux baillis, sénéchaux et autres juges du royaume; ils devaient les renvoyer par-devant

1. Henri III, ès-états de Blois, art. 200.

lesdits juges ordinaires, sinon, dit l'ordonnance de François Ier, que, « pour grande évidente « cause, notre dicte cour de parlement trouve « bon d'en retenir la cognoissance, dont en char- « geons leur conscience. »

Tout le monde sait combien la multiplicité des rouages de cette vaste machine en entravait la marche; mais un document précieux et inédit fait connaître à cet égard l'opinion des hommes qui firent sentir à Louis XIV l'urgence de la réforme de 1670; il offre un tableau curieux de l'état des justices et prisons du royaume en 1664.

J'ai extrait ces détails d'un rapport manuscrit [1] et inédit fait *au roy* et à M. le chancelier de l'état de la généralité de Tours, par Charles Colbert [2], conseiller du roi en ses conseils, maistre des requêtes ordinaire de son hostel, commissaire dé-

1. Bibliothèque royale, Mss. Saint-Germain, 954.

2. Charles Colbert, marquis de Croissy, ministre secrétaire d'état, frère de Jean-Baptiste Colbert, contrôleur-général des finances, etc., etc. Il fut depuis ambassadeur en Angleterre, et l'un des plénipotentiaires pour la paix de Nimègue. Ce fut lui qui conclut la paix entre les états-généraux et l'évêque de Munster, et celle des Pays-Bas en 1668, à Aix-la-Chapelle.

parti pour l'exécution de ses ordres audit pays en l'année 1664 [1].

Charles Colbert indique au roi l'inconvénient de permettre aux juges d'affermer les profits de leur charge à leurs lieutenants, qui ne faisaient pas leurs fonctions et se contentaient d'en retirer les droits.

Il y avait dans la même ville deux degrés de juridiction royale, ce qui multipliait la chicane et ruinait le commerce; les gentilshommes ne plaidaient jamais devant le prévôt, mais toujours en première instance. Toutes les hautes justices qu'il y avait dans la ville causaient de perpétuels « conflits de juridiction, tant en matière « civile qu'en matière criminelle, chaque juge, « dit Colbert, punissant d'amendes celui qui ne

1. Le roi François Ier ayant établi seize généralités, et Charles IX dix-sept, par édit du mois de novembre 1570, la Touraine, l'Anjou et le Maine furent réunis sous le titre de généralité de Tours qui relevait du département de la cour des aides de Paris. Il y avait en cette généralité six présidiaux; deux en Touraine, trois en Anjou, et un dans le Maine; cinq prévôtés royales, seize siéges et bailliages ou sénéchaussées royales. Voyez à la fin du volume le tableau de la justice de Tours, note 1, A-B.

2. Puissent ces recherches historiques, dont la Touraine m'a fourni les matériaux, avoir pour mes concitoyens un double intérêt.

« veut pas procéder par-devant lui. Cela fait aussi « que les juges sont comme dépendants des « procureurs, qui ont pouvoir d'introduire les « instances et porter les affaires où bon leur « semble.

« Un autre abus qu'il y a dans la ville de « Tours, c'est que personne ne peut avoir jus- « tice contre les officiers, ni contre les procu- « reurs, ni contre les sergents; les juges ne veu- « lent pas la faire contre leurs confrères, les « procureurs agir contre aucun procureur, ni « les sergents exploiter contre ceux de leur « troupe. »

On voit que ce n'est pas d'aujourd'hui seulement que les administrés en sont réduits à appeler des abus du pouvoir au pouvoir lui-même; faudra-t-il encore une révolution politique pour obtenir la responsabilité administrative *et judiciaire?*

« A l'égard des criminels, les prévôts des ma- « réchaux et les officiers de maréchaussée sau- « vent tous ceux qui leur peuvent donner « quelque argent, même les voleurs de grand « chemin; ils font des cabales dans le présidial et

« ont leurs juges affidés, qui leur donnent ou « ôtent la compétence, selon qu'ils le souhaitent.»

Ici se trouvent dénoncées une infinité de friponneries et de malversations de la part des gens de loi, des abus exorbitants de frais de justice, de droit d'épices, ce qui fait dire à Colbert :

« Les pauvres ne peuvent aspirer à la justice, « qui est trop chère pour eux. »

Il y a cent soixante-treize ans que cette vérité fut dite au grand roi, et, le 3 novembre 1837, M. de Gérando disait à l'audience solennelle de la rentrée des chambres, au tribunal civil de la Seine :

« Le principe fondamental, que la justice doit « être accessible à tous, n'est-il pas trop souvent « annihilé pour le pauvre par les entraves de la « procédure, et de la fiscalité!

« Que de frais et d'actes coûteux, autres que « ceux qui se réfèrent au ministère de l'avoué, « pèsent encore sur le pauvre, au point de lui « rendre souvent impossible l'exercice de ses « droits en justice! »

C'est-à-dire que nous n'avons pas encore une législation des pauvres!

Doit-on craindre, doit-on se lasser de redire les mêmes vérités, lorsque de si justes réclamations ont produit si peu d'effet? Non; l'unique moyen de réformer les abus et d'en obtenir réparation, c'est de les représenter sans cesse aux yeux, à l'esprit, à la conscience de ceux qui devraient les faire cesser, et qui les perpétuent par indifférence ou par égoïsme.

« Nous avons visité, continue Colbert, toutes « les prisons de la généralité, dans lesquelles « nous avons trouvé beaucoup de désordres, « tant pour ce qui regarde la sûreté que pour la « commodité. Elles sont trop étroites en beau- « coup d'endroits, en d'autres trop basses, comme « à Loches; en d'autres, il n'y a aucune sépara- « tion des hommes d'avec les femmes, d'où il ar- « rive de grands désordres. Partout il n'y a point « de fonds pour la réparation des prisons, pour « le pain des prisonniers et pour la translation de « ceux qui n'ont *d'autre partie que le procureur « du roy*.

« Nous avons remédié par nos ordonnances « aux abus que nous avons reconnus, même aux « mauvais traitements et concussions des geô-« liers envers les prisonniers.

« Nous nous sommes fait rendre compte des « crimes capitaux, et nous avons trouvé que la « plupart de ces crimes étant meurtres, assassi-« nats, rapts, violences et vols de grand chemin, « les prévôts des maréchaux et leurs adhérents « n'en informent pas, et ne se saisissent des cou-« pables que pour leur faire acheter leur vie chè-« rement moyennant de l'argent, n'y ayant pas « de crimes, quelque énormes qu'ils soient, qu'ils « ne purgent et ne lavent, si le coupable a de « l'argent! Nous en avons eu plusieurs preu-« ves, et même de mauvais commerce et corres-« pondance que les officiers de maréchaussée ont « avec les voleurs et les meurtriers de grands « chemins, prenant des présents et des pensions « annuelles d'eux, leur louant ou affermant, « pour ainsi dire, la liberté et l'impunité de vo-« ler et de tuer publiquement; et ce sont les « principaux cas dont le nommé *Barré*, à qui

« nous avons fait le procès, était convaincu : on « peut dire qu'il n'arrive pas souvent qu'un cri- « minel soit puni par la voie des prévôts des ma- « réchaussées.

« Dans toutes les prisons que nous avons vi- « sitées, nous avons examiné les causes de la dé- « tention de chaque prisonnier, et obligé les of- « ficiers de faire incessamment le procès aux au- « tres, qu'on laissait languir par quelques ani- « mosités particulières. Nous avons vérifié les « registres d'emprisonnements et d'élargisse- « ments des accusés de crimes depuis plusieurs « annés, et nous avons trouvé beaucoup d'abus « qui nous ont donné lieu de poursuivre, comme « nous avons fait, les officiers de maréchaussée, « lesquels font des prisons de leurs maisons par- « ticulières, de celles de leurs archers et des ca- « barets où ils détiennent ceux qu'ils ont pris, « jusqu'à ce qu'ils se soient accommodés avec « eux. Nous avons reconnu l'état de chaque pri- « son, c'est-à-dire sa situation, ses logements, « ses cachots, sa couverture et sa fermeture, en « quoi nous avons trouvé plusieurs où, faute de

« logements suffisants et assez aérés, les maladies « sont fréquentes. Les hommes ne sont pas sépa- « rés d'avec les femmes, d'où il résulte de graves « désordres, ainsi qu'on nous l'a fait connaître à « Tours, à Saumur et en plusieurs autres en- « droits; d'autres où il n'y a aucune couverture « ni chapelle, comme au château du Loir, etc., etc.

« Dans preque toutes, il n'y a pas de pain « pour la subsistance des prisonniers qui n'ont « que Sa Majesté pour partie. Les domaines « qui portent les charges ordinaires étant en- « gagés à des personnes qui ne paient pas les « charges locales par divers moyens qu'ils trou- « vent de s'en exempter, nonobstant l'arrêt que « Sa Majesté a fait rendre en son conseil pour « le paiement des charges locales, ce qui nous « a obligé, dans les lieux où nous avons vu « la nécessité la plus urgente, de décerner des « exécutions contre eux.

« Dans les mêmes prisons, il se trouve encore « une chose remarquable sur le sujet de la trans- « lation des prisonniers appelant aux cours sou- « veraines, laquelle ne se fait pas faute de fonds,

« quand il n'y a que Sa Majesté pour partie, « comme aussi arrive-t-il rarement que les con- « damnés aux galères, en dernier ressort, soient « tirés des prisons pour être attachés à la chaîne « parce qu'elle ne passe que rarement dans les « grandes villes, et presque jamais dans les au- « tres éloignées des grandes routes, ce qui charge « et infecte les prisons de toute manière. En « tout cas pour le soulagement des prisonniers « qui ont à demeurer dans des prisons si sales et « incommodes, nous nous sommes informés de « la conduite des geôliers et de leur manière de « traiter les prisonniers; nous avons corrigé ceux « que nous avons trouvés coupables; nous leur « avons enjoint à tous, sous de grandes peines, « de garder l'ordonnance tant pour la douceur « et l'humanité qu'ils doivent aux prisonniers « que pour le prix de leurs gîtes et geôlages, et « nous avons enjoint aux juges et officiers, cha- « cun en droit soi, d'y tenir la main, et de visiter « souvent lesdites prisons pour cet effet, etc. [1]. »

Ces rapports embrassaient toutes les branches

1. Bibliothèque royale, Mss. Saint-Germain, 954.

de l'administration; ils sont faits avec talent et conscience : quoique confidentiels et destinés à être mis sous les yeux de Louis XIV, la vérité y est dite souvent avec franchise, mais avec des ménagements qui prouvent combien étaient enracinés les abus qui y sont dénoncés.

Il faut remarquer qu'il n'est ici question que des prisons de l'officialité qui recevaient des individus justiciables du roi, de l'official et du bailly de l'évêché, où étaient détenus pêle-mêle les décrétés d'ajournement personnel, ou prévenus des deux sexes, les accusés de crime et les débiteurs décrétés de prise de corps; les donjons de justice seigneuriale étaient affectés aux condamnés à des peines de simple police; il n'est pas question dans ces rapports des prisons d'état où étaient ensevelis les secrets du pouvoir et ceux des familles. Les détenus y étaient renfermés sur un ordre du roi, signé d'un secrétaire-d'état, et quelquefois sur un simple billet écrit de la main d'un ministre, comme le prouve l'autographe suivant.

Le fait se passait en 1660, peu d'années avant le rapport que je viens de citer :

Le 17 décembre 1660.

« Le commandant de la Bastille recevra quatre gazetiers qui seront conduits par le commissaire Frian.

« Signé FOUQUET. »

La lettre ne contient aucun nom, prénom, ni aucune indication de délit.

On lit seulement en marge la note suivante ècrite d'une autre main et servant probablement d'écrou.

« Billet de M. le surintendant pour Hesnain, Gisdors, Bonnechet et Brossard, remis par le conseiller Pécart, daté du 17 décembre 1660 [1]. »

Quand Fouquet se jouait ainsi de la liberté individuelle, il était loin de prévoir qu'il mourrait lui-même dans la prison de Pignerol!

1. Cette lettre autographe est en la possession de M. de Châteaugiron; elle a été publiée dans le second volume de l'Isographie des hommes célèbres.

Les interminables lenteurs de la vieille jurisprudence en étaient un des grands inconvénients. Le flagrant délit seulement était expédié promptement; nos pères pensaient que la répression immédiate de tout ce qui avait fait scandale et tumulte était d'urgente nécessité.

Dans l'instruction des causes ordinaires, les informations se faisaient par un sergent ; le ministère public attendait les dénonciations bénévoles; aussi posait-on en principe que la délation était un service rendu à la société : on traitait de préjugé le sentiment contraire. Les juges d'alors avaient cependant grand'peur d'être injustes, et grand besoin de rassurer leur conscience : préoccupés des difficultés de l'information, de l'inconvénient de s'en rapporter à des témoins s'offrant d'eux-mêmes, dont l'indifférence ou le zèle était également suspect, craignant la retenue des honnêtes gens qui n'aiment pas à concourir à la mort de leur prochain, dans un temps où la religion était populaire, ils en appelèrent à la religion, et, suivant cette loi de conscience que ceux qui ont connaissance d'un crime doivent le révéler, on eut recours au prêtre. Pour aller de *l'intérieur* à *l'extérieur*, on créa les monitoires dont l'objet était de faire connaître aux magistrats par la confession les circonstances et les témoins d'un crime.

Ce fut avec ce raisonnement que l'on établit en Espagne l'inquisition dont nos mœurs surent nous préserver; l'ordonnance de 1670 conserva les monitoires comme le triomphe de la sagesse humaine; voilà, disait-on encore à la fin du siècle dernier, *ce que pouvait produire l'heureux accord du sacerdoce et de l'empire* [1].

Les rapports ordonnés dans toutes les généralités du royaume ne tardèrent pas à porter leurs fruits, les mœurs s'adoucissaient; enfin, Louis XIV voulut réformer la législation criminelle, et la police des prisons. L'ordonnance de 1670 fut impuissante, il est vrai, mais elle fut un premier pas fait dans une voie d'amélioration.

Elle prescrit aux juges des égards envers les accusés; avant de faire écrouer un individu, les

1. Voyez l'Essai sur l'esprit et les motifs de la procédure criminelle en tête du Code pénal, 1755.

magistrats devaient peser la gravité des charges, la valeur des présomptions, le préjudice qui pouvait résulter pour lui de la durée de la détention : on recommanda seulement plus de célérité dans l'instruction, l'accusé devant toujours être mis au secret jusqu'au premier interrogatoire [1].

Les geôliers devaient réunir les prisonniers de condition honnête, et donner à chacun sans rétribution, mais suivant son ancienneté, la chambre ou la place la plus commode.

Un peu plus tard, le parlement autorisa les geôliers à exiger cinq sous par jour de ceux qui voulaient coucher seul dans un lit, trois sous pour un lit à deux, trois francs quinze sous pour la table du geôlier et une chambre particulière, quatre livres si la chambre était à cheminée. Cet arrêt fut motivé sur le vice des anciennes constructions, et sur l'insuffisance du salaire des geôliers.

On voit que l'égalité de peine ne régnait pas

1. Ordonnance de 1670. Recueil raisonné des lois, arrêtés, décrets, avis du conseil d'état, instructions ministérielles, etc. (par Péchard, page 9).

plus alors dans les prisons qu'aujourd'hui, et que toujours l'or du coupable riche a pu adoucir la rigueur de sa détention.

Les détenus à la requête du ministère public recevaient la ration de pain sur les fonds des amendes, et en cas d'insuffisance, sur les revenus des domaines [1].

Les accusés de crimes étaient nourris par le geôlier, qui leur fournissait du *pain*, de *l'eau*, et de la *paille bien conditionnée* [2].

Dans les prisons de Paris, les détenus recevaient une livre et demie de pain, et de la paille fraîche, tous les quinze jours, dans les cachots noirs, et tous les mois dans les cachots clairs [3].

Ces règlements étaient mal observés; un geôlier fut pendu, pour avoir laissé mourir un prisonnier d'inanition.

Quoique les geôliers n'en eussent pas le droit, ils frappaient les détenus.

On mettait pendant un mois au cachot pour

1. Ordonnance de 1670, art. 26.
2. *Ibid.*
3. Arrêt du 18 juin 1717.

la première contravention; en cas de récidive, au carcan sur le préau, et au cachot, pour la durée de la détention, ceux qui coupaient ou déchiraient les couvertures, traversins, matelas et paillasses, pour en faire des vêtements, ce qui ferait supposer qu'ils en manquaient. On infligeait la même peine à ceux qui brisaient ou brûlaient le mobilier de la prison; ce qui prouve combien on les laissait souffrir du froid.

Ceux qui tentaient de s'évader étaient pendus à une potence plantée au milieu du préau [1].

Malgré les bonnes intentions qui avaient dicté l'ordonnance de 1670, les prisons, sauf quelques exceptions, étaient restées dans un état déplorable : nulle part l'humanité n'était plus dégradée, plus exposée à la contagion du mauvais exemple et des maladies funestes.

Le malheureux Louis XVI, touché de l'état des prisons dans la plupart des villes du royaume, contribua de ses propres fonds à quelques améliorations matérielles. Il créa des infirmeries à la Conciergerie. Il fit réparer l'hôtel de la Force

1. Manuel des prisons.

pour désencombrer les autres prisons, où gémissaient entassés et confondus dans d'étroits espaces, des individus de tout sexe et de tout âge prévenus de délits, ou accusés de crimes. Il fit démolir le petit Châtelet et le Fort l'Évêque, deux horribles lieux de détention. Il ordonna la destruction des cachots souterrains, qui malheureusement ne furent pas tous comblés. Ceux du fort Lamalgue à Toulon existent encore, au-dessous du niveau de la mer, et bien plus terribles que ceux du Château de Chillon où s'écoula la longue détention de Bonnivard, si poétiquement décrite par Byron. On ne vit pas si longtemps au fort Lamalgue; le défaut d'air et l'humidité font promptement enfler les malheureux ensevelis dans ces tombes; espérons que l'infortuné Vallée en aura été la dernière victime [1]!

1. Vallée fut exécuté pour délit politique à Toulon en 1822.

CHAPITRE IV.

Classification et régime des prisons depuis 1789 jusqu'en 1828. — Causes des récidives, et de leur accroissement.

La révolution de 1789, œuvre de régénération, réforma surtout ce qui pouvait avilir et dégrader la nature humaine ; elle abolit les supplices barbares, l'impudique et ignomieuse flagellation, depuis le banc du collége, jusqu'au poteau du pilori. Elle fit crouler le vieil édifice judiciaire, composé de tant de juridictions diverses, pour élever à l'égalité devant la loi un monument uniforme, un code unique en harmonie avec les mœurs ; elle sentit que la privation de la liberté devait être pour l'homme indépendant une peine efficace ; et restreignant à des cas graves l'application de la peine de mort, elle fonda sur une nouvelle théorie d'emprisonnement un système de pénalité en harmonie avec ses principes.

L'assemblée constituante créa la police municipale, la police correctionnelle et les tribunaux criminels, elle institua le jury.

« Elle consacra le principe de l'emprisonne-
« ment qui précède, et de l'emprisonnement qui
« suit la condamnation, elle constitua séparément
« l'un et l'autre [1]. »

La loi du 29 septembre 1791 mit les prisons sous la surveillance de l'autorité administrative et de l'autorité municipale, c'était une garantie : elle ordonna que les prisons fussent sûres, propres et saines ; le code d'instruction criminelle charge les préfets de les surveiller, de nommer les gardiens et d'acquitter les dépenses [2].

Le maire a la police des prisons, il doit les visiter une fois par mois [3], surveiller les gardiens,

1. Rapport au roi sur les prisons départementales, mars 1837.
2. Art. 605.
3. Instruction criminelle, art. 612.

vérifier leur registre, s'assurer que personne n'est arbitrairement détenu, que les prisonniers sont traités avec justice et humanité; il se les fait représenter, même ceux qui sont au secret; il accorde des permissions aux parens et amis qui veulent les visiter; il peut faire resserrer plus étroitement, séquestrer et mettre aux fers les prisonniers mutins [1]. Enfin le maire doit veiller à ce que les geôliers ne fassent pour leur compte aucune fourniture, à ce qu'ils n'abusent pas de leur empire sur les détenus pour se procurer à leur détriment des profits illicites [2].

Cette sage disposition ne fut jamais observée; la loi du 22 juillet 1791 n'accordait aux détenus que le pain, l'eau et le coucher. L'arrêté du 22 nivôse an IX leur accorde en outre la soupe; elle est préparée par les concierges, qui en ont l'entreprise et de plus le monopole de la cantine et de la pistole. J'ai dit comment les faits sanglants de 1793 entravèrent l'application des théories

1. Loi du 22 septembre 1791, Instruct. criminelle, art. 614.

2. Circulaire du 22 vendémiaire an VIII.

de 1791; les lois rendues par l'assemblée constituante ne reçurent leur exécution que sous l'empire.

C'est du consulat que date la fondation des maisons centrales de détention; mais ce ne fut qu'après la publication du Code pénal (en février 1810), que le gouvernement impérial s'occupa de mettre les prisons en harmonie avec la législation criminelle. Ce même code nous régit encore; en voici la classification, dont il faut se rendre compte pour ne pas confondre, dans ce terme banal de prisons, tout établissement dans lequel des hommes sont privés de leur liberté, et pour apprécier le régime qui doit y être appliqué.

Le ministre de l'intérieur, dans son arrêté du 20 octobre 1810, avait divisé les prisons en cinq espèces, ainsi désignées :

1o Maisons de police municipale.	Pour les condamnés par voie de police municipale.
2o Maisons d'arrêt. . .	Pour les prévenus de délits de police correctionnelle.
3o Maisons de justice. .	Pour les décrétés de prise de corps.

4° MAISONS DE CORRECTION	Pour les condamnés par voie de police correctionnelle. Pour les prisonniers pour dettes. Pour les enfants à renfermer sur la demande de leur famille. Pour la police administrative : (on y faisait traduire les filles publiques pour être traitées, dans des quartiers séparés, des maladies dont elles seraient atteintes).
5° MAISONS DE DÉTENTION.	Pour les condamnés par les cours d'assises.

Il devait être fait, dans les diverses maisons de détention que je viens de citer, toutes les dispositions nécessaires pour la sûreté, la salubrité, la classification des âges, des sexes, et des différents genres de délit, et de plus, disait l'arrêté, des ateliers de travail dont le produit puisse compenser en partie la dépense des détenus [1].

Rien de tout cela ne s'exécuta, on recula devant ces classifications multipliées, devant l'impossibilité d'établir, dans des bâtiments insuffisants, les distributions nécessaires aux différens genres, de travaux et d'occupations à donner aux détenus. On se dispensa de construire dans chaque département une prison de correction; on trouva

1. Arrêté du ministre de l'intérieur, 1810.

les maisons d'arrêt et de justice assez spacieuses pour recevoir, après le jugement, les condamnés qui devraient être renfermés dans ces maisons de correction; quant aux maisons de police municipale, on les jugea superflues.

11,000,000 de francs avaient été affectés à la restauration générale des prisons, mais de longues et malheureuses guerres firent ajourner ces travaux utiles. Néanmoins, en 1811 et 1812, le gouvernement s'occupa de l'érection et de l'organisation des maisons centrales de détention, qui, situées au centre de plusieurs départements, reçoivent les individus condamnés à plus d'un an de peine. On y établit des ateliers de travail, on y classa les délits, les sexes et les âges; le 20 octobre 1813, la circulaire ministérielle demandait encore aux préfets des programmes de restauration, et un système de ressources pour subvenir à la dépense.

Le résultat des efforts du gouvernement impérial fut donc la création des bagnes, où s'exécutent les travaux forcés, la fondation et l'organisation des maisons centrales de détention; mais il nous a légué la confusion des maisons d'arrêt, de justice, de correction, et de police, dans une même enceinte, dans un cruel et honteux pêle-mêle, et l'on peut encore aujourd'hui contempler avec douleur, dans les prisons départementales, tous les genres d'infortune et de vice, de scélératesse et de misère, confondus sur la même litière, engloutis dans la même fange.

Depuis 1815 jusqu'à 1828, les maisons de détention subirent de notables améliorations matérielles : cent quatre-vingt-dix-huit prisons d'arrondissement furent réparées et reconstruites; les prisons de soixante-huit chefs-lieux de département furent restaurées et agrandies [1]. Ces travaux, indépendamment de l'entretien ordinaire, coûtèrent 17,193,244 francs; de plus, 10,487,470 francs furent employés, depuis cette époque jusqu'au 1er janvier 1828, aux frais de construction, et de premier établissement, des maisons centrales du royaume. On voulut obtenir une bonne classification des prisonniers, on

1. Voir le rapport au roi sur les prisons départementales, mars 1837, page 12.

voulut améliorer leur régime intérieur, on leur ouvrit des ateliers, on leur accorda les deux tiers du produit de leurs travaux, la première moitié leur fut payée tous les dimanches, et l'autre moitié ne dut leur être comptée que le jour de la sortie.

Une société royale des prisons fut fondée [1] avec plus de pompe que d'utilité réelle; elle ne pouvait que délibérer et proposer; du moment qu'elle voulut s'immiscer dans l'administration, on la supprima; elle s'occupa cependant de la salubrité des prisons, du bien-être des détenus, de leur instruction primaire, morale et religieuse. Elle recommanda l'isolement comme punition, le silence et le travail; elle éveilla la sollicitude du gouvernement, et il faut reconnaître qu'à dater de cette époque, les dépenses mal faites et la mortalité diminuèrent successivement; le terme moyen des décès dans les maisons centrales devint de un homme sur seize et de une femme sur vingt-six; la vie sédentaire agit sur la santé

1. Voir le rapport fait à la société royale des prisons par M. de Martignac en janvier 1829.

des hommes plus que sur celle des femmes ; en déduisant les malades, les infirmes, les vieillards, et le temps des punitions, la proportion des condamnés inoccupés ne fut que de un sur huit.

Par suite de cette organisation, le produit des travaux industriels s'éleva à 1,455,000 fr. Sur cette somme, 500,000 furent remis comptant aux ouvriers par portions hebdomadaires; mais l'imprévoyance, les maladies, l'inconduite, leur firent dépenser en peu de jours ces ressources si péniblement gagnées, il en fut de même de la masse de réserve; il résulte du rapport fait en 1830 par M. de Montbel, à la société royale des prisons, que, dans les années 1828 et 1829, ces masses s'étaient élevées à 421,000 fr. ce qui donnait, terme moyen, 70 fr. par détenu.

On conçoit combien ces innovations adoucirent la captivité des condamnés, et améliorèrent leur sort; les maisons centrales étaient en 1830 dans un état de prospérité matérielle attesté par les rapports de MM. de Martignac et de Montbel :

« Les condamnés y jouissaient du nécessaire « et même de quelques superfluités de la vie, car

« la progression rapide des travaux industriels « était venue leur fournir les moyens de se pro- « curer plus d'adoucissement que la plupart des « ouvriers libres ne peuvent en obtenir par leur « travail. Aussi le rapport du 29 janvier 1830 dé- « clarait-il, que si l'humanité réclamait d'abord « ses droits, le régime intérieur avait maintenant « reçu toutes les améliorations qu'il était possible « d'y introduire, *et qu'on ne pourrait aller plus loin « sous ce rapport sans blesser la morale publique*[1]. »

Ces bons résultats, exagérés dans les rapports officiels, furent aussi l'effet de la loi du 25 mars 1817, qui soumit ces établissements à l'action de l'autorité centrale. Le ministre de l'intérieur en dirige l'administration, leur imprime une impulsion unique, en règle les dépenses prélevées sur les produits des centimes additionnels centralisés au trésor. Cette mesure eut encore l'avantage de faire rédiger les états trimestriels de population envoyés au ministre de l'intérieur et d'appeler l'attention de la statistique sur l'ensemble et les éléments de la population des pri-

1. Rapport au roi sur les prisons départementales, mars 1837.

sons. On s'occupa de placer à leur tête des hommes éclairés, on y employa tous les fonds destinés à l'amélioration du sort des détenus, mais avec plus de zèle que de discernement et d'équité. M. de Martignac en convient dans son rapport au roi, lorsqu'il dit :

« Les condamnés renfermés dans les maisons « centrales sont mieux traités que les prévenus « et les accusés, et au premier abord on s'étonne « que la condition de ceux que la justice a frap- « pés, soit meilleure que celle des détenus sur « lesquels elle n'a pas encore prononcé. »

Depuis 1830, on s'est encore activement occupé des maisons centrales de détention, et l'opinion publique attirant l'attention du gouvernement sur la réforme pénitentiaire, lui a fait faire dans cette voie un premier pas dont il faut lui savoir gré.

Depuis 1830, le gouvernement a fait publier les comptes de la justice criminelle du pays, il a fait examiner et constater en France, l'état réel des prisons; il a fait étudier dans les pays étrangers, et surtout en Amérique, tous les systèmes de réforme et de régénération morale, il en a tenté et autorisé des essais, il a créé une inspection générale des prisons de France; il a choisi pour directeurs des maisons centrales des hommes honorables et instruits, qui, chargés d'une pénible tâche, font, en général, tous leurs efforts pour qu'un système vicieux produise le moins de mal possible.

Assurément il y a déjà progrès, et l'humanité peut espérer en comparant nos prisons à celles de 1665; mais avant qu'elle soit satisfaite, voyons combien il nous reste encore à faire.

Le régime actuel de nos prisons est mauvais, il ne remplit pas son but; il n'y a qu'une voix à cet égard : les ministres qui se succèdent à l'intérieur en conviennent.

« A mesure que les constructions s'étendent, « le nombre des prisonniers augmente; l'accrois- « sement fut 3,905 depuis le 1er janvier 1820 « jusqu'au 1er janvier 1829[1] ».

« Le grand nombre des récidives est effrayant, « il est de deux sur onze dans les maisons centra-

1. *Moniteur* du 1er janvier 1830.

« les, il s'élève même à un sur quatre parmi les « détenus correctionnels, il est à Paris de 68 pour « 100 [1] ».

Il est annuellement de treize à quatorze cents parmi les condamnés pour crimes, de sept cents et au-delà parmi les condamnés correctionnels ; il a doublé en six ans. Il n'était en 1828 que de quatre mille six cent cinquante en tout. Selon M. Guerry, le tiers des condamnés tombe en récidive [2]. Le gouvernement s'en alarme, avoue le mal, et pour s'en rendre compte à lui-même, il vient d'adresser aux directeurs des maisons centrales, de force et de correction, une série de questions nettement posées. J'accepte comme parfaitement désintéressées les réponses de ses agents, et je le fais d'autant plus volontiers, que ce travail a été exécuté avec un zèle et un talent incontestables, qu'il renferme des vues élevées, qu'il est le fruit de l'expérience,

1. Deuxième pétition aux Chambres sur la nécessité de l'adoption du système pénitentiaire en France, par Charles Lucas, inspecteur des prisons du royaume.

2. L'Académie des Sciences a décerné le grand prix de statistique à l'essai sur la statistique morale de la France par M. Guerry..

et que mes assertions auront pour base des documents officiels.

On dit qu'il ne faut pas prétendre à réformer la société dans les prisons; il faut au moins faire tous nos efforts pour que les prisons ne jettent pas chaque année, dans notre sein, des éléments de trouble et des principes de dissolution.

On gémit sur le nombre des condamnés en récidive! *il suit depuis plusieurs années une progression ascendante*, dit en mai 1836 M. le ministre de l'intérieur, dans sa circulaire aux directeurs des maisons centrales, et presque tous lui indiquent, comme la cause du mal, le régime de leur établissement[1].

Le directeur de Cadillac demande pour les condamnés en récidive un régime plus sévère; il observe que souvent les dernières condamnations sont moindres que les premières.

A Clairvaux, la réponse du directeur est remarquable.

1. Analyse des réponses des directeurs des maisons centrales de force et de correction, à une circulaire ministérielle du 10 mars 1834, sur les effets du régime de ces maisons, Paris, 1836.

Cinq cent six coupables de nouveaux crimes ou délits contre les propriétés, ou de vagabondage, étaient réputés n'avoir « agi que dans l'unique but de retourner en prison pour y trouver « des moyens d'existence assurés, et une vie plus « facile. Sur six cent cinquante-trois condamnés « en récidive, cent quinze avaient fondé leurs « principaux moyens d'existence sur l'habitude « du vol. Sur cent quinze détenus, dix-sept au « moins avaient déclaré, à diverses époques, qu'ils « n'avaient pris aucun soin pour éviter les pour- « suites de la justice, désireux qu'ils étaient de « venir passer un ou deux ans dans la maison « centrale pour y remettre leur santé délabrée « par la débauche !

« *Embrun.* Le nombre des récidivistes s'accroît « d'une manière effrayante. L'excès du bien-être « dans les prisons y contribue vraisemblablement « beaucoup.

« *Fontevrault.* Les voleurs de profession savent « qu'un sort aussi favorable que celui des ouvriers « libres les attend dans les maisons centrales, où « les règlements n'autorisent pas un traitement

« plus sévère pour l'individu couvert de crimes, « qui serait à son dixième jugement, que pour celui « qui subit la condamnation d'une première faute.

« *Limoges*. Le régime actuel des maisons cen- « trales, qui, dans le fait, ne sont, pour les récidi- « vistes, que de véritables pensionnats, n'est au- « cunement répressif.

« *Melun*. Les maisons centrales effraient si peu « les condamnés que, aussitôt le prononcé du ju- « gement, ils sollicitent comme une faveur d'y « être transférés le plus tôt possible. Leur cor- « respondance en donne la preuve tous les « jours, etc. etc. »

Je pourrais encore multiplier ces citations si concluantes. Tous les directeurs réclament un régime plus répressif. Le gouvernement se méfie des idées spéculatives, je ne puis résister au désir de citer encore des faits.

« Le ministre demande quel effet produit d'a- « bord sur les condamnés en récidive leur réin- « tégration dans l'établissement.

« *Embrun*. Les mauvais sujets sont honteux, « mais c'est de n'avoir pas su échapper à la justice!

« *Beaulieu.* Ils semblent rentrer chez eux « après une absence plus ou moins longue !

« *Eysses.* Ils rentrent avec la gaieté, le contentement que témoignent des parents sensibles, « lorsque après une longue absence ils rentrent « au sein d'une famille qu'ils affectionnent.

« *Gaillon.* Leurs camarades, satisfaits de les « revoir, les appellent de bons prisonniers, on « les désigne encore sous le nom de voyageurs. »

L'empire de ces récidivistes sur les autres détenus est immense; MM. les directeurs déclarent que leur influence est *immorale*, *tyrannique*, *pernicieuse* et *empestée* !

Le ministre demande ensuite quelles sont les mœurs des condamnés en récidive.

Le résumé des réponses, c'est que, connaissant mieux que les autres l'ordre et les usages des maisons centrales, ils s'y conforment plus strictement et s'y font plus rarement punir [1].

Ils tiennent les jeux, répond le directeur d'Embrun, et dupent ceux que leurs leçons et leurs exemples doivent bientôt rendre maîtres à

1. Melun.

leur tour. « Un des inconvénients les plus graves « est sans doute l'espèce de franc-maçonnerie qui « s'établit entre les plus dangereux et qui, se « prolongeant au dehors, entretient une société « secrète au milieu de la société; c'est dans les « prisons qu'elle se recrute. »

Il est donc vrai de dire que les prisons réagissent sur la société; qu'elles ne punissent ni ne corrigent; qu'elles exaspèrent et corrompent; que le crime et la dépravation y viennent chercher un abri, des leçons et des ressources, et qu'enfin la racine du mal est dans le nombre croissant des récidives.

Il faut rechercher les causes qui les produisent et les perpétuent; nous les indiquerons toutes, lorsque nous proposerons, dans la seconde partie de cet ouvrage, les moyens de prévenir le mal; il faut d'abord le réprimer et en arrêter les progrès; nous signalerons seulement comme une des causes les plus immédiates des récidives la cruelle condition des condamnés libérés, et les funestes effets de la surveillance à laquelle la loi les soumet.

CHAPITRE V.

Condamnés libérés; surveillance de la haute-police. — Réhabilitations.

VINGT-SEPT MILLE individus obtiennent chaque année leur libération, et viennent grossir les rangs des repris de justice; on en compte *quarante mille* dont l'existence est un fléau pour l'état social, et pour eux, car il n'est pas de condition plus dure que celle d'un condamné libéré; il ne peut accepter le sort que la loi lui fait, lorsqu'à l'expiration de sa peine il vient reprendre sa place au sein de la société; il n'avait pas mérité d'en être à jamais banni, ses juges l'en avaient seulement séquestré pour un temps, la peine a été proportionnée au délit. La punition devrait avoir racheté la faute ou le crime! Lorsqu'un coupable a subi toutes les angoisses d'une longue prévention, d'une instruction pénible, d'une condamnation sévère, lorsqu'il est libre enfin, ne devrait-on pas lui tendre les bras, le recevoir au foyer domestique comme un enfant prodigue, comme un frère égaré, auquel la justice humaine a donné une leçon salutaire; eh! qui donc n'a pas failli? Quand nos lois laissent en paix tant de vices infames, l'homme repris pour un simple délit n'a-t-il pas droit à l'indulgence, au pardon de ses semblables? Hé bien! je le demande, en est-il ainsi? Qui de nous recevra dans son intérieur, à tel titre que ce soit, un condamné libéré, un homme qui a franchi le seuil d'une prison, qui en a mangé le pain et respiré l'atmosphère corruptrice? Non, nous nous en détournons avec défiance, avec aversion. La vie de cet homme est souillée, son avenir est perdu! La police le tient sous le joug d'une surveillance qui ne protége et ne rassure personne, parce qu'elle n'offre à l'ordre public et aux intérêts particuliers que d'insuffisantes garanties: elle est seulement une flétrissure, et une pierre au cou du surveillé.

D'après le Code pénal révisé en 1832, art. 14,

« L'effet du renvoi sous la surveillance de la « haute police sera de donner au gouvernement le « droit de désigner certains lieux dans lesquels il « sera interdit au condamné de paraître après « qu'il aura subi sa peine; en outre, le condamné « devra déclarer, avant sa mise en liberté, le lieu « où il veut fixer sa résidence; il recevra une « feuille de route réglant l'itinéraire dont il ne « pourra s'écarter, et la durée de son séjour dans « chaque lieu de passage. Il sera tenu de se pré- « senter, dans les vingt-quatre heures de son « arrivée, devant le maire de la commune; il ne « pourra changer de résidence sans avoir indi- « qué, trois jours d'avance, à ce fonctionnaire, « le lieu où il se propose d'aller habiter, et sans « avoir reçu de lui une nouvelle feuille de route.

« Art. 45. En cas de désobéissance aux disposi- « tions prescrites par l'article précédent, l'indi- « vidu mis sous la surveillance de la haute police « sera condamné, par les tribunaux correction- « nels, à un emprisonnement qui ne pourra « excéder cinq années. »

On chercherait en vain, dans ce texte, une

pensée de prévoyance ou de protection pour le condamné libéré sortant de prison sans pain assuré, sans appui, sans espoir!

En Angleterre, en Hollande, en Belgique, aux États-Unis, les libérés trouvent des ateliers de travail, des colonies agricoles, des moyens d'existence préparés pour l'indigence et le malheur; en France, ils n'ont d'autre ressource que le crime!

Sauf quelques lieux qui leur sont interdits, les libérés peuvent voyager d'un point à un autre, se réunir et s'entendre entre eux.

Ils peuvent encore faire le mal; mais ils sont réduits à l'impossibilité de faire le bien.

Le passeport de la police est un titre d'exclusion et de suspicion légitime. Que la surveillance s'exerce pour cinq ou pour dix années, ou pour la vie, la mesure est également infamante: elle frappe le meurtrier, le voleur et le condamné politique, le vagabond et le pauvre!

« La surveillance de la haute police s'applique « à tous les cas de mendicité, quoique non ac- « compagnés des circonstances aggravantes pré- « vues par les art. 277 et suivants du Code pénal.

« L'admission de circonstances atténuantes en « faveur d'un mendiant n'autorise point le juge « à diminuer ou à faire disparaître la surveillance « de la haute police, encourue irrévocablement « par le fait de mendicité [1]. »

Le malheureux condamné à trois mois de prison pourrait encore se relever de ce revers, mais les cinq ans de surveillance achèvent sa ruine et son déshonneur; sous le coup de cette flétrissure, le condamné n'est admissible ni dans l'armée de terre, ni sur les bâtiments de l'État; on ne le recevra dans aucune administration, dans aucune usine, dans aucun atelier; partout on le repousse comme dangereux; il ne peut rien créer, rien gagner par ses propres moyens; il ne trouve ni crédit ni confiance; aucun engagement, aucun contrat n'est possible avec un homme qu'un ordre de la police peut, à chaque instant, envoyer d'un bout de la France à l'autre. S'il est manœuvre, et qu'il parvienne à louer ses bras, on n'accepte ses services que

1. Arrêt de la Cour de cassation, chambre criminelle, audience du 22 septembre 1837.

pour se les procurer à vil prix; sa présence est partout un sujet de trouble et d'inquiétude; tous les malfaiteurs d'un pays en profitent, certains que les soupçons tomberont sur le libéré. Il ne peut donc espérer, dans la vie légale, ni sympathie ni pitié; sous le poids de la honte et de la misère, il faut qu'il dérobe sa subsistance ou qu'il meurt d'inanition.

Plusieurs libérés se sont plaints éloquemment, et avec trop de raison, de ce joug qui leur interdit souvent les seules localités où ils pourraient exercer leur unique industrie. La presse périodique élève depuis long-temps à ce sujet de vives réclamations, et nous fournirait, au besoin, de tristes citations. Je ne rappellerai que les regrets touchants de ce jeune Lacroix, repris pour avoir rompu son ban; il aurait pu vivre sous le toit paternel, y revenir au bien et y persévérer; l'en écarter, c'était le replonger dans la misère et le désordre..... Un arrêt trop sévère l'a renvoyé en prison..... *Je n'ai que vingt ans, il y a de la ressource*, disait-il aux juges avec l'accent de la vérité.... *mais si l'on me butte, il faudra bien que je fasse comme les autres, et ce ne sera pas tout-à-fait ma faute* [1].

Si la surveillance ne produit pas de plus grands maux encore, c'est que les malheureux libérés parviennent souvent à la tromper et rompent fréquemment leur ban; alors, inconnus, ils trouvent de l'emploi; repris, ils retournent au bagne.

« Le terme moyen des libérés repris pour « avoir rompu leur ban est d'environ *deux cent « cinquante par jour;* ils coûtent à l'État la « somme annuelle de 750,000 fr.

« La peine prononcée pour ce fait étant très « souvent supérieure à celle qui est prévue « par le Code pour le plus grand nombre des « délits, beaucoup de libérés préfèrent com« mettre un délit, afin de s'affranchir de la con« damnation qui les aurait atteints s'ils eussent « simplement rompu leur ban; le fait peut pa« raître étrange, mais il n'en est pas moins « vrai [2]. »

La mise en surveillance produit donc des ef-

1. Voir le *Journal des Débats*, septembre 1836.

2. *La Loi*, numéro du 24 décembre 1836.

fets tout opposés à ceux qu'on en attend ; faut-il s'en étonner, lorsqu'elle rend l'existence matérielle impossible, et l'existence morale insupportable : on se résigne à tout, hors au mépris. Le condamné libéré ne peut vivre sur un sol où tout le repousse : son refuge est le bagne ; là, non seulement il est accueilli, non seulement il trouve un abri pour sa tête, des aliments pour sa faim, des vêtements pour son corps, des remèdes à ses maux, mais encore des voix qui lui répondent, des mains qui pressent la sienne, des cœurs amis qui plaignent ses souffrances, épousent ses querelles et vengent ses injures. Là seulement il peut prétendre à l'estime ; aussi tous ses efforts tendent-ils à devenir *primus inter pares!* Une inévitable destinée replonge donc ces hommes dans nos prisons, et là... Écoutez le directeur de Loos :

« L'effet moral que leur retour dans l'établis-
« sement occasionne est de la plus funeste in-
« fluence sur l'amendement de ceux qu'ils y re-
« trouvent, parce qu'ils leur donnent la convic-
« tion intime que, rentrés dans la société, ils en

« sont repoussés; et qu'alors il serait inutile de « s'amender; de là les récidives! »

C'est aussi l'opinion du directeur de Poissy, qui les attribue :

A la surveillance de la haute police, qui désigne inévitablement les libérés à la société, qui les repousse lorsqu'elle les connaît.

Si ce sentiment de répulsion injuste en principe, funeste dans ses conséquences, est généralement répandu, c'est que tout le monde apprécie les résultats de notre affreux système d'emprisonnement.

Quel refuge, quel encouragement offrirez-vous donc à la bonne conduite, à l'amendement du condamné libéré? Est-il en votre pouvoir de le réhabiliter? La loi dit bien :

« Tout condamné à une peine afflictive ou in« famante pourra être réhabilité. »

Mais que d'entraves matérielles et morales à cette réparation!

« La demande en réhabilitation ne pourra être « formée par les condamnés aux travaux forcés « à temps, ou à la réclusion que cinq ans après

« leur peine, et pour les condamnés à la peine « du carcan, que cinq ans à compter du jour de « l'exécution [1]. »

Cette époque de cinq années est trop longue, et fait naître le découragement; comment se résigner à cinq ans de mépris, et, lorsqu'on les a subis, qu'importe une vaine et tardive réparation? Une année devrait suffire.

« Nul ne sera admis à demander sa réhabilitation, s'il ne demeure depuis cinq ans dans le « même arrondissement communal, s'il n'est pas « domicilié depuis deux ans accomplis dans le « territoire de la municipalité à laquelle sa de- « mande est adressée, et s'il ne joint à sa demande « des attestations de bonne conduite qui lui au- « ront été données par les conseils municipaux et « par les municipalités dans le territoire des- « quelles il aura demeuré, ou résidé pendant le « temps qui aura précédé sa demande. »

Ces attestations de bonne conduite ne pourront lui être délivrées qu'à l'instant où il quitterait son domicile ou son habitation. « Les attes-

1. Code d'instruction criminelle, art. 619.

« tations exigées ci-dessus devront être approu-
« vées par le sous-préfet et le procureur royal ou
« son substitut, et par le juge de paix des lieux
« où il aura demeuré ou résidé [1]. »

Mais, s'il ne peut subsister, s'il ne peut trouver du travail dans cet arrondissement, il faut donc qu'il meure de faim ou qu'il renonce à reprendre son rang parmi ses concitoyens?

Ne pourrait-on pas l'autoriser à prendre successivement dans chaque commune, dans chaque arrondissement où il aurait exercé son industrie, les certificats de bonne conduite indispensables à sa réhabilitation. La loi sur la surveillance de la haute police a été modifiée dans ce sens; ces modifications doivent naturellement s'étendre aux articles de la loi sur la réhabilitation.

« La demande en réhabilitation, les attestations
« exigées par l'article précédent, et l'expédition
« du jugement de condamnation seront déposés
« au greffe de la cour royale dans le ressort de
« laquelle résidera le condamné [2].

1. Code d'instruction criminelle, art. 620.
2. *Ibid.*, art. 627.

« La requête et les pièces seront communi-« quées au procureur-général, il donnera des « conclusions motivées par écrit [1].

« L'affaire sera rapportée à la chambre crimi-« nelle; la cour et le ministère public pourront « en tout état de cause ordonner de nouvelles « informations [2].

« La notice de la demande en réhabilitation « sera insérée au journal judiciaire du lieu où « siége la cour qui doit donner son avis, et du « lieu où la condamnation aura été pronon-« cée [3]. »

On conçoit que la loi s'entoure de précautions minutieuses, afin que la religion du juge ne soit pas surprise : mais ici il y a excès. Le condamné libéré préférera toujours le silence et l'oubli à cette nouvelle publicité qui attire tous les regards, fixe de nouveau sur lui l'attention publique; la crainte d'échouer dans sa demande vient se joindre à ce sentiment de honte, et lui fait

1. Code d'instruction criminelle, art. 622.
2. *Ibid.*, art. 623.
3. *Ibid.*, art. 624.

sentir qu'il y a pour lui plus à perdre qu'à gagner dans sa démarche : il reste sous le coup de la condamnation.

Voilà pourquoi les demandes en réhabilitation sont fort rares, surtout dans la classe ouvrière; presque tous les réhabilités ayant été condamnés pour des attentats contre la propriété, particulièrement pour escroquerie, faux, banqueroutes frauduleuses, ces faiseurs d'affaires bravent tout pour recouvrer leurs droits civils et politiques, et reprendre le cours de leurs opérations; c'est l'intérêt de leur fortune qui les fait agir, et non l'intérêt de leur honneur.

« La cour, le procureur-général entendu, « donnera son avis [1].

« Cet avis ne pourra être donné que trois mois « au moins après la présentation de la demande « en réhabilitation [2]. »

Ce délai est encore trop long.

« Si la cour pense que la demande en réhabili- « tation ne peut être admise, le condamné

1. Code d'instruction criminelle, art. 625.
2. *Ibid.*, art. 626.

« pourra se pourvoir de nouveau après un nou-
« vel intervalle de cinq ans [1]. »

Cette faculté n'est-elle pas une dérision ?

« Si la cour pense que la demande en réhabi-
« litation peut être admise, son avis, ensemble
« les pièces exigées par l'art. 620, seront, par le
« procureur-général et dans le plus bref délai,
« transmis au garde des sceaux ministre de la
« justice, qui pourra consulter le tribunal qui
« aura prononcé la condamnation [2].

« Il en sera fait un rapport à Sa Majesté par
« le garde des sceaux dans un conseil privé,
« formé aux termes de l'art. 86 de l'ordonnance
« du 16 thermidor an X [3].

« Si la réhabilitation est prononcée, il en sera
« expédié des lettres où l'avis de la cour sera
« inséré [4].

« La réhabilitation fera cesser, pour l'avenir,
« dans la personne du condamné, toutes les in-

1. Code d'instruction criminelle, art. 628.
2. *Ibid.*, art. 629.
3. *Ibid.*, art. 630.
4. *Ibid.*, art. 631.

« capacités qui résultaient de la condamnation [1].

« Le condamné pour récidive ne sera jamais « admis à la réhabilitation [2]. »

Comme s'il était jamais trop tard pour se repentir.

Qu'on se mette à la place du condamné libéré, de quel courage, de quelle persévérance, ou de quelle impudence ne faut-il pas être doué pour affronter les dégoûts de la surveillance, les entraves et les lenteurs de la réhabilitation? L'innocence avilie et méconnue, la piété filiale elle-même, reculent devant les difficultés de cette réparation que l'opinion publique ne sanctionne presque jamais. Le désespoir étouffe le repentir, le crime se replie dans sa rage et court les chances de la récidive jusqu'à ce que, fatigué de lui-même, il vienne, comme Meyrand [3], vous apporter sa tête.

C'est en vain qu'on a proposé jusqu'à ce jour de modifier le régime de la surveillance, de le

1. Code d'instruction criminelle, art. 633.

2. *Ibid.*, art. 634.

3. Voyez chapitre 1er, page 11.

réduire à trois années, de ne pas l'infliger pour une condamnation au-dessous de dix ans, de laisser choisir aux libérés, sauf quelques exceptions, le lieu de leur résidence; leur malheur vient de ce que la vie de prison les a ruinés, déshonorés et corrompus, de ce qu'à leur sortie ils n'ont ni asile, ni vêtements, ni crédit, ni travail, ni moyen, ni espoir de s'en procurer; il vient surtout de la réprobation qu'ils inspirent.

M. Bérenger, dans son dernier mémoire, les recommande au patronage de la philanthropie et de la charité publique, et à la vigilante sollicitude du gouvernement dont le devoir est non-seulement de surveiller ces hommes, mais aussi de les protéger et de les employer, en les moralisant; il propose dans ce but une noble association.

On ne peut douter des bons résultats qu'elle produirait en voyant ceux obtenus par la société pour le patronage des jeunes libérés du département de la Seine : en trois ans de temps, depuis sa fondation, elle avait pris à sa charge deux cent soixante-neuf jeunes libérés.

« Or, dit le président, dans son compte rendu

« sur les deux cent soixante-neuf jeunes gens « dont nous nous sommes chargés, cinquante-un « seulement ont essuyé de nouveaux jugements, « dans les trois années qui se sont écoulées de« puis la fondation de la Société : ce qui établit « une proportion entre les récidives et les libéra« tions de dix-neuf pour cent seulement, au lieu « de soixante ou soixante-dix comme dans le « premier cas, au lieu de trente-trois sur cent « comme dans les maisons centrales, et de cin« quante-un pour cent dans les autres prisons du « royaume.

« Voilà, messieurs, un progrès bien authen« tique; ainsi l'abaissement du chiffre des réci« dives est maintenant une preuve irrécusable de « l'utilité du patronage [1]. »

Elle est incontestable, et toutes les mesures proposées sont bonnes, mais ne suffiraient pas encore.

Pour faire d'un homme honni, nuisible et re-

1. Compte rendu des travaux de la Société pour le patronage des jeunes libérés du département de la Seine, par M. Bérenger, président de la Société.

douté, un homme digne de confiance, utile et réconciliable avec la société, il faut changer notre Code pénal et notre système d'incarcération.

Ce ne sont pas seulement les condamnés libérés qu'il faut réhabiliter, c'est la justice humaine, ce sont nos vieilles prisons, c'est leur régime, c'est tout ce qui s'y rapporte. Dans l'état actuel de nos mœurs, la condamnation judiciaire est une tache que le juge imprime, et qu'il ne peut laver.

Nos prisons sont de vieux vases qui gâtent la liqueur qu'on leur confie, il faut les briser.

J'en appelle à MM. les directeurs des maisons centrales eux-mêmes! Un des premiers abus, un des plus graves inconvénients qu'ils vous signalent dans leurs établissements, c'est l'impunité qui y règne, c'est la coupable indulgence de leur régime répressif; j'ai déjà rapporté, à propos des récidives, leurs protestations à cet égard; elles sont à peu près unanimes. Écoutez encore le directeur d'Embrun et de Limoges :

« Le nombre des récidives s'accroît d'une ma-
« nière effrayante (dit-il); *l'excès du bien-être*
« *dans les prisons* y contribue vraisemblable-

« ment beaucoup. On a trop fait pour les prisons, « ce pis-aller du crime !

« *Limoges.* Le plus grand nombre des récidives « doit être attribué au régime actuel des maisons « centrales [1]. »

Et cependant ces maisons centrales, de force et de correction, sont incontestablement nos meilleures prisons ; je crois avoir assez prouvé que toute la sollicitude du gouvernement s'est, jusqu'à ce jour, portée sur elles. Là se sont bornés ses efforts, et les prisons départementales languissent dans un honteux et coupable abandon.

C'est là, qu'au mépris de la loi, règne la plus déplorable confusion, et qu'il faut diriger les premiers efforts de la réforme ; parce que là, fermentent les premiers levains de cette démoralisation qui se propage dans les prisons et dans les bagnes, ce fond de cale d'une société dont le navire se trouve ainsi lesté de crimes et de malheurs.

1. Analyse des réponses des directeurs.

CHAPITRE VI.

Maisons d'arrêt, de justice et de correction; maisons centrales de force et de correction. — Bagnes.

Les maisons d'arrêt, de justice et de correction, destinées aux condamnés à moins d'un an, et confondues sous le nom de prisons départementales, renferment en 1837 quinze mille quatre cent quatre-vingt-douze détenus, presque tous condamnés correctionnels, avec lesquels se trouvent enfermés des infirmes, des aliénés et des prévenus d'aliénation, dont le nombre est en ce moment de huit cent trente hommes, et de neuf cent vingt femmes.

Mille sept cent cinquante individus auxquels la société n'a rien à reprocher que le dénuement et la maladie, sont encore traités comme les plus vils criminels, et pis encore; c'est surtout au malheur que sont réservées toutes les horreurs de la prison.

« S'il s'y trouve un cachot bien obscur et bien « profond, où le malheureux ne puisse rien briser « que ses membres sur la pierre; où ses cris étouf- « fés puissent le moins possible troubler le reste « de la maison, c'est là le cachot de l'aliéné! une « botte de paille lui sert de coucher; elle est « changée tous les dix jours seulement, selon « l'usage.

« Quant à la nourriture, on la lui donne à « l'heure de la distribution commune; mais « comme l'infortuné n'a pas sa raison à heure « fixe, il la rejette ou la souille; et l'inspection « a constaté *que la faim a pu abréger les jours de* « *plusieurs de ces malheureux* [1]. »

Là toutes les moralités, toutes les pénalités sont représentées, et renfermées sous les mêmes verrous.

Des infirmes, des gardes nationaux, des débiteurs malheureux, des inculpés, des prévenus,

1 Rapport au roi sur les prisons départementales, par M. Gasparin, mars 1837.

des accusés, des délinquants, des militaires punis pour des fautes de discipline, des femmes, des enfans, des adolescents au-dessous de seize ans, retenus ou condamnés en vertu des art. 66 et 67 du code pénal, ou détenus pour correction paternelle, y sont confondus avec des voleurs, des faussaires, des assassins, des condamnés à mort attendant leur dernier jour, des prostituées, des vagabonds, des forçats attendant leur transfèrement, sans aucun travail, sans aucune occupation, dans la plus complète, dans la plus funeste oisiveté.

Les détenus, avant, et après jugement, ne sont pas séparés ; les sexes le sont à peine.

« On pourrait citer quelques prisons où l'on « est obligé de les laisser communiquer le jour, « mais on en citerait un plus grand nombre où « la séparation n'est pas sérieuse ; l'épaisseur « même d'un plafond ou d'une cloison n'est pas « une garantie certaine, et des désordres hon- « teux ont trop souvent prouvé l'insuffisance des « précautions usitées [1]. »

1. Rapport au roi sur les prisons départementales, par M. Gasparin, mars 1837.

La pistole est une chambre commune, où se trouvent réunis tous les détenus qui ont les moyens de payer la location d'un lit. Les malheureux réduits, pour le régime alimentaire, au minimum de la prison, n'existent qu'avec le secours de la charité publique.

« Ce minimum, si fort au-dessous du régime « *alimentaire des maisons centrales, et même des* « *besoins essentiels de la plupart des détenus*, « n'est pas dépassé dans plusieurs prisons, où ni « le département, ni la charité publique, ne sont « intervenus pour subvenir à son insuffisance; « aussi il y a dans ces prisons un grand nombre « de détenus, désignés sous le nom de grands « mangeurs, qui souffrent de la faim, réduits « qu'ils sont à 75 décagrammes de pain et un « litre de bouillon aux légumes. Lorsque, par « suite de la négligence des autorités locales à « prescrire la fourniture du pain par ration jour- « nalière, la distribution ne s'en fait que par « pains de trois livres pour deux jours, ces mal- « heureux ne peuvent résister à l'aiguillon de la

« faim, anticipent sur la ration du lendemain ou « même la dévorent, et restent vingt-quatre heu- « res sans manger : on pourrait en citer de fré- « quents exemples [1]. »

D'autres font sécher ce pain au soleil, et se condamnent à le durcir pour s'empêcher de le manger trop vite ! Il y a loin de ce régime inhumain à ces superfluités de la vie signalées dans le régime des maisons centrales, et cependant ce sont des condamnés à de moindres peines pour lesquels on se montre si dur et si barbare ! Et l'on perçoit d'énormes impôts, et l'on donne des fêtes, et l'on prodigue l'or,... et, dans de sales prisons, on épargne le pain et l'eau, et l'on ne rougit pas de jeter à des hommes une botte de paille sur le sol ! « Des maladies graves et « même mortelles ont été attribuées par les mé- « decins à cet état de dénuement pendant les ri- « gueurs de l'hiver !

« En vain prescrit-on le renouvellement des

1. Rapport au roi sur les prisons départementales, par M. Gasparin, mars 1837.

« pailles tous les dix ou quinze jours, en vain « défend-on que la paille qui a servi à un détenu « puisse servir à un autre : les règlements, sur ce « point comme sur tant d'autres objets, sont in- « exécutables et inexécutés, parce que les séjours « ne cadrent pas avec leurs prescriptions;... aussi « la vermine pullule-t-elle sur cette paille, et le « coucher en commun y répand tous les dangers « des maladies contagieuses[1]. »

Enfin, ce document officiel dans lequel je puise déclare qu'*il existe des prisons où les détenus malades sont dépourvus de soins*, *parce qu'il n'y a ni infirmerie à la prison*, *ni chambre de sûreté à l'hospice.* Je connais une prison départementale dans laquelle il existe une infirmerie, et à laquelle est attaché un médecin dont les fonctions sont rétribuées! On lui recommandait un détenu qu'une horrible maladie faisait cruellement souffrir...

Il est inutile de lui donner des remèdes, répon-

1. Rapport au roi sur les prisons départementales, par M. Gasparin, mars 1837.

dit l'homme de l'art : on doit le transférer bientôt dans une maison centrale, où il sera traité.

Le malheureux condamné fut en effet transféré dans la maison centrale, où il mourut au bout de deux mois; le mal, trop long-temps négligé, était devenu incurable!

Je pourrais renchérir encore sur ces déplorables détails, et raconter aussi des misères, des douleurs qui varient suivant les lieux et les hommes, et dont la vue m'a serré le cœur dans les prisons que j'ai visitées; je pourrais citer des geôliers infligeant aux malheureux confiés à leur garde et à leurs soins des tortures barbares et illégales; j'en pourrais citer d'autres laissant sortir la nuit et conduisant eux-mêmes à la campagne des détenus riches et privilégiés pour lesquels la prison n'avait ni barreaux de fer ni verrous! Je pourrais citer un guichetier qui, pendant long-temps, assouvit ses passions brutales sur les femmes condamnées qu'il tenait sous sa clé; il les contraignait à lui céder, en abusant de son pouvoir, et c'était la chapelle de la maison

d'arrêt et de justice que cet homme souillait en la prenant pour théâtre de ses infames désordres! Mais je n'ai pas besoin d'entasser de nouvelles preuves, ni d'accumuler des faits épars, pour émouvoir et convaincre. Le mal est patent; il a été dénoncé par des cœurs généreux, par d'éloquentes voix; il va s'aggravant : quand le pouvoir en convient, est-il encore besoin d'insister? Ses aveux ont plus de poids que toutes les investigations partielles. Que peut-on ajouter, quand le gouvernement sait et publie que l'influence des maisons départementales est funeste à la santé des détenus; qu'aucun travail n'y est possible; qu'aucun régime moral ne peut s'y établir; que les consolations religieuses y sont nulles; que la messe même n'y est pas régulièrement célébrée le dimanche; qu'il n'y existe pas d'autres règlements que la volonté des concierges; qu'un accord mutuel entre eux et les prévenus y engendre et y perpétue tous les abus; que les maires abandonnent la surveillance des prisons, ce devoir sacré, à des commissaires de police; que le personnel des gardiens et guichetiers ne pèche pas seulement sous le rapport de la capacité, mais sous celui de la moralité, etc.?

Sans doute, ce n'est pas tout encore; on peut fouiller plus avant dans ces abîmes où de plus hideux désordres sont parvenus à ma connaissance personnelle; mais prenons acte de ces aveux. Lorsqu'une administration convient de tels faits, lorsqu'elle les publie, elle n'accomplit qu'une partie de ses devoirs, et, en la félicitant de sa franchise, il faut lui déclarer qu'elle n'a pas un instant à perdre, pas un moyen à négliger pour remédier à de tels maux, sous peine d'en assumer sur elle les conséquences terribles.

Ce sont les condamnés correctionnels qui sont en majorité dans les prisons départementales; ce sont les vices contractés dans ces prisons, qui infestent les maisons centrales. Entre tous les condamnés, ce sont les correctionnels qui sont les plus redoutables, et leur nombre augmente annuellement depuis 1832. Pour toutes les années antérieures prises ensemble, la proportion de ces condamnés n'était que de 38 sur 100; elle s'est élevée à 53 sur 100 en 1832, à 58 en 1833, et enfin à 59 en 1834 et 1835; c'est chez eux, selon MM. les directeurs d'Ensisheim, de Beaulieu, de Fontevrault, qu'on remarque :

« Le plus d'indocilité, de paresse, de désordre; « ce sont les plus dépravés, » le directeur de Loos affirme cette vérité, qui a été constatée en Prusse, en Allemagne, en Suisse, en Angleterre, aux Etats-Unis, et doit l'être en France aujourd'hui.

Selon le directeur du Mont-Saint-Michel,

La corruption chez les correctionnels est poussée à ses dernières limites, ils forment la masse des récidivistes [1].

Et c'est là même, où tous ces hommes s'enrôlent sous la bannière du crime, où ils prennent leurs degrés, qu'on les réunit, qu'on les livre à l'oisiveté, qu'on les abandonne à eux-mêmes, qu'on néglige enfin tout ce qui peut les préserver et les guérir!

Cependant l'innocence habite aussi ces murs : ces récidivistes eux-mêmes ont débuté dans le mal dès l'enfance, à l'âge où le retour au bien

1. Analyse des réponses des directeurs.

était possible encore, et c'est alors qu'on les expose à l'influence d'une corruption inévitable.

Il faut connaître l'intérieur de ces funestes lieux, pour imaginer tout ce qu'une première détention a d'horrible pour un malheureux condamné qui tombe au milieu d'êtres avilis dont il ignore encore le langage et les mœurs infâmes; il paie une triste bienvenue, suivie bientôt d'une spoliation complète. Il subit la tyramnie des geôliers, celle plus cruelle encore des vétérans de la prison. Il devient leur serviteur, puis leur victime, jusqu'à ce qu'il soit leur complice : il faut qu'il passe par tous les degrés de la hiérarchie criminelle. Il se voit arracher sa nourriture par des joueurs acharnés, furieux, qui, nus et dépouillés de tout, jouent des bouchées de pain ; ces désordres se passent sous les yeux des employés, qui les voient et les souffrent.

Parlerai-je de ces liaisons criminelles, de ces accouplements monstrueux !.... Qu'on lise l'ouvrage d'un homme qui a subi ces épreuves, ouvrage écrit sur les lieux mêmes ; l'incroyable tableau qu'il retrace est fidèle. « J'ai vu tout ce que

« je raconte, dit l'auteur, et pas un seul fait de ces « pages ne redoute un désaveu [1]. » Qu'on lise encore le savant ouvrage de M. Moreau Christophe.

Pour supporter cette horrible existence, il faut que le prisonnier s'endurcisse au mal, il faut que, vaincu par la honte et l'opprobre, il devienne infâme, pour n'être pas ridicule ; il imite ses compagnons d'infortune et de débauche ; il veut les égaler, puis les surpasser, pour dominer à son tour. L'inaction dans laquelle il languit lui fait prendre des habitudes de paresse et d'oisiveté, qu'il ne peut plus rompre ; en contact avec tous les vices, il sent se développer ceux dont il avait le germe, et tous ceux qu'il ignorait, il les contracte malgré lui. Ainsi donc, insalubrité, confusion, désordre, malpropreté, barbarie, immoralité, inefficacité de la peine, voilà ce qu'on rencontre dans les maisons d'arrêt, de justice et de correction.

Si l'on conçoit une meilleure opinion de l'ordre établi dans les maisons centrales de force et

1. Sous les Verroux, par Hipp. Raynal, Paris 1836. Voir pages 162 et 184.

de correction, l'on peut s'en former une juste idée en étudiant les réponses de MM. les directeurs à la question suivante.

« Quelles sont les infractions que vous avez « habituellement à réprimer ? »

Le refus de travail, l'insubordination, le vol, les querelles, le jeu, la fabrication de dez, l'escroquerie, les trafics, les batteries, l'ivresse, les correspondances amoureuses, les actions contre les mœurs, les vols de pain et menus effets.

Voilà les délits commis dans les lieux où s'expient les délits !

« *Gaillon.* Beaucoup de condamnés conservent « un penchant invincible pour le vol : il y en a qui « volent jusqu'à la tisane des malades à l'infir- « merie ; le jeu est une de leurs passions domi- « nantes : il y en a qui jouent jusqu'à leur pain ; « l'usure existe, mais elle se découvre difficile- « ment, ils gardent à cet égard un silence absolu. « Les mauvais propos, l'ivrognerie, sont des « causes fréquentes de punition ! »

Hé ! ne vaudrait-il pas mieux prévenir que de punir ? Que dire d'une administration qui spécule sur de misérables détenus, qui leur livre au poids de l'or des liqueurs brûlantes, qui leur fournit les moyens de faillir, et qui ose encore les châtier?

« *Mont-Saint-Michel.* La passion du jeu est « celle qui dans nos prisons fait le plus de rava- « ges, les victimes sont nombreuses, et c'est aussi « celle qu'il est le plus important de combattre « avec vigueur, car nulle autre n'est plus féconde « en résultats funestes. On a vu des prisonniers « qui, après avoir perdu dans une seconde le « produit de leur travail d'une semaine, jouaient « le pain ou une autre partie de la nourriture « qu'ils devaient recevoir pendant un, deux ou « trois mois! On en a vu d'assez féroces pour ne « pas perdre un seul instant de vue, pendant la dis- « tribution de vivres, ceux dont ils avaient gagné « la nourriture, et ils ne les quittaient que lors- « qu'ils avaient arraché aux malheureux le mor- « ceau de pain dont ils ne pouvaient se passer sans « souffrir. On en a observé un chez lequel la pas- « sion du jeu était si terrible, qu'il jouait ses ali- « ments, non seulement lorsqu'il était au milieu des

« valides, mais à l'infirmerie, il livrait encore aux « chances du jeu la ration de bouillon ou de vin « dont il avait tant besoin pour rétablir ses forces; « ce malheureux a fini par mourir d'inanition : le « fait a été constaté par les médecins!

« Le prêt à usure est encore une passion aussi « funeste pour eux ; on pourrait citer à cet égard « des faits inconcevables ! »

Quel terrible tableau ! N'est-ce pas un résumé de tous les vices ?

Pour atteindre le dernier échelon de la dégradation humaine, il faut encore aller jusqu'aux bagnes, placés, par une singulière anomalie, dans les attributions du ministre de la marine. Ici les documents officiels ne nous serviront plus de guides, mais ils seraient superflus ; tout est connu, tout a été dit sur ce quartier-général du crime, qui jouit là de son droit d'asile, de sa prime d'encouragement. C'est là qu'entre tous les scélérats, le plus infâme, je veux dire le plus audacieux criminel, est réellement le plus révéré, le plus puissant, et le plus heureux ; j'avais tort de dire le plus infâme, car il y a des crimes, tels que les empoisonnements, les viols et d'autres attentats contre les mœurs, qui n'inspirent aux galériens eux-mêmes que du dégoût et de la honte!

Tout ce qui concerne les bagnes a éveillé la curiosité publique; les criminalistes, les philanthropes, les romanciers même, se sont emparés de ce sujet pour le dramatiser. Il n'est aucun détail si bas, si repoussant qu'il soit, qui n'ait été minutieusement et complaisamment décrit; pour satisfaire à cet égard d'ardentes imaginations, on a même été plus loin que la vérité; le dernier ouvrage de M. Moreau Christofe résume et contient tout ce qui a été dit, et présente ces lieux sous leur hideux et véritable aspect; il y a cependant encore, dans l'intérêt des mœurs et dans celui de la réforme, quelques observations bonnes à consigner, et que nous avons pu faire sur les lieux mêmes.

On s'occupait peu, sous Charles IX, des ordonnances sur les *galères*, du sort, et des maux des galériens; et sous Louis XIII, il fallut un saint

Vincent-de-Paule pour faire parvenir jusqu'à eux les secours d'une évangélique charité. De nos jours, on aime à contempler le crime, à étudier son code, son visage, ses allures, non pour l'abattre et le dompter, mais pour se familiariser avec lui : c'est ainsi qu'on a rendu le bagne populaire ; notre génération blasée y va chercher un spectacle original et nouveau ; pour en jouir, il faut remuer, fouiller à fond tout ce que le fumier de la civilisation a de plus infect et de plus impur ; mais, pour quelques esprits, cette obligation est un attrait de plus !

Le départ de la dernière chaîne sortie de Bicêtre, le 19 juillet 1836, attira sur la grande route cent mille curieux réunis pour voir passer cent soixante-onze brigands destinés aux bagnes de Brest, au nombre desquels était le prêtre Lacollonge, accouplé à François (le complice de Lacenaire) qui, parodiant le saint ministère souillé par son acolyte, bénissait la foule ébahie, et la société brillante que quinze cents voitures de luxe avaient amenée là pour voir et pour écouter des hommes condamnés, flétris, défiant la justice humaine, et bravant sa puissance [1]! N'est-ce pas applaudir au crime que de se presser sur son passage, que d'assister à son triomphe, et de grossir son cortége, quand, pour sa confusion, chacun devrait fermer les yeux et détourner la tête. Ce honteux concours fit scandale, et bientôt après, sur le rapport du ministre de l'intérieur, une ordonnance royale changea l'ordre de départ, et le mode de transfèrement [2]:

1. Voici quelques passages des chants vociférés par les forçats au moment de leur départ.

Renommée à nous tes trompettes,
Dis que, joyeux, nous quittons nos foyers;
Consolons-nous, si Paris nous rejette,
Et que l'écho répète le chœur des prisonniers.
Regardez-nous, et contemplez nos rangs...
En est-il un qui répande des larmes...
Adieu, car nous bravons et vos fers et vos lois!..

2. Une ordonnance royale du 9 décembre 1836, provoquée par un rapport de M. Gasparin, révoque l'ordonnance du 20 août 1828 qui classait les forçats d'après la durée de leur peine dans les trois bagnes de Brest, Rochefort et Toulon, et ordonne qu'à l'avenir le transport des condamnés au bagne s'opérera dans des voitures fermées et divisées en cellules solitaires, et par des moyens accélerés. La première voiture, destinée à conduire les condamnés de Paris à Brest, est partie du nouveau Bicêtre le 6 juillet, et a conduit isolément, en soixante-douze heures, au lieu de vingt jours, douze forçats au bagne de Brest. Cette première épreuve a complètement réussi sous tous les rapports.

amélioration urgente et réelle dont il faut lui tenir compte.

Ce qu'on va voir au bagne avec empressement, c'est le crime dépouillé de tout voile, grand de sa nudité, de son énormité; c'est là le camp de ces mécréants, de cette société à part dont j'ai signalé l'existence au sein de la société moderne; dans ce lieu, tout est exceptionnel et particulier; le vice avoué, employé, rémunéré, y vit sur son domaine; le langage y est ignoble; la justice, armée d'un fouet et d'un bâton, ne porte plus d'épée ni de bandeau, elle y est cynique et brutale, elle y parle l'argot; toute pudeur, toute morale est bannie de cet enfer, où la force et la ruse oppriment et corrompent; l'homme y est ravalé au niveau de la brute, il y est tondu, ferré, numéroté, bouclé, accouplé; chaque forçat est attaché à un autre forçat, au moyen d'une lourde chaîne, qui tient d'un bout à la *manille* [1] ou au *martinet* [2], et de l'autre à

1. La manille est l'aneau de fer rivé à la jambe du forçat; ce mot est espagnol: la manille est le bracelet, l'ornement, la parure des nègres.

2. Le martinet est un triangle de fer très fortement trempé et rivé à ses trois extrémités; il embrasse la jambe du forçat.

la ceinture que, par une amère dérision, on appelle une *guirlande!* pour les moins redoutables, la *manille* est remplacée par la *chaussette*, c'est-à-dire un anneau plus léger; les gardiens et les surveillants sont des *argousins*, des *gardes-chiourmes*, des *caps*; on y couche habillé sur des tolats [1]; le travail s'y appelle la *fatigue*, la cantine est une *cambuse*, la gamelle un *baquet*... la rage y prend le masque de l'ironie! Les forçats *rouges*, *verts*, ne peuvent faire un pas, un mouvement, un signe, sans être fouillés : s'ils passent d'un endroit à un autre, on éprouve leurs fers avec un marteau; à tout instant on les compte; à la moindre faute on les frappe comme de vils animaux : toujours on les garde à vue, on les tient en joue les fusils prêts à faire feu; les canons chargés à mitraille sont constamment braqués sur eux. Le code pénal de la chiourme est exceptionnel, il admet les coups, la bastonnade, il punit de mort les voies de fait contre un agent du bagne!

A la force on joint la ruse : dans leur sein

1. Ou lits de camp.

même on trouve des *renards* pour les espionner, les trahir.

Hé bien! malgré tous ces moyens de surveillance, malgré cet appareil menaçant et ce luxe de répression, sous le poids de ces fers forgés, rivés sur lui, le forçat conserve encore son libre arbitre et l'exercice de sa volonté, il peut encore mal faire : il trouve moyen d'employer sa paie en orgies, de se procurer les plus mauvais livres, d'assouvir ses vices, d'accomplir et de recéler des vols, de prêcher ses doctrines, de tout corrompre autour de lui [1]; l'atmosphère qui l'entoure est telle, qu'un homme entré pur et vertueux au bagne, ne pourrait pas répondre d'en sortir, au bout de cinq ans, pur et vertueux! Le forçat, quand il le veut bien, sait rompre ses chaînes,

1. Après le coup de canon de retraite et l'appel fait, après le coup de sifflet qui commande le silence, « les forçats sont bouclés dans leurs im« menses dortoirs, et redeviennent leurs maîtres sous les verrous... dans la « longueur de leur chaîne! Alors il se fait deux parts du pouvoir: en dehors « l'autorité commande avec ses factionnaires qui veillent aux portes et ses « canons tout prêts à faire feu; au dedans le plus fort est le maître. Il im« pose ses volontés, désigne les victimes de sa débauche ou de sa colère, et « malheur à qui l'oserait dénoncer! »

(*De l'État actuel des prisonniers en France*, par Moreau Christofe.)

aiguiser un poignard, satisfaire, sur un surveillant, la vengeance commune ou sa rancune particulière. Malheur à l'argousin trop injuste ou trop brutal, il paie souvent de sa vie un coup trop fort : alors, comme une mouche de la ruche, un détenu se détache, se dévoue, frappe, et meurt en héros!

Si l'un d'eux échappe par son adresse, ou par son courage, à l'excès d'oppression qui l'écrase, il a pour lui l'opinion locale, il a usé de son droit naturel. A Toulon surtout, j'ai vu combien le forçat est populaire; on le plaint, je pourrais même dire on l'aime : dans les collisions qui surviennent assez fréquemment entre les condamnés et les gardes-chiourmes, le peuple se prononce toujours pour les premiers; on est accoutumé à les voir circuler, travailler dans le port, dans l'intérieur de la ville qu'ils sont chargés de nettoyer et d'assainir. Ce bruit de chaînes qui les accompagne émeut en leur faveur : ils sont les ouvriers de l'arsenal et du port, dont la France leur doit la conservation. On n'a pas oublié ce jour où les Anglais, évacuant Toulon que la trahison leur avait livré, voulurent faire sauter l'arsenal et le fort Lamalgue; les forçats trempèrent leurs vêtements dans la mer, se précipitèrent au péril de leurs jours sur les traînées de poudre, et sauvèrent la ville! on leur accorda la liberté! presque tous revinrent mourir au bagne!

La rade est toujours sillonnée de leurs embarcations; on rencontre partout leur terrible livrée, et l'on s'y habitue; on entretient avec eux de fréquentes relations; si vous visitez l'hôpital de la marine, le plus bel établissement de ce genre qui existe en Europe, vous rencontrez à chaque pas des forçats; celui qui prépare à l'amphithéâtre des pièces d'anatomie, celui qui conserve le cabinet d'histoire naturelle, ceux qui travaillent au jardin botanique, sont des hommes habiles, instruits, laborieux; si vous entrez à l'arsenal, vous en trouverez dans les bureaux, les magasins, l'infirmerie, à la salle des modèles, à la salle d'armes, aux cuisines; ces trois mille forçats sont répandus dans toute la ville de Toulon.

Cette circulation, toute épiée, toute surveillée qu'elle puisse être, engendre de graves désordres et d'incroyables abus. Si la population honnête prend en pitié les galériens, la population malfaisante les appelle à son aide et sait tirer parti de ces auxiliaires; faut-il un *rossignol*, une fausse clé, un instrument de délit quelconque; faut-il une fausse signature, un passe-port de contrebande, on tire toujours du bagne aide, assistance et conseil. J'ai acquis, par moi-même, la certitude et la preuve que les condamnés et leurs gardiens, se livraient au moyen des *payols* (ou forçats privilégiés), à toute espèce de ventes, et de commerces illicites.

Ces affranchis du bagne jouissent d'une liberté, d'une latitude, dont il leur est facile d'abuser, et qu'ils ne doivent pas toujours à leur moralité. On sait que les scélérats les plus consommés sont ceux qui se conduisent le mieux sous les verrous; de plus, l'administration n'accorde en général les emplois de confiance qu'à des condamnés qui, n'ayant plus qu'un ou deux ans de travaux forcés à subir, comprennent trop bien leur intérêt pour tenter des évasions périlleuses : elle favorise surtout ceux qui se vendent, les fait gracier, et je le demande, quel est le plus honteux de ces deux faits, ou de voir des condamnés couronnant entre eux, au bruit de leurs fers, un roi du crime, ou de voir une police générale du royaume qui récompense cet homme, l'enlève aux honneurs de la prison et du bagne, pour en faire un délateur habile, un surveillant en chef, un agent de la sûreté publique, un homme de confiance en un mot, sur la foi duquel la société peut dormir en paix? En vain me dira-t-on qu'un ancien voleur devenu mouchard ne peut plus redevenir voleur; s'il abdique son ancienne profession, il n'abdique pas les vices qui l'y ont fait exceller, et vous offrez à ces vices un appât séduisant, une récompense assurée !

Voilà pourquoi, malgré la rigueur des règlements du bagne, malgré la double chaîne, le cachot, la bastonnade, et l'infamie inhérente au nom de forçat, l'application de la peine la plus grave, après la peine de mort, est devenue une position enviée, convoitée par les condamnés qui, pour la conquérir, consultent le code, étudient la matière et vont hardiment dans la carrière du crime, jusqu'au degré qui leur fait octroyer les travaux forcés!

Le correctionnel, à moins d'un an, veut devenir réclusionnaire, et le réclusionnaire veut devenir forçat : il accepte la honte, les fers et les coups, pour jouir d'une vie matérielle et dépravée. La perspective d'un abri sain, d'une nourriture plus abondante, d'un salaire élevé, d'une masse de réserve assurée, lui font préférer le bagne à la maison de justice.

« Enfin l'échelle pénale est renversée à ce point « que, la peine que la loi avait faite la plus lourde, « l'administration la fait la plus légère... Ce système « antisocial pousse le délit au crime, et place pour « lui au faîte de la pénalité une prime d'encou- « ragement et de récompense [1] ! »

Si j'ai prouvé que tout est confus, illégal, inconséquent, inefficace, immoral et désordonné, dans le système actuel d'emprisonnement; s'il est vrai qu'au lieu de servir, il nuit, qu'au lieu de

1. De l'État actuel des prisons en France, par Moreau Christofe premier volume, page 316.

remédier au mal, il l'aggrave, il est évident qu'il faut y renoncer.

Si j'ai prouvé que la peine de mort s'éloigne de nos mœurs, et s'efface de nos lois, que le pouvoir se voit contraint d'user trop fréquemment du beau droit de faire grâce et de commuer les peines, il faut convenir que nous marchons vers la démoralisation et l'impunité.

« La peine rectifie le désordre : qu'on pèche, « c'est un désordre; mais qu'on soit puni quand on « a péché, c'est la règle. Vous revenez donc, par la « peine, dans l'ordre troublé par la faute... Mais « que l'on pèche impunément, c'est le comble du « désordre[1] ! »

Alors ce ne serait plus aux malfaiteurs et aux bandits qu'il faudrait attribuer l'anarchie, mais bien à la société qui ne voudrait ni ne saurait se préserver. Il n'en sera pas ainsi; nous n'avons pas autour de nous de déserts à peupler, nous ne pouvons recourir à la déportation; il existe dans nos codes une loi qui porte ce titre, que la

1. Bossuet, Méditations sur l'évangile.

circonstance a voulu rajeunir et exploiter, et que le temps révoquera. Ce n'est pas au moment où l'Angleterre, après de vains efforts pour améliorer ce système, est presque forcée de l'abandonner, que nous songerions à en faire l'essai [1]. Tout le monde sent donc aujourd'hui la nécessité d'une réforme complète, profonde, assise sur des bases solides et durables.

C'est dans cette disposition des esprits qu'on a vu le public accueillir avec un empressement inaccoutumé tout ce qui a été publié sur le système pénitentiaire des Américains, et réclamer, sous cette dénomination consacrée, de réforme pénitentiaire, toutes les améliorations sans lesquelles notre Code pénal et nos prisons produiraient de si funestes effets, que bientôt ce ne serait plus la société qui réprimerait et corrigerait les coupables, mais bien les coupables qui pervertiraient et bouleverseraient la société.

1. Voyez l'Histoire de Botany-Bay, par Jules de la Pilorgerie, et l'introduction de la deuxième édition du Système pénitentiaire aux États-Unis, par MM. de Beaumont et de Tocqueville.

CHAPITRE VII.

Système pénitentiaire.

Ce ne sont pas seulement les murailles et les cloisons de nos prisons qu'il faut changer; ce ne sont pas de nouvelles classifications, de nouvelles nomenclatures de détenus, qu'il faut inventer; ce ne sont ni des cachots plus noirs, ni des chaînes plus lourdes, ni des supplices plus cruels qu'on demande; ce n'est pas seulement l'air, le pain, la paille, le vêtement du condamné qu'il faut améliorer; c'est son ame qu'il faut toucher, frapper et convertir, afin de diminuer le nombre des récidives.

Que le système pénitentiaire soit anglais, génevois, pensylvanien, français; d'origine monastique ou civile; que pour la première fois il ait été essayé à Gand en 1772, et en Angleterre en 1785, il a pour base l'éternelle et universelle loi de la raison, de la morale et de l'équité; et, quoiqu'on le désigne sous le nom de système américain, il n'en convient pas moins à l'humanité entière : Howard, Blackstone, Bentham, Samuel Romilly, La Rochefoucault-Liancourt, en ont posé les bases en Europe; il date en Amérique de 1786; en France, jusqu'à la fin du siècle dernier, la pensée d'une réforme morale des prisonniers avait germé dans quelques esprits, mais personne n'avait encore tenté de l'appliquer. Les États-Unis d'Amérique, l'Angleterre, la Prusse et la Suisse, nous ont devancés dans cette carrière de progrès, et le système américain était presque inconnu en France, lorsque MM. de Tocqueville et de Beaumont, sur l'invitation du ministère, allèrent, à leurs frais, l'étudier dans le Nouveau Monde, et rendirent compte en 1833 de cette belle mission si habilement, si honorablement remplie.

Leur ouvrage développe la théorie, explique les faits, et présente les résultats du nouveau système en Amérique, sans prononcer sur son application en France; mais, carrière féconde, chacun y peut puiser des notions sûres, et des convictions éclairées.

MM. de Tocqueville et de Beaumont ont éveillé l'attention publique, et l'ont fixée sur le système pénitentiaire, considéré long-temps comme le rêve d'un peuple abstrait, comme une pensée spéculative, étrangère à nos mœurs, impossible à nos budgets, inapplicable en réalité ! d'abord on le repoussa comme une utopie, puis on le combattit par des arguments législatifs, administratifs, et financiers. L'égoïsme et l'insouciance poussèrent leur cri de détresse... *noli me tangere!* C'est la devise du vieux monde..! Tout ce qui vit de routine et d'abus s'éleva contre les nouvelles idées de réforme, qui, semées dans le public, germèrent d'abord inaperçues, prirent rapidement racine, et se développent aujourd'hui de manière à porter bientôt leurs fruits. L'administration ne pouvait rester étrangère à ce mouvement, elle y prit part et le seconda, avec défiance et réserve, il est vrai ; mais, en matière si grave, la prudence était un devoir.

Bientôt néanmoins la prison improprement appelée modèle, s'acheva rue de la Roquette, à Paris. En face, dans la même rue, s'éleva le nouveau Bicêtre, et dans ces deux établissements, le système cellulaire reçoit maintenant une sorte d'application.

Les conseils généraux donnèrent une forte impulsion : partout où de vieilles prisons s'écroulaient, les élus des départements réclamèrent, du pouvoir central, l'autorisation de les reconstruire sur des plans appropriés au nouveau système. Melun, Bordeaux, Tours, Châlons, Beaune, Lyon, Châteauroux, Vesoul, etc., etc., prirent à cet égard une honorable initiative. Grâces à ces louables efforts, la réforme pénitentiaire n'est déjà plus une théorie ; le gouvernement en comprend l'urgence et sent la nécessité d'opposer une digue aux mauvaises passions ; les loteries sont abolies, les jeux publics vont l'être ; à l'instruction primaire on s'efforce de joindre l'éducation morale et religieuse. L'administration s'occupe des prisons, provoque de ses agents l'étude de la vérité, les interroge sur la situation physique et morale des détenus, et publie le résultat de leurs observations.

Une seconde mission aux États-Unis a été confiée à M. Demetz, conseiller à la cour royale de Paris, et à M. Blouet, architecte.

Ces messieurs sont allés continuer l'œuvre de MM. de Tocqueville et de Beaumont : ils ont accompli leur mission avec talent et célérité, ils ont achevé de répandre sur la réforme pénitentiaire un tel faisceau de lumières, qu'aucun point n'en peut désormais être obscur.

Des voitures cellulaires transportent en peu d'heures, de Paris aux bagnes, les forçats dont l'affligeant et pénible transfèrement durait autretrefois des semaines, et causait, sur un long trajet, un douloureux scandale. Les bienfaits de cet utile perfectionnement sont déjà constatés. Le ministère devait présenter dans la dernière session un projet de loi sur les prisons; une commission s'est réunie sous la présidence du ministre, pour exécuter ce travail, que des intérêts moins pressants ont fait ajourner, et qui doit être présenté dans la session prochaine [1].

Pour s'éclairer complètement, le ministre de l'intérieur vient d'adresser aux conseils généraux, dans leur dernière session, une série de questions sur le système d'emprisonnement le plus convenable.

Un pénitencier militaire s'est élevé à Saint-Germain.

La *Force* va être détruite et réédifiée.

1. Cette commission se composait de MM. Bérenger, Hébert, de Guizard, Janvier, députés; Gabriel Delessert, préfet de police; Delaville et Lucas, inspecteurs-généraux; Duzet et Tourin, inspecteurs; Ardit, Alexis de Tocqueville, Gustave de Beaumont, Léon Faucher et Agénor de Gasparin.

La nouvelle commission se compose de MM. le ministre de l'intérieur, président; le duc Decazes, pair de France; le comte d'Argout, pair de France; le comte Portalis, pair de France; de Gasparin, pair de France; le baron Mounier, pair de France; de Rémuzat, député; Berenger, député; Vivien, député; Dumon, député; Cochin, député; Legentil, député, Macarel, conseiller d'État, directeur de l'administration départementale et communale; Vatout, conseiller d'État, directeur des monuments publics et historiques; le comte de Rambuteau, préfet de la Seine; Gabriel Delessert, préfet de police; Lesourd, maître des requêtes au conseil d'État; Delaville, maître des requêtes, inspecteur-général de 1re classe des prisons; Ch. Lucas, inspecteur-général de 1re classe des prisons; Thourin, inspecteur de 2e classe; Dugat, *id.*; Alexis de Tocqueville; Gustave de Beaumont; Demetz, conseiller à la cour de Paris; Blouet, architecte du gouvernement; Charlier, homme de lettres; Ardit, chef de bureau.

La nouvelle prison qui sera construite dans le voisinage de la Salpétrière, contiendra treize cents détenus, mille cellules [1], une infirmerie pour deux cents malades, et un bâtiment spécialement consacré aux détenus politiques. Il recevra, j'espère, une autre destination : les haines s'éteignent, et les persécutions politiques cesseront, comme les persécutions religieuses, qui n'ont jamais engendré que des martyrs. Les réformistes de tous les temps et de tous les pays ont prêché leur foi dans les fers, et scellé leurs convictions de leur sang! Ne punissez donc que les actes coupables, et laissez en paix les opinions; le bon sens public en fera suffisamment justice! Les cachots de Doullens et du Mont-Saint-Michel sont vides; espérons, pour l'honneur et le repos de notre patrie, que nous n'aurons plus à déplorer de condamnations politiques!

Enfin, pour achever le tableau des progrès de la réforme, un *carcere duro*, une espèce de forteresse pénitentiaire, destinée à recevoir la lie

1. Un pénitencier, pour être bien administré, ne peut renfermer, au plus, que cinq cents détenus.

des maisons centrales, s'élève à Limoges pour les criminels d'élite! Un établissement semblable doit, dit-on, se créer à Rennes.

Les apôtres de la réforme redoublent d'efforts.

Un excellent ouvrage de M. Aylies vient de paraître : une nouvelle édition du livre de MM. de Tocqueville et de Beaumont a été publiée avec une introduction remarquable. M. Charles Lucas propose des théories nouvelles ; M. Marquet-Vasselot publie les résultats de sa longue expérience.

M. Moreau Christofe professe la science des prisons, et nous apprend à les connaître telles qu'elles sont, et telles qu'il les a vues.

M. Bérenger, qui avait si bien flétri les vices de notre justice criminelle, a présenté, dans un excellent rapport à l'Académie des Sciences Morales et Politiques de l'Institut, les moyens propres à généraliser en France le système pénitentiaire.

Nous touchons donc à son adoption, c'est-à-dire à l'application réelle d'un système d'emprisonnement répressif, régénérateur et préservatif.

Le gouvernement a vu le mal, il a fait plus que l'avouer, il l'a proclamé : mais, sur l'application du remède, il était sans conviction ; il a employé tous les moyens de s'en former une; l'enquête est terminée, et le moment d'agir approche. Il faut donc avancer dans cette carrière de progrès et d'amélioration. Prouvons l'impossibilité de reculer, efforçons-nous d'aplanir la route, car des tentatives sans accord, des essais mal dirigés, seraient plus funestes qu'utiles à la cause de la réforme : prévenons surtout les demi-mesures; la doctrine pénitentiaire est connue, on n'hésite plus qu'entre deux modes d'application; apprécions leurs résultats, résumons les avis, indiquons nettement le meilleur système, et les obstacles qu'il faut surmonter, les problèmes qu'il faut résoudre, pour arriver en France à son adoption générale, méthodique et uniforme.

Tout le monde sait aujourd'hui que la séparation des criminels, l'étude de leur caractère, l'isolement, le silence, le travail, des lectures et des exhortations morales forment la théorie du système pénitentiaire, qui a reçu, en Amérique, d'abord trois modes d'application. A Pittsburg, emprisonnement solitaire absolu, de jour et de nuit, sans travail, dans des cellules sans cour, où le détenu ne voyait jamais le soleil.

A Philadelphie, dans la prison de Cherry-Hill[1], isolement absolu de jour et de nuit, dans des cellules avec cour, où le prisonnier peut respirer l'air, voir les rayons du soleil, et se livrer au travail.

A Auburn, emprisonnement solitaire, de nuit seulement; pendant le jour, silence absolu, travail en commun dans de vastes ateliers.

Le système de Pittsburg, appliqué d'abord à Auburn, était au-dessus des forces humaines. A l'époque où on l'adopta, l'Amérique en était à peu près au même point que la France d'aujourd'hui. L'opinion publique avait fait réformer des lois barbares, en désaccord avec les mœurs; la rigueur du code avait amené l'impunité; le jury ne condamnait plus.

« La peine de mort venait d'être abolie dans « presque tous les cas; la marque, la flétrissure, « les châtiments corporels venaient d'être effacés « des lois. [2] »

1. Pensylvanie.

2. Rapport sur les pénitentiaires des États-Unis, par M. Demetz, page 8.

Mais la société américaine, comme le fait remarquer M. Demetz, *avait abandonné ses armes sans les remplacer par d'autres.*

Les crimes accrus, encouragés par l'impunité, et la corruption des prisons, se multiplièrent avec une effrayante rapidité.

Pour y remédier, on recourut au système pénitentiaire; on choisit celui de Pittsburg et on l'appliqua trop énergiquement. Cette torture morale, trop prolongée, produisit le désespoir, le marasme, la démence et la mort; on y renonça pour adopter le système d'Auburn.

Mais là, on tomba dans l'excès contraire. Si le régime cellulaire fut porté à Pittsburg jusqu'à l'exagération, il devint incomplet et presque illusoire à Auburn: isoler les ames par le silence, lorsqu'on réunit les corps pour le travail, est un miracle de discipline trop difficile à réaliser. Pittsburg était trop complet et trop absolu; Auburn ne l'était pas assez; l'un dépassait le but, l'autre ne l'atteint pas.

Sur les lieux même, M. Demetz s'est convaincu qu'à Auburn,

« Les chances d'amendement et d'amélioration « sont presque nulles pour les condamnés, que « l'instruction morale y est impossible.

« Le travail dans des ateliers communs donne « au pénitencier plutôt l'aspect d'une manufac- « ture, que celui d'une prison, ce qui ôte en partie « à la peine son caractère d'intimidation.

« Les détenus se reconnaissent après la libé- « ration.

« Enfin on n'y peut maintenir la discipline « autrement que par l'usage du fouet, cela seul « suffirait pour le rendre inadmissible en « France[1]. »

Tout l'avenir de la réforme pénitentiaire est donc dans le système de Pensylvanie, sa réalisation est à Cherry-Hill, Trenton, New-Jersey.

Dans ce système, pour lequel MM. Demetz et Blouet déclarent leurs préférences et leur sympathie, on trouve, selon M. Demetz, avantages certains pour la société et pour le condamné.

« La démoralisation y est impossible, et dans

1. Rapport sur les pénitentiaires des États-Unis, par M. Demetz, page 41.

« un grand nombre de cas, infaillible. La solitude « y est favorable à la réflexion, à la méditation, à « la prière, à la lecture.

« L'instruction morale et religieuse n'y est « troublée par aucune cause de distraction; il est « permis d'y étudier le caractère et le tempéra- « ment du condamné, et de lui adresser des con- « seils et des encouragements d'après ses anté- « cédents, ses habitudes et son éducation.

« La peine y est proportionnée à la culpabilité « morale du condamné; car la solitude y est d'au- « tant plus poignante, que le détenu est plus « coupable, et plus corrompu. Ce système com- « porte une durée de peine moins longue, et « économise ainsi à la fois le temps du con- « damné et les deniers de l'état.

« Il assure aux condamnés les moyens de s'a- « mender, et le secret de leur ignominie. »

Ajoutons, d'après M. Demetz, que les détenus s'y perfectionnent davantage dans les professions sédentaires et isolées auxquelles ils se livrent; que leur santé y est parfaite; que tous les condamnés, quels que soient leur âge, leur sexe, leur dépravation, leur culpabilité, peuvent être renfermés sans le moindre inconvénient dans le même pénitencier;

Qu'il y a moins de chances d'évasion qu'à Auburn; qu'enfin ce système a aujourd'hui pour lui la sanction du temps et de l'expérience. Il est encore à remarquer:

« Que ce mode d'emprisonnement, depuis sa « création à Cherry-Hill jusqu'à présent, a reçu « chaque jour de nouveaux suffrages, a converti « beaucoup de ses adversaires, et que toutes les « personnes qui, depuis sept ans, ont visité les « pénitenciers d'Amérique lui ont donné la pré- « férence. »[1]

Sous le rapport matériel et financier, M. Blouet, un de nos plus habiles architectes, conclut comme M. Demetz, en faveur de Cherry-Hill. Tout concourt donc à faire proclamer son régime supérieur, et préférable à celui d'Auburn.

Au résumé, sous diverses formes, avec modifications, additions, et retranchements, on a es-

1. (M. Demetz). En tête de ces personnes, M. Demetz cite M. Crawfort et le docteur Julius.

sayé le système d'Auburn en Europe, avec des chances de succès et des variétés de résultats qui tiennent à trop de causes locales pour nous offrir des arguments sans réplique. D'autres en ont déjà rendu compte, et le gouvernement fera bientôt publier, sans doute, le rapport que lui feront, sur les pénitenciers des États voisins, des hommes de mérite qu'il a chargés de cette mission spéciale. Nous examinerons seulement l'effet des tentatives faites en France jusqu'à ce jour; c'est aux mœurs de notre pays, et aux besoins de notre époque, qu'il faut appliquer nos efforts, approprier nos principes et nos moyens.

Nous croyons devoir d'abord reproduire et combattre successivement les principales objections soulevées contre l'introduction du système pénitentiaire en France, sans insister sur celles que l'opinion publique et l'expérience ont déjà résolues.

CHAPITRE VIII.

Application du système pénitentiaire en France. — Objections. — Réfutations. — De la religion et du clergé catholique.

« Nous ne devons pas espérer qu'on se corrige « en prison, cherchons du moins à empêcher « qu'on ne s'y corrompe! Tel est aussi le but qu'on « veut atteindre aux États-Unis, car on paraît y « avoir renoncé à la recherche *de cette pierre* « *philosophale* que l'on nomme la réforme des « condamnés. »

« Les sentiments religieux qui, en Amérique, « paraissent avoir un grand empire, n'existent « presque plus chez nous; et, soit pour ce motif, « soit à cause de la différence de caractère des « deux nations, nos détenus, au lieu de lire la « Bible, et il n'y a pas le quart des condamnés

« qui sachent lire, au lieu d'occuper leur soli-
« tude de pensées morales, et de sentiments de
« repentir, s'aigriraient de plus en plus contre la
« société qui les punit; rumineraient de nou-
« veaux délits, et ne songeraient qu'aux moyens
« de tromper la surveillance de leurs gar-
« diens [1]. »

La réforme des condamnés est une utopie, une pierre philosophale qu'on s'épuise à chercher. Telle est la conviction des organes du pouvoir, et des écrivains officiels, *qui ne veulent pas espérer qu'on se corrige en prison!*

Conviction fatale, erreur trop généralement répandue, qui paralyse les élans généreux, consacre en principe l'inutilité du remords et l'étouffe au sein du coupable, en le faisant désespérer de lui-même! le repentir est timide et défiant, il a besoin qu'on le provoque, qu'on l'excite et qu'on l'encourage; quiconque est tombé doute de lui-même, et se sent avili, dé-

1. Observations sur les maisons centrales de détention, par M. Delaville de Mirmont, maître des requêtes, inspecteur-général des maisons centrales de détention, pages 5, 10 et 12.

gradé; il n'ose plus parler de sa conscience et de sa bonne foi; s'il réclame l'indulgence et la pitié, la méfiance et l'incrédulité le repoussent; on rit de ses pleurs, et l'égoïsme prend souvent le désespoir pour l'hypocrisie! Alors on condamne le malheureux à l'ignominie, il s'y résigne et se réfugie dans les rangs de ceux parmi lesquels *il n'en est pas un seul qui n'ait honte de n'avoir pas perdu toute honte!* [1] Un autre sentiment l'anime encore, c'est la haine; un espoir le soutient, c'est la vengeance! Vous ne triompherez ni de sa colère, ni de ses mauvais penchants, si vous n'appelez à votre aide le sentiment religieux, et si vous ne disposez l'ame du criminel à en admettre les consolations. Il faut que vous preniez assez d'empire sur lui pour vous faire craindre, pour vous faire écouter, et pour vous faire croire; puis vous lui direz comme Bossuet: « Regardez donc où vous en êtes par votre faute... « et demandez avec foi votre conversion! Ne dites « pas qu'elle est impossible, quand vos crimes « seraient d'un poids aussi accablant qu'une

1. Saint Augustin, Confessions, 1er vol., ch. IX, page 100.

« montagne, priez... tout est possible à celui qui « prie!... frère, anime ton courage et ne désespère « jamais de ton salut! [1] »

Ce langage ouvrirait l'ame à d'autres émotions que celle de la rage, mais le bâton de l'argousin, la baïonnette du garde-chiourme sont de meilleurs arguments peut-être! Et nos lois athées déclarent inhumainement que le condamné pour récidive ne sera jamais admis à la réhabilitation [2], comme si le retour au bien n'était pas toujours possible! Ce n'est pas ainsi que s'exprime la charité évangélique; écoutez ces paroles d'un des premiers orateurs chrétiens de notre époque, de ce jeune abbé de Lacordaire, dont la voix inspirée a produit tant d'effet!

« Prenez, dit-il, un homme qui ait passé par « tous les degrés du crime, cherchez tout ce que « vous pourrez imaginer de plus affreux, de plus « exécrable, mettez-le sur la conscience de cet « homme, et ce ne sera pas une fiction : car tout « ce qui peut s'imaginer en ce genre s'est vu; eh

1. Bossuet, Méditations sur l'Évangile.

2. Code d'instruction criminelle, art. 624.

« bien ! à la fin de sa carrière, quand il se croira « tranquille dans les plus secrètes profondeurs de « la scélératesse, alors, de même que dans le « songe de Nabuchodonosor, une petite pierre « détachée de la montagne vient briser le colosse « aux pieds d'argile ; un jour, sans cause appa- « rente, il se formera dans ce cœur désespéré, il « se formera une seule larme, elle remontera le « long du cœur, elle passera par des chemins que « Dieu a faits, pour aller jusqu'à ses yeux flé- « tris, elle coulera sur ses joues, et cette seule « larme lavera en une minute toutes les souillures « de cette ame !.. »

Il faut faire couler cette larme !.. que ceux qui n'ont jamais souffert, jamais failli, jamais lutté de cette horrible lutte qui vous jette brisé sous la verge de fer de la justice, croient à des natures incorrigibles, à des perversités incurables, à des cœurs insensibles comme le rocher ! Mais qui- conque sait que la vie est un combat terrible entre le bien et le mal, dans lequel le vainqueur n'a pas le droit de s'enorgueillir, ni d'insulter au vaincu, ni de le condamner sans retour, quiconque a senti ces vérités, comprendra la doctrine du repentir...... Sentiment impérissable, comme l'ame dont il émane!

Le repentir est la base du système pénitentiaire.

Empêcher le méchant de nuire, le punir du mal qu'il a fait, prévenir celui qu'il voudrait faire : obtenir l'amendement du coupable pour son salut, et pour celui de la société, voilà son but.

Isoler le criminel, le dompter par le silence et les privations, employer l'aiguillon du remords, l'attrait de l'espérance, le recours en Dieu, voilà ses moyens; nous les examinerons successivement, et nous conclurons d'après leur résultat.

Oui, le repentir est la base du système pénitentiaire. Il ne faut jamais désespérer de faire naître ce sentiment, ou de le réveiller dans les cœurs les plus endurcis : l'expérience de tous les jours vient confirmer par des faits cette incontestable vérité.

M. Bérenger l'a reconnu lorsqu'il dit dans son

rapport à la Société de patronage des jeunes libérés de la Seine :

« Il est démontré pour nous désormais qu'il « n'est pas de vicieux penchant, si invétéré qu'il « soit, qui ne cède tôt ou tard à des habitudes de « travail, d'ordre et de subordination ; aux ré- « flexions salutaires que favorise la stricte obser- « vation du silence ; à l'influence des bonnes « doctrines aidées de l'encouragement des bons « exemples ; enfin à ce contentement secret du « cœur qui, en faisant connaître tout ce que pré- « sente d'attrait le sentiment du devoir, révèle « en même temps tout ce qu'il a de puissance. »

M. Appert, qui doit avoir puisé de l'expérience dans une longue fréquentation des bagnes et des prisons, et dans ses relations intimes avec une foule de criminels, affirme que tous sont susceptibles de réforme et de repentir, hormis quelques monstres gangrénés par notre affreux système d'emprisonnement ; mais on ne rencontre pas plus dans l'espèce humaine un homme né nuisible et incorrigible, qu'on ne rencontre dans les autres règnes de la nature une création superflue, funeste, un fléau complet qu'il faille extirper du sol, et dont on doive accuser la divinité. Dans la machine humaine le crime est une perturbation, un malheur, une fatalité, un défaut d'équilibre dans les facultés, qu'il est souvent possible de rétablir! l'exorcisme moral est moins prodigieux qu'on ne pense. Il n'y a pas de scélératesse qui n'ait son côté faible, pas de cœur tellement cuirassé qu'un bon sentiment n'y puisse pénétrer. L'assassin Régès périt victime de sa tendresse pour son fils [1]. Les condamnés s'assistent, se soutiennent entre eux, respectent la foi jurée : rien n'est plus rare au bagne qu'une lâcheté ou une trahison. Chaque jour il se passe dans les prisons des faits qui honorent l'humanité!

Le 12 avril 1837, on écrivait de Poissy :

« Une catastrophe épouvantable vient de jeter
« la consternation dans notre ville. Un noble élan
« s'est manifesté parmi les condamnés de la mai-
« son centrale: un des vieux murs de clôture de
« la prison venait de s'écrouler au moment où

1. L'assassin de Ramus.

« l'on creusait les fondations d'un mur nouveau.

« Quatre ouvriers libres, pères de famille, « furent ensevelis sous les décombres, on ne les « retira que morts. »

L'entrepreneur-général, M. Détremont, ouvrit immédiatement une souscription dans ses bureax. M. le directeur Larochette et ses employés s'associèrent à cette pensée généreuse.

« Aussitôt que le funeste évènement fut connu, « les détenus sont venus *tous* offrir l'argent qu'ils « avaient à leur disposition, priant qu'on l'ajou- « tât au montant de la souscription ouverte. Ce « n'est rien encore, il ont décidé, à l'unanimité, « qu'ils abandonneraient en sus le prix d'une se- « maine de travail, ce qui équivaut à 800 fr. « environ, et l'un d'eux a ajouté, en s'adres- « sant à l'entrepreneur-général : *Si vous voulez,* « *nous travaillerons par jour une heure de plus,* « *ça augmentra la somme.*

« J'avais été témoin plusieurs fois, pendant ma « détention à Poissy, d'actes semblables de la part « des condamnés. Le sentiment moral n'est donc « pas éteint chez ces hommes ; il ne s'agit que de

« le réveiller, et c'est ce qu'avec un système intel-
« ligent et fort, peut faire une bonne adminis-
« tration.

« L.-M. FONTAN [1].»

Je ne veux pas multiplier ces citations, la presse enregistre chaque jour des faits aussi frappants; que de fois n'a-t-on pas vu, dans les bagnes, des forçats se jeter entre le poignard d'un assassin et le corps de leurs gardiens, et le sauver aux dépens de leurs jours : tant est belle et admirable cette étonnante organisation de l'homme, que rien ne peut altérer son essence; son immortalité se révèle au sein de la plus immonde abjection, et, comme il y a de la ressource chez un agonisant, tant qu'un reste de chaleur permet à son souffle de ternir la surface unie d'un miroir, de même, en présence des plus honteux désordres, il faut se souvenir que chez le plus odieux criminel il existe une ame et qu'on ne doit jamais désespérer de la toucher.

Voilà pourquoi la marque est abolie; voilà

1. *La Loi*, 14 avril 1837.

pourquoi, dans la session de 1831, le ministre de la justice a proposé aux chambres la suppression de ce stigmate ineffaçable, sous le poids duquel le remords se débattait en vain. La société a le droit de se préserver; mais elle n'a pas le droit de mutiler l'homme et de dégrader son ame!

« Le ressort religieux nous manque, dit-on :
« en Amérique, en Suisse, en Angleterre, dans
« les Pays-Bas, les principes religieux, obscurcis
« par une vie de désordre, ne sont pas complè-
« tement effacés : la lecture, les conférences avec
« des hommes dévoués au bien, ne tardent pas
« à les réveiller, et alors le criminel retrouve une
« base sur laquelle peut s'élever l'édifice de sa
« régénération nouvelle. Mais quand ces senti-
« ments n'ont pas pris racine dans le cœur, com-
« ment espérer de les faire naître à un âge avancé?
« comment vaincre le double obstacle de l'endur-
« cissement et du défaut d'instruction [1] ? »

Ainsi nos voisins sont meilleurs que nous.... ils ont une base de régénération qui nous manque, et l'on désespère de vaincre l'ignorance et

1. Delaville de Mirmont.

l'endurcissement publics! Le sentiment religieux n'existe plus chez nous!.... On proclame ce fait, et l'on s'endort en paix sur une telle assertion! elle n'est pas fondée. Dans le nord, dans l'est, dans l'ouest, dans le midi de la France, dans les campagnes surtout, une grande partie de la population est religieuse. En France, l'état moral de la majorité, c'est le doute et l'ignorance; mais le doute est plus près de la soumission que de l'athéisme, cet *a b c* vulgaire d'une philosophie matérielle; et l'ignorance se dissipe chaque jour: l'argument du pouvoir est donc faux; mais, fût-il juste, serait-ce une raison de renoncer à tout ce qui peut ranimer la foi, l'espérance et la charité, et à cet instinct impérissable qui s'engourdit au sein du bien-être et renaît aux jours de l'adversité? L'heure du remords sonne pour les peuples comme pour les individus; les nations ont aussi leur agonie : elles périssent par le doute, l'indifférence et l'égoïsme, elles ressuscitent par la foi, sous quelque forme qu'il plaise à Dieu de la faire pénétrer dans les cœurs!

En France, quoi qu'on en puisse dire, on est

« encore chrétien; l'expérience prouve que le « peuple qui a le plus perdu l'habitude de l'assis- « tance aux saints offices, et de la fréquentation « des sacrements, tient encore fortement à la re- « ligion par quatre liens : le baptême, la pre- « mière communion, le mariage, et la sépulture « chrétienne. Et là même où la foi semblerait « presque éteinte, les familles sentent vivement « le besoin d'un prêtre pour donner des habi- « tudes morales à l'enfance[1]. »

Ce sont ces habitudes, ces impressions de la première enfance, qui ne s'effacent jamais entièrement du cœur de l'homme. Oui, la foi s'est affaiblie, mais à quoi ne s'est pas étendu le scepticisme dans l'ordre civil, politique et moral ?

Si nos mœurs sont faibles, et nos convictions douteuses, faut-il en conclure qu'il n'y a plus de vertus privées, ni de patriotisme en France ? Non, assurément, tous ces sentiments se ranimeront pour notre gloire et notre conservation, et sous l'influence de la grande pensée chrétienne, trop profondément enracinée dans

1. La Mennais, Affaires de Rome, page 64.

notre sol, pour qu'on puisse dire qu'elle n'existe plus. Malgré les fautes du sacerdoce, et les fureurs de la démagogie, on en retrouve encore la trace et le souvenir chez les plus grands scélérats; ils existent encore même au sein de nos vieilles prisons. Si je réclame pour les nouvelles les bienfaits d'une intervention religieuse, ce n'est pas la continuation de ce qui existe que je demande, ce n'est pas seulement une chapelle, où tous les dimanches la messe est célébrée à la hâte, par un aumônier qui remplit officiellement son devoir, et dont la mission se borne à l'observation exacte des pratiques minutieuses du culte catholique, dont le zèle se contente de l'accomplissement des cérémonies extérieures, et de l'apparence de la régularité : un tel prêtre n'est, selon l'expression de M. de Lacordaire, qu'un *officier de morale;* ce n'est pas un encouragement à l'hypocrisie qu'il faut organiser, c'est un acheminement au repentir dont la religion nous ouvre les sources.

Elle est la base de toute réforme morale. MM. les directeurs des maisons centrales confirment tous ce principe, et expriment le regret que son application rencontre de si grands obstacles.

La première question que leur pose le Ministre de l'Intérieur dans sa circulaire, est celle-ci :

« Les instructions morales et religieuses des « aumôniers et pasteurs ont-elles une influence « décisive et réformatrice, au moins sur un cer- « tain nombre de condamnés ? »

Sur dix-neuf directeurs, neuf répondent d'une manière affirmative; cinq, d'une manière douteuse; et cinq, d'une manière négative. Les habitudes des populations parmi lesquelles se recrutent les détenus, exercent une grande influence sur ces réponses. A Nîmes, à Rennes, le peuple est religieux; ce sentiment ne l'abandonne pas dans les fers, tant les premières impressions de l'enfance sont ineffaçables!

Presque tous les directeurs expriment le désir que les aumôniers soient à la hauteur de leur mission, et, il faut le dire, plusieurs témoignent le regretqu'il n'en soit pas toujours ainsi. L'influence religieuse est plus forte chez les femmes que chez les hommes : pour eux la proportion est de six sur cent; pour les femmes, elle est de dix-sept sur cent. Mais il y a chez elles moins de persévérance et de sincérité que chez les hommes, et ces derniers y sont plus accessibles pendant la maladie que pendant la bonne santé. L'hypocrisie est souvent le mobile des pratiques extérieures de la religion; mais « du choix d'un aumônier zélé, dé« voué, vigilant, capable, pourraient résulter des « avantages inappréciables, » selon M. le directeur de Clairvaux.

Celui de Beaulieu n'en a pas encore rencontré de tels : quelques-uns, « pour n'avoir pas com« pris leur mandat, ont fait plus de mal que de « bien. »

« (Ensisheim). La plupart du temps, l'évêché « n'a envoyé pour aumôniers que de jeunes sé« minaristes sans expérience; l'autorité ecclésias« tique objectait la modicité du traitement; « aujourd'hui que les aumôniers sont mieux ré« tribués, on est en droit de demander un prêtre « d'un certain âge, qui connaisse les ames flétries « qu'il est appelé à ramener au bien, et qui « veuille s'y dévouer consciencieusement. »

Voici la réponse du directeur de *Loos.* « L'in-« struction religieuse peut exercer une influence « réformatrice sur beaucoup de prisonniers, et « décisive sur un petit nombre, mais à deux con-« ditions : la première, que l'instruction religieuse « et l'instruction morale seront simultanées, « mais séparément données; la deuxième, que les « aumôniers auront de la tolérance, et les em-« ployés de la religion. »

Oui, certes, au premier rang des conditions indispensables à l'établissement d'un régime réformateur, il faut placer la nécessité de n'admettre dans l'administration, dans le personnel d'un établissement pénitentiaire, que des hommes dévoués, honnêtes et religieux. Désespérerait-on d'en trouver? Il en existe encore cependant; il faut seulement se donner la peine de les chercher, de les choisir, de les former, et de les récompenser selon leurs œuvres. Gardons-nous de cette insouciance, de ce découragement qui recule devant toutes les difficultés, et proclame des impossibilités flétrissantes pour un pays au sein duquel existent tous les éléments du bien.

A Rennes, les idées religieuses de la population bretonne se retrouvent jusque dans la prison, où les détenus accomplissent leurs devoirs de dévotion; cette *pratique, même hypocrite*, contribue à la tranquillité de la maison. Les condamnés des campagnes sont plus accessibles aux sentiments religieux que ceux des villes : au résumé, il faut constater un fait qui m'a vivement frappé, et dont la preuve résulte des réponses faites à cette question.

« Comptez-vous beaucoup de détenus qui « pratiquent les devoirs de la religion, et s'oc« cupent de la lecture des livres de piété ? »

Sur dix-sept réponses, deux seulement sont tout-à-fait défavorables; je les cite les premières; les voici :

A Beaulieu, on en compte peu; encore, la plupart ne remplissent les devoirs religieux que par hypocrisie, et dans l'espoir d'obtenir des faveurs.

Le directeur de Riom répond dans le même sens.

Mais à Cadillac on a vu, dans certaines occasions, le tiers des femmes s'approcher des sacrements ; à Clairvaux, cent quarante-huit détenus sur mille six cent quarante-trois ; à Clermont (Oise), on peut évaluer au cinquième de la population, celles des détenues qui, dans les moments libres, lisent des livres de piété; à Embrun, quinze dans l'année; à Eysse, vingt ; à Fontevrault peu; à Gaillon, chez les femmes, au moins un tiers, et chez les hommes le cinquième, et, ajoute-t-on, on entend par la pratique des devoirs religieux la fréquentation des sacrements! La statistique de la population légalement honnête offrirait-elle de meilleurs résultats ?

A Hagueneau, sur environ cinq cent cinquante détenus catholiques, deux cents communient annuellement; dans leurs maladies, tous demandent les secours de la religion.

A Limoges, on compte moitié chez les femmes, un quart chez les hommes.

A Loos, du 3 mars 1833 au 31 décembre de la même année, sur mille neuf cent quatre-vingt-treize individus, il y a eu au quartier des hommes deux cent cinquante confessions, et cent dix-huit communions, au quartier des femmes deux cent treize confessions, et cent trente-deux communiantes; cent onze détenus des deux sexes sont morts après avoir reçu les sacrements, douze sont décédés sans avoir eu le temps de les recevoir; aucun ne s'y refuse.

A Melun, douze seulement; mais dès qu'il sont malades, peu repoussent les secours de la religion, presque tous les demandent.

A Montpellier, sur quatre cent trente détenus, cent quarante-cinq ont fait leurs *Pâques*.

Au Mont-Saint-Michel, un certain nombre de détenus pratiquent les devoirs de la religion, et s'occupent de la lecture des livres de piété.

A Nîmes, le règlement impose à tous les prisonniers l'obligation d'assister aux offices divins, la moitié y arrive par conviction, l'autre moitié par obéissance, la dixième partie de la population accomplit avec ferveur tous les devoirs de son culte.

Il est peu de détenus qui, au lit de mort, ne réclament les secours spirituels, il en est de même à Rennes.

Ces faits ne sont-ils pas frappants, à une époque qu'on dit anti-religieuse? ne prouvent-ils pas avec évidence l'immense parti qu'on peut tirer de la religion dans un établissement pénitentiaire?

Au lit de mort, à ce moment suprême où chacun rend ses comptes, presque tous ces grands coupables demandent un prêtre! Lorsque des maux physiques viennent se joindre aux souffrances morales qui les accablent, lorsque la fièvre aiguise encore l'aiguillon du remords, ils demandent un prêtre...! Ah! sans doute la mission de ce prêtre est difficile: il est rare de trouver des hommes dont le cœur atteigne à une hauteur de vertu si grande qu'ils se dévouent sans réserve à tous les tourments, à tous les dégoûts d'un tel ministère. Passer sa vie au milieu d'hommes corrompus, avilis, exaspérés, hypocrites et menteurs! recommencer tous les jours une tâche aussi pénible, semer des paroles de paix et de consolation qu'emporte le premier souffle de la colère et de l'ennui, du scepticisme et de la haine, concevoir chaque jour des espérances que le lendemain détruit, ne prêter l'oreille qu'à des récits de meurtres, de brigandages, de vols et d'assassinats, s'associer en frère à l'existence de tous ces infortunés, les flatter quelquefois, les punir rarement, les consoler toujours! Il faut pour y réussir joindre le talent à la piété, le zèle à l'instruction; il faut être à la fois Pascal, et Fénélon, Howard, et Vincent de Paule! Il ne faut pas seulement officier dans une prison, il faut se dévouer à ceux qu'elle renferme, et au salut d'une société qui bénirait un tel apostolat, et saurait le récompenser!

S'il existe encore en France, pour le clergé catholique, un noble moyen de reconquérir la confiance et les sympathies populaires, c'est d'accepter la mission qui s'offre à lui !

On se défie de lui, malheureusement, on le repousse, on le voit avec inquiétude au chevet du mourant, on ne lui confie qu'à regret l'éducation de la jeunesse, on l'exclut du jury, des réunions électorales, et des assemblées législatives; on lui reproche d'être romain, et on ne lui accorde aucun des droits du citoyen français;

on veut l'isoler de tous les intérêts de la vie, et, pour y parvenir, on va jusqu'à en écarter la religion.

C'est à son passé que le clergé catholique doit ces exclusions et ces craintes. Les préventions qu'il inspire encore viennent de l'esprit d'intolérance et de domination qu'il exerça jadis, du pouvoir exorbitant que Rome usurpa sur le monde, de l'éclat, des priviléges, et des trésors, dont elle combla l'Église, des guerres et des malheurs dont la religion fut le prétexte, dont l'ignorance, le fanatisme et l'ambition furent la cause. Elles se sont renouvelées de nos jours, ces préventions et ces haines, lorsqu'on crut voir le clergé restauré s'allier au pouvoir, et devenir un parti.

Les temps sont changés, dit-on, mais non pas les principes de l'Église! Si elle n'obéit pas, elle commande (si non paret, imperat), et comme, en réaction, on va toujours trop loin, de reine qu'elle était, on l'a rendue sujette, et de sujette on veut la faire esclave.

Il est temps, pour le peuple, d'en finir avec

ses rancunes, et pour le prêtre, de marcher avec son siècle. Les époques de splendeur et de toute-puissance ne renaîtront ni pour la royauté, ni pour le sacerdoce; le trône et l'autel ne peuvent plus s'unir pour dominer : il n'y a plus, sur l'un et sur l'autre, que des sacrifices à offrir, et des devoirs à s'imposer.

Dix-huit siècles ont passé, pendant lesquels le clergé catholique a soutenu toutes les luttes, a supporté tous les genres d'épreuves; il est encore debout! parce que « jamais l'irréligion ne s'en-« racine au sein d'un peuple, sans quoi la société « se dissoudrait immédiatement : de tous les be-« soins, le besoin de croire est le plus invin-« cible [1]. »

La religion est donc sortie triomphante du temps, des calamités, et des persécutions qu'elle a subies, parce qu'elle sera toujours sainte : et le prêtre est encore là, parce qu'il y a toujours du malheur et de la misère, et qu'auprès de chaque souffrance, il faut un prêtre qui console, et une espérance qui soutienne!

1. La Mennais, Affaires de Rome, page 195.

Qu'en réponse à la défiance, aux injures dont il pourrait être l'objet, le clergé catholique émigrant en masse emporte ses vases sacrés, qu'il ferme ses tabernacles, qu'il se couvre de cendre, qu'il abandonne le peuple à lui-même !...

Vous serez forcés de le rappeler, vous ne marcherez pas sans lui, parce que la religion est un point fixe sur une terre où tout change, un frein moral indispensable dans un ordre social si souvent troublé; parce qu'on n'a jamais vu d'État sans religion, de religion sans culte, ni de culte sans ministres : le monde ne finira que lorsqu'il ne restera plus un prêtre pour planter une croix sur ses ruines !

Mais, que le prêtre ouvre les yeux : ce n'est pas la religion qu'on repousse aujourd'hui, c'est lui ! qu'il se pénètre bien de cette vérité cruelle, et qu'il sache que le plus odieux reproche qu'il puisse encourir serait celui de faire haïr une religion qu'il doit faire adorer et bénir. Que le clergé renonce à ses vieilles traditions, les illusions cléricales, les distinctions aristocratiques, toutes les fictions légales sont maintenant sans valeur.

Qu'il abdique toute idée de domination, tout espoir de suprématie politique et mondaine, il n'a plus que des consolations à répandre sur la terre : il faut que son influence y soit pure, son attitude grave, sa mission charitable et divine. Je ne lui fais pas renier ses antécédents glorieux, un peuple n'oublie pas tant de services rendus, tant de grands hommes, les guides, les bienfaiteurs, et les soutiens de l'humanité; nos annales ecclésiastiques sont nationales, comme nos annales civiles et militaires! Quand tout marche autour de lui, que le clergé reste inébranlable dans sa foi, c'est son devoir; mais qu'il cesse d'être immobile dans ses prédications et dans ses actes. Je ne rabaisse pas son rôle, je l'élève au contraire au-dessus des choses de ce monde : qu'il accepte donc le présent, il est assez beau pour qu'il s'y résigne! Que du haut de la chaire il prêche notre immortel évangile et la morale de la religion avec ses mystères, qu'au lieu de menacer et d'exclure, il attire et encourage, qu'il reprenne la besace et le bâton blanc des apôtres, qu'il parle toutes les langues, qu'il pénètre dans tous les rangs; quand la vieille aristocratie nobiliaire va chaque jour s'absorbant dans ceux du peuple, qu'il soit peuple aussi! C'est là qu'est la vie, l'avenir et le bonheur des nations! Qu'il étouffe au fond des cœurs tout ce vieux levain de défiance et de haine entretenu par des souvenirs qu'il faut convertir en espérances!

Qu'on ne puisse plus dire *un parti prêtre!* Appeler l'Église un parti, c'est la plus sanglante injure qu'on puisse lui faire! son parti c'est celui de la charité, de l'humanité, du dévouement à tous les maux, à toutes les peines; son devoir, après l'obéissance à Dieu, c'est la soumission à César, c'est-à-dire au pouvoir temporel; c'est l'accomplissement de tous les services qu'on peut rendre aux misères humaines, c'est le pansement des plaies sociales, c'est la résignation à toutes les privations, à tous les sacrifices; tous ces devoirs l'Église les remplit. Nous lui offrons pour dédommagement le droit commun, elle s'y soumet!

Que la haine s'arrête là! que la confiance réciproque renaisse, et s'établisse sur des services mutuels : c'est au jeune clergé que j'en appelle dans l'intérêt social et religieux !

Que le clergé nous vienne en aide ; que les ministres de tous les cultes viennent, chacun dans sa foi, soutenir et prêcher les hommes de leur croyance ; s'il est sur la terre un lieu où le prêtre ait à remplir un ministère sacré, c'est une prison ! il trouvera là des ames et des corps à sauver ; un des premiers, il mettra la main au grand œuvre de la régénération sociale ! ses fonctions seront difficiles, un long noviciat est indispensable à cet apostolat nouveau ; il faudra créer une espèce d'école normale, une maison des missions pénitentiaires, comme il en existe une des missions étrangères : au lieu de remettre à des intelligences médiocres, à des hommes exacts, mais froids, ce pénible ministère, il faudra le confier aux ames les plus nobles, aux esprits les plus éclairés. Non pas que des facultés extraordinaires soient nécessaires à cette œuvre ! « Monsieur, me disait un jour le simple et bon pasteur de mon humble village, auquel je parlais de mon ardent désir de voir cette mission bien remplie.

« Ce ne sont pas des savants qu'il nous faut « pour cela, ce sont des saints! »

Quand nous avons vu le clergé porter des secours dans des lieux envahis par la peste, envoyer sur toutes les parties du globe des prédicateurs pour porter, au péril de leur vie, la parole de Dieu parmi des populations sauvages, nous ne pouvons douter qu'il ne se trouve dans son sein des hommes qui préféreront à ces missions lointaines le bonheur et la gloire de prêcher dans leur patrie l'évangile et la foi chrétienne, pour régénérer et transformer en lazarets moraux des foyers de crimes, de misère et d'infamies; ils trouveront le prix de leurs efforts dans l'exercice même de leurs vertus, dans la reconnaissance et la vénération du peuple le plus impressionnable et le plus généreux de l'univers!

Affirmons donc qu'on peut se corriger en prison, et qu'il n'existe pas d'homme dont l'organisation vicieuse, et les habitudes malfaisantes ne puissent être réprimées et améliorées par un régime convenable : soyons convaincus que si la France est indifférente en matière de foi, le sentiment religieux n'y est pas éteint : qu'il peut se rallumer encore au fond des cœurs, et qu'on en peut tirer un immense parti pour la réforme pénitentiaire.

Espérons que, éclairé sur ses véritables intérêts, pénétré de l'importance et de la gravité de ses fonctions, stimulé par la certitude du bien qu'il peut faire, le clergé de France unira ses efforts aux nôtres, et sentira que, pour être influent, il faut être utile.

« Il n'y a pas le quart des condamnés qui sa-
« chent lire, dit-on! au lieu d'occuper leur soli-
« tude de pensées morales, et de sentiments de
« repentir, ils s'aigriront contre la société qui
« les punit. »

On raisonne toujours pour le présent, et jamais pour l'avenir. N'espère-t-on aucun résultat de la loi sur l'instruction primaire? ne prévoit-on pas que dans vingt ans la grande majorité de la nation saura lire, et ne donne-t-on pas déjà dans les maisons centrales les principes de l'instruction élémentaire?

Est-il indispensable de savoir lire, pour occuper *sa solitude de pensées morales* et *de sentiments de repentir?* Les conférences de l'aumônier, les visites et les conseils du directeur et des surveillants, ne peuvent-ils les faire naître et les entretenir?

On craint *que les condamnés ne ruminent de nouveaux délits!*

Peut-on redouter sous ce rapport rien de pis que ce qui existe?

« Ils ne songeront, dit-on, qu'à tromper la sur-
« veillance de leurs gardiens. »

Mais avec le système cellulaire, au contraire, les complots et les évasions sont impossibles : à Genève, on n'en a pas vu depuis dix ans. Et chaque année nous avons dans nos prisons des révoltes terribles à réprimer, des crimes de toute nature à punir, et l'on n'a pas vu sans étonnement des évasions en masse s'opérer dans des maisons de détention, où la prudence de MM. les impecteurs, et la vigilance de MM. les directeurs ne les croyaient pas tentables [1].

Avec le système cellulaire, et la suppression de la cantine, on n'entendra plus parler de ces meurtres si fréquemment commis dans les bagnes par des forçats *ivres* [2]; on n'aura pas dans les pénitenciers trois assassinats à punir en quinze mois, comme on vient de le voir au bagne de Rochefort [3].

1. Doullens et Sainte-Pélagie.

2. Voyez le jugement de Joseph Carilla, condamné à mort par le tribunal spécial maritime de Rochefort, audience du 30 octobre 1837.

3. Rochefort (correspondance particulière du *Journal général des Tribunaux*). Un nouvel assassinat vient d'être commis au bagne de Rochefort, c'est le troisième depuis moins de quinze mois; après Jacquemard et Gavioli, voici venir Carilla, Espagnol, âgé de dix-neuf ans à peine, et condamné depuis près de deux ans aux travaux forcés à perpétuité pour meurtre avec préméditation. (1er novembre 1837.) Voyez dans les débats de la Cour d'assises de Riom en novembre 1837, les détails de la révolte des détenus de la maison centrale de cette ville.

CHAPITRE IX.

Prévenus, accusés, condamnés à de courtes détentions, ministère public, liberté individuelle.

« L'ISOLEMENT absolu de la cellule est une « peine... isoler l'homme, c'est le punir; or, on « ne peut imposer une peine avant le jugement... « le système de Philadelphie est donc inadmis- « sible avant jugement [1]. »

Vous soumettez, a-t-on dit encore, les prévenus à une même peine que les condamnés, et jusqu'à ce que le juge ait prononcé sur leur sort, vous devez les présumer innocents.

MM. de Tocqueville et de Beaumont ont vic-

1. Charles Lucas, de la Réforme des prisons, ou de la Théorie d'emprisonnement, page 122 et suivantes.

torieusement réfuté ces objections [1]; ajoutons seulement qu'il serait difficile d'aggraver la position actuelle des prévenus; sous tous les rapports elle est déplorable et révoltante.

Tout le monde sait que les condamnés sont beaucoup mieux traités dans les maisons centrales que les prévenus et les accusés; tout le monde est révolté de cette progression de bien-être qui commence pour le crime, et se continue à mesure qu'il s'éloigne de la présomption et du délit!

Dès que le criminel est jugé, « le voilà sauvé « des longs ennuis de l'oisiveté, le voilà qui gagne « de l'argent pour son denier de poche, pour sa « masse de réserve... Voilà qu'on lui donne des « vêtements, le coucher, et les vivres des tra- « vailleurs, toutes choses auxquelles il n'avait « pas droit lorsqu'il n'était que prévenu, et qu'il « peut exiger, à cette heure qu'il est condamné [2].

Il fut inspecteur-général des prisons, l'homme

1. Voyez l'introduction à la seconde édition du Système pénitentiaire aux États-Unis.

2. Moreau Christophe, de l'État actuel des Prisons.

dont j'ai le bonheur de pouvoir invoquer l'expérience et la spécialité; personne mieux que M. Moreau Christophe n'a flétri ce renversement de toutes les idées de morale et d'équité.

Il a vu,.... « et ce qu'il y a d'incroyable et de « vrai dans cette compensation étrange (dit-il), « c'est que la somme des privations est toujours « en raison contraire du degré de culpabilité du « détenu, de telle sorte qu'elle diminue pro- « gressivement au fur et à mesure que la pré- « somption de sa culpabilité augmente; en effet, « suspecté seulement du délit qui l'a fait arrêter, « et abrité dès-lors sous l'égide protectrice de la « présomption légale d'innocence qu'il invoque, « on commence par le plonger dans la seule pri- « son de Paris où il n'y ait ni air, ni cour, ni « jardin, ni soleil, au dépôt de la préfecture de « police; provisoirement il est vrai, et pour « vingt-quatre heures seulement; mais où il « n'en reste pas moins quarante-huit heures, « quatre jours, une semaine souvent; asphyxié « par l'atmosphère fétide d'une salle toujours

« pleine, où tout se fait, où tout se dit, où tout « se souffre!..... etc, etc. [1]. »

Quinze cents, deux mille prévenus [2] passent tous les ans dans cette première filière du crime, qui, tout infame qu'elle est, n'en doit pas moins être considérée comme une des dotations privilégiées de la ville de Paris, car c'est une prison préventive, et il n'en existe que dans la capitale.

La prison départementale est la prison banale, commune à tous les détenus, on les y entasse, « pour qu'ils s'y corrompent, sauf à les enfermer « plus tard dans un pénitencier pour qu'ils s'y « corrigent [3]. »

Et ce ne sont pas seulement des jours et des semaines que les malheureux ont à passer dans ces prisons, ce sont des mois..., une année entière, et quelquefois davantage!

Ne voyons-nous pas tous les jours acquitter ou

1. Moreau Christophe, de l'État actuel des Prisons, page 201.

2. Le nombre des individus arrêtés et conduits au dépôt de la préfecture pendant l'année qui vient de s'écouler dépasse 20,000 (*Journal des Débats* du 22 janvier 1837).

3. Moreau Christophe.

condamner, à un ou deux mois de prison, des hommes détenus depuis huit, dix et douze mois? Ne voyons-nous pas des avocats-généraux eux-mêmes réclamer la mise en liberté d'infortunés accusés dont la justification ressort des débats? Comment! six mois de prison pendant lesquels un juge d'instruction a pu retenir un citoyen, lui infliger les tortures du secret, lui tendre les piéges de l'interrogatoire écrit, médité, ordonner des enquêtes, assigner des témoins: tout ce luxe de moyens et de temps n'a pu suffire à éclairer sa conscience et à former ses convictions? son expérience et ses lumières peuvent faillir sans doute, mais il en doit subir les conséquences; l'irresponsabilité du juge instructeur doit cesser!

Dix-sept prévenus enfermés à la Force recouraient à la presse le 22 février 1837, pour réclamer contre l'inique oppression de la captivité préventive.

« Plusieurs d'entre nous, disaient-ils, sont « retenus ici depuis quatre mois sans connaître « encore leur juge d'instruction, d'autres depuis

« six, sept et huit mois, sous la prévention, de« venue si banale, d'association à des sociétés « secrètes : ce sont des pères de famille, des ou« vriers, de la liberté desquels on dispose si gra« tuitement [1].

C'est une police, *dont l'objet est de corrompre une partie de la nation, pour surveiller l'autre, qui se permet de telles illégalités.* La police, dans l'exercice de laquelle *le magistrat punit plutôt que la loi* [2] ne fut, dans l'origine, qu'une institution de bon ordre et de sécurité publique. Le premier président du parlement de Paris se bornait à recommander à M. le lieutenant *la clarté, la propreté, la sûreté* de la capitale. Cette magistrature utile est devenue dans l'administration de l'état une puissance arbitraire et irresponsable, s'éloignant chaque jour davantage de son but : abandonnant à des agents subalternes, avec la police des rues, la protection des citoyens, et toutes les précautions de salubrité, d'ordre, et de moralité générale, fonctionnant dans l'intérêt

1. Voir *le National* du 24 février 1837.
2. Montesquieu, Esprit des Lois.

du pouvoir, favorisant ses usurpations, se jouant de la liberté individuelle, et envahissant les droits de la justice. Avec des mandats d'amener et des mandats de dépôt, la police arrête et retient arbitrairement des citoyens, selon son bon plaisir; loin de protéger le public contre ses violences, le Code d'instruction se prête merveilleusement au contraire à toutes ses iniquités. Il n'y a pas de détention injuste dont on puisse sérieusement avoir raison, et que le ministère public ne parvienne à justifier. L'infaillibilité royale s'étend à tous les agents du pouvoir; nos Codes sont tellement volumineux, tellement élastiques qu'on y trouve des prétextes et des excuses pour toutes les infractions, pour tous les excès!

Dieu me garde d'attaquer notre digne magistrature, si désintéressée, si pure et si intègre! Je reconnais ses vertus, son zèle, ses efforts; je la félicite de l'institution du petit parquet, où l'on prononce le plus souvent, dans les vingquatre heures, sur les arrestations préventives qui s'exécutent beaucoup trop légèrement dans les rues de Paris; mais ce sont des améliorations plus sérieuses que nous réclamons; il nous manque une police municipale, exercée par la commune, à laquelle on accorderait des attributions assez étendues pour atteindre tous les petits délinquants qu'il est odieux de confondre et d'enfermer avec les véritables criminels; il nous faudrait, et je réclame surtout pour la ville de Paris, un lieu de détention et de répression, pour désencombrer les grandes prisons, et retenir, pendant des jours, et quelquefois des instants, cette foule étourdie d'hommes, de femmes et d'enfants pris en contravention à des lois fiscales, à des règlements de chasse, de pêche, de voirie, de simple police, et dont la moralité n'est en rien compromise. Sur 164,886 prévenus, 22,722 ont été détenus avant jugement en 1835; il y a donc eu seulement, sur les arrestations judiciaires, et légalement opérées et enregistrées, 42,164 arrestations injustes, précipitées ou arbitraires. Il faut de plus réformer un code avec lequel un homme peut rester en prison presque aussi long-temps que cela convient aux juges.

Ce n'est souvent que le cinquième ou le sixième mois qu'on juge un accusé; on a vu des condamnations à mort après dix et onze mois de détention; on a vu bâtir un tribunal exceptionnel pour juger des accusés politiques détenus depuis plus d'une année! quoique *nul ne puisse être distrait de ses juges naturels.* La justice doit être inviolable et prompte. M. de Gérando signalait dernièrement cette vérité, dans son discours à l'audience solennelle de rentrée du tribunal civil de la Seine.

« La justice, disait-il, sous peine d'être mise « quelquefois au rang des vérités abstraites, doit « être prompte et rapide. »

Et après avoir dit que ce bienfait est désormais assuré aux justiciables, il ajoute :

« Espérons que la création d'une huitième « chambre, et l'augmentation du nombre de « messieurs les juges d'instruction permettront « de l'étendre, en partie, à l'expédition des « affaires criminelles, *dont la triste et croissante « accumulation* réclame encore impérieusement « de nouvelles mesures législatives. »

Nous les réclamons surtout dans l'intérêt des malheureux prévenus, qui ne voient arriver le jour de la justice qu'après avoir subi la honte d'une arrestation brutale, les souffrances et l'humiliation d'une conduite à pied entre deux gendarmes, les mains liées, la tête exposée à toutes les rigueurs de la saison, et le visage aux regards et au mépris du public, et enfin, après les angoisses d'une longue détention, et souvent d'un secret rigoureux. C'est alors seulement, c'est après ces terribles épreuves que l'innocent sous les verrous peut espérer d'être admis à voir plaider sa cause, et à entendre prononcer son jugement.

Mais pour en venir là, que de peines, de délais et d'entraves pour les prévenus et les accusés; les uns, punis sur des soupçons et des conjectures; les autres, sur des demi-preuves ou de fausses dénonciations. Selon le caprice ou la mauvaise volonté du ministère public, ils languiront dans des cachots : et ce juge d'instruction, qui suppose toujours le mal et jamais le bien ; qui tient dans ses mains l'honneur et la vie d'un homme, le sort et l'avenir d'une famille; dont chaque négligence fait couler des larmes de désespoir et de rage; c'est quelquefois un homme du monde chez lequel rien ne révèle la gravité du magistrat, la conscience du devoir, le respect du malheur : on le voit à regret dans les salons, dans les théâtres, goûter de frivoles plaisirs! chacune de ses distractions est un vol fait à la réputation, au repos, à la vie d'un de ses semblables, et quelquefois un crime de lèse-humanité!

« Rien ne surprend plus les nations dont les « lois pénales ont quelque douceur, dit Lacre- « telle aîné, que de voir dans les nôtres, que la « dernière chose dont elles s'occupent est la « justification de l'accusé; il faut qu'il attende, « pour prouver son innocence, qu'il n'y ait plus « de preuves à acquérir pour le crime! »

Aux condamnés à des peines temporelles, la loi ne défalque rien de la captivité préalable, huit mois de prison préventive ne comptent pas! et se terminent souvent par un acquittement!

N'est-ce pas une amère dérision, et le sentiment d'une telle injustice ne doit-il pas engendrer dans l'ame de la victime, des levains de haine et de vengeance? Comment veut-on que la fortune d'un ouvrier, d'un commerçant, dont le travail est le seul moyen d'existence, puisse jamais se relever d'une semblable atteinte portée à sa réputation, à son crédit, à son industrie? Si c'est un homme énergique, entraîné par sa colère et par le mauvais exemple, il devient criminel, par vengeance et par nécessité; si son ame est faible, le découragement et l'ennui l'accablent, le désœuvrement auquel on le condamne lui fait perdre l'habitude du travail, l'oisiveté lui fait prêter l'oreille à de funestes discours, l'exemple l'entraîne, et ses défauts deviennent des vices.

Lorsque après tant de souffrances matérielles et de tortures morales, on déclare à l'accusé qu'il est innocent et libre, assurément la rougeur doit monter au front, et le remords pénétrer au cœur de l'accusateur public et des juges! L'erreur a coûté cher à la victime, et personne ne peut nier qu'une éclatante réparation ne lui soit due. Dans le contrat social qui nous lie, les obligations doivent être réciproques. Et cependant nos lois n'accordent aucune satisfaction, aucune indemnité à des hommes outragés et ruinés en leur nom !

Depuis long-temps la conscience publique s'élève contre ces iniquités, la justice humaine en est responsable. 29,295 prévenus, et 3,580 accusés ont été acquittés en 1832 [1]; en 1835, 1,670 accusations de grands criminels ont été complètement rejetées; elles avaient frappé 2,816 individus.

La proportion des acquittements (les atténuations non comprises) ont été de trente-neuf sur cent! pesez ces chiffres; que d'innocents compromis! quelle réparation ne leur devez-vous pas pour les avoir ainsi punis et déshonorés gratuitement! Si notre législation criminelle, qui n'envisage que le côté matériel des choses, et jamais le côté moral, n'en accorde aucune, il faut con-

1. Moreau Christophe, page 144.

15

venir qu'elle est oppressive et injuste : car elle devrait réparer le tort qu'elle a causé, réhabiliter et venger l'innocence méconnue, en punissant le magistrat négligent, inhabile ou partial, et le dénonciateur calomnieux.

Ce code de Henri III, qui nous a paru si barbare, contient en faveur des accusés des mesures protectrices, et contre les juges répréhensibles, des ordonnances sévères.

« Enjoignons à tous nos juges qu'ils aient à « déligemment vaquer, et procéder à la confec- « tion des procès criminels, préalablement, et « avant toutes choses, sur peine de suspension « et privation de leurs offices, et autres amendes « arbitraires où ils feront le contraire; dont « nous chargeons l'honneur et conscience de nos « cours souveraines [1].

« Défendons à nos juges, et tous officiers, et « ministres de justice de prendre au corps, saisir ou « arrêter aucuns, pour quelque crime que ce soit, « s'il n'y a information précédente et décret, si

1. Henri III, ès-états de Blois.

« ce n'est qu'il soit *prins* en flagrand délit [1].

« Les juges qui seront trouvés avoir fait fautes « notables en l'expédition des procès criminels, « seront condamnés en grosses amendes envers « nous pour la première fois; pour la deuxième, « suspendus de leurs offices pendant un an; pour « la troisième, privés de leurs dits offices, déclarés « inhabiles de tenir offices royaux, et de plus « condamnés en tous les dommages et intérêts « des parties, lesquels seront taxés selon les qua- « lités des matières [2].

Le ministère public n'existait pas alors; son origine fut belle : on le créa pour enlever la poursuite des crimes à la vengeance des particuliers, et pour suppléer aux délateurs; son objet était l'intérêt social, il en était le gardien vigilant, il surveillait la magistrature elle-même. Un édit de 1629 créa des assemblées mensuelles dans lesquelles le ministère public provoquait la censure des magistrats dont la conduite n'était pas irréprochable : on les privait des émoluments de leur

1. Henri III, ès-états de Blois.
2. Code de Henri III, page 255.

charge, on leur interdisait l'entrée *de la Compagnie* pendant un mois : cela s'appelait mettre un membre en mercuriale.

Aujourd'hui le ministère public a d'autres fins, la politique et l'intérêt du pouvoir l'ont fait dévier de son but. Sans doute les parquets et les tribunaux sont responsables, et peuvent être recherchés pour des prévarications qui n'ont jamais souillé de nos jours le sanctuaire de la justice! mais devant qui poursuivre? et comment prouver tant d'abus, d'infractions consacrées par l'usage, et de coupables négligences, qui font punir outre mesure, et contre le vœu de la loi, des prévenus et des accusés, et même condamner des innocents?

Je sais que ces condamnations sont rares, mais enfin on en a vu, et, pour n'en citer qu'une, je demanderai si la cour d'assises de la Haute-Marne n'a pas prononcé celle d'un homme qui, après avoir subi deux années de travaux forcés, a été reconnu innocent, par suite de la découverte du véritable criminel [1]. Sans doute

1. *National* du 25 août 1836.

les juges et les jurés ne sont pas infaillibles; mais souvent on est aussi peiné de l'acharnement avec lequel le ministère public poursuit un accusé, que de l'accent de conviction avec lequel un avocat défend un criminel évidemment coupable. Des dépositions mensongères peuvent égarer la justice; la loi punit les faux témoins, mais est-elle rigoureusement appliquée cette loi? que de faux témoignages n'avons-nous pas vus impunis! que d'agents de police et de provocations, dont les dénonciations intéressées n'ont pas été poursuivies!

« A Rome, l'accusateur injuste était noté d'in-« famie, on lui imprimait la lettre K sur le front : « on donnait des gardes à l'accusateur, pour qu'il « fût hors d'état de corrompre les juges ou les « témoins [1]. » On ne s'assure chez nous que du prévenu; du temps de Montesquieu, la peine contre les faux témoins était capitale en France. Il existe encore aujourd'hui contre eux des lois répressives; mais le ministère public est trop indulgent pour ces témoins douteux qui servent

1. Montesquieu, page 322.

l'accusation; s'il se montre sévère, c'est contre ceux qui favorisent l'accusé. Il devrait aussi rendre compte des arrestations arbitraires, on verrait alors diminuer le nombre des détentions préventives. La liberté provisoire sans caution (qui donc cautionnerait le pauvre?) devrait être acquise comme aux États-Unis, à tout citoyen français domicilié, s'il n'est prévenu d'un crime emportant peine capitale[1]; j'engagerais seulement, jusqu'à un certain degré, la responsabilité des juges, et j'accorderais à certains prévenus des gardes de police.

Tant qu'il n'en sera pas ainsi, les prévenus et les accusés sont ceux qui doivent inspirer le plus d'intérêt, et qu'on doit le plus songer à préserver.

Le gouvernement l'a senti. M. le ministre de l'intérieur, dans une circulaire adressée à

1. Le *Journal des Débats* faisait remarquer dernièrement « que la loi « napolitaine est plus favorable à la liberté individuelle, que la loi fran- « çaise. Dans les Deux-Siciles, en matière correctionnelle, la liberté « provisoire appartient de droit aux accusés et elle est toujours acquise, « quelle que soit la gravité de l'accusation, après un an de détention « préventive. »

MM. les préfets, consulte à ce sujet les conseils généraux des départements et leur fait cette question :

« Y a-t-il lieu, dans l'intérêt des mœurs des pré-« venus et dans celui de leurs familles, de décider « qu'ils passeront dans l'isolement tout le temps « qui précédera leur renvoi de la plainte, ou leur « jugement ? »

Le bon sens et la raison disent qu'il vaut mieux préserver un homme de la contagion, en l'isolant avant le jugement, que de le corrompre et le déshonorer par respect pour la loi. C'est dans cette conviction que le conseil général d'Indre-et-Loire a répondu [1] :

« Oui certes, il y a lieu de le décider dans l'intérêt des prévenus et dans celui de leurs familles ; car ce préjugé barbare, contre lequel s'éleva Lacretelle aîné, à la fin du siècle dernier, existe encore dans nos mœurs. « Dans quel jour de démence, « disait-il, a-t-on arrêté que l'innocent périrait « avec le coupable, et que l'opprobre coulerait

1. L'auteur fut le rapporteur de la commission chargée de répondre aux questions du ministre.

« comme le sang dans les familles ? » Je répondrai : Tant que la comparution devant un tribunal, tant que la détention dans une maison de dépôt, d'arrêt et de justice, seront une flétrissure, tant que les prévenus, les accusés et les condamnés, seront confondus dans un honteux pêle-mêle.

« La société doit veiller sur les prévenus et sur les accusés ; jusqu'à leur jugement, ils ont droit à ses égards ; il faut les préserver d'une contagion funeste ; il faut leur éviter la vue, la conversation, la société des criminels, il faut les isoler complétement. Nous réclamons donc pour eux l'unique moyen de préserver leur honneur et leur personne, l'isolement de jour et de nuit dans la cellule, à l'abri de tout mauvais traitement et de tout contact impur. Mais nous demandons que cet isolement préventif soit adouci par tous les moyens conciliables avec l'ordre et la discipline du pénitencier ; le prévenu pourra recevoir la visite de ses parents ; on lui donnera des livres, des plumes, du papier, du travail, s'il en veut, de la nourriture selon son choix et ses moyens, en un mot, toutes les consolations morales possibles dans une prison. Alors le prévenu bénira la loi qui, le préservant de toute souillure, sans violence, sans humiliations, l'enferme seul avec lui-même, le condamnant uniquement à ses propres réflexions; alors les détentions préventives ne seront plus une tache ineffaçable. L'innocent, enfermé dans les mêmes murs que le coupable, ne sera plus frappé de la même réprobation : il faut garantir à la société qu'un homme entré pur dans une prison en sortira pur. »

L'Angleterre nous a devancés dans cette voie de réforme ; on vient d'y créer des maisons de prévention. Nous ne terminerons pas ces considérations sans joindre nos vœux à ceux presque unanimement exprimés par la presse périodique, sur la suppression de la publicité des actes d'accusation, avant l'ouverture des débats ; je demande même que les actes d'accusation ne soient publiés que dans les cas de condamnation.

Ces publications prématurées et illégales sont d'autant plus condamnables, qu'elles sont pour la curiosité publique un dangereux appât, et de plus une infraction aux principes d'équité qui confient l'accusé à l'indépendance et à l'impartialité du jury; comment ces juges, qui n'ont d'autre guide que leur conscience, que leurs convictions, qui sont, comme tous les hommes, impressionnables et faillibles, ne seraient-ils pas influencés par la lecture d'un acte longuement étudié, habilement rédigé, émanant d'un magistrat qui dispose de tous les renseignements, de toutes les lumières, de tous les moyens d'enquête dont l'instruction s'entoure, et qui peut, jusqu'à la fin du procès, appeler en faveur de l'accusation tous les témoins qu'il lui plaira de faire comparaître! Ce n'est qu'après la condamnation qu'il doit être permis de publier un acte d'accusation, car, après l'acquittement, il devient une calomnie!

En songeant encore à tous les avantages de l'accusation, à ce pouvoir discrétionnaire, à ce droit énorme de résumer les débats, qui lui est conféré par la loi, protestons énergiquement contre ce révoltant usage, établi dans nos mœurs, d'accorder l'initiative aux organes de l'accusation, pour influencer l'opinion publique, lorsque le président de la cour d'assises a encore le droit de parler le dernier pour entraîner les jurés [1].

Si la plus active sollicitude envers les prévenus et les accusés est un indispensable devoir, c'en est un non moins impérieux de veiller sur les condamnés à de courtes détentions.

C'est à tort qu'on a proclamé l'impossibilité d'agir sur cette classe de détenus, par voie pénitentiaire. Ces hommes, a-t-on dit, n'auront pas le temps de se corriger en prison ! mais ils auront toujours le temps de s'y corrompre ! Je ne sais comment on organiserait ce régime *d'intimidation* répressif qu'on voudrait leur appliquer; jusqu'à ce jour les détenus ne sont ni punis ni intimidés dans nos maisons de correction.

Précisément parce que des hommes ne sont condamnés qu'à quelques mois de prison, ou bien à une année au plus, nous croyons indispensable de leur infliger le système cellulaire

1. *Le Courrier d'Indre-et-Loire* du 10 mars et celui du 16 juin 1837, contenaient sur ce sujet et l'immoralité de la publication anticipée des actes d'accusation, des articles très remarquables.

non interrompu, avec le travail obligé, des livres de morale, des plumes, du papier, la jouissance d'une cour où le condamné puisse respirer l'air du ciel, et sentir les rayons du soleil. Si l'on s'efforce de corriger un criminel endurci, condamné pour un long terme et pour des crimes qui dénotent une profonde dépravation, à plus forte raison doit-on s'efforcer de ramener dans la bonne voie un coupable qui ne fut peut-être que malheureux et égaré; on entreprend avec plus de chances de succès la cure d'une indisposition que celle d'une maladie grave, et comme on trouve, dans le premier cas, plus de courage et de patience que dans le second, de même on trouvera plus de résignation chez le condamné à une courte peine, sachant qu'il n'est soumis, par sa faute, qu'à une année d'un régime sévère et d'une épreuve rigoureuse : s'il n'en sort pas meilleur, du moins il n'en sortira pas plus mauvais.

L'isolement peut seul amener ce résultat; nous réclamons donc le confinement solitaire, surtout pour les prévenus, les accusés, et les condamnés à de courtes détentions.

CHAPITRE X.

Système d'emprisonnement cellulaire de nuit, ateliers communs.—Préaux.—Catégories de condamnés.

Jusqu'a ce jour, l'administration ne s'est pas encore prononcée sur le confinement solitaire absolu; et je crois qu'elle ne l'a pas considéré comme applicable.

Dans la dernière session des Chambres, à la séance du 26 mai 1836, M. le ministre de l'intérieur disait, en exprimant son opinion sur le système pénitentiaire :

« En me résumant sur les vues de l'administration, quant au régime à introduire dans les maisons centrales, j'aurai l'honneur de dire à la Chambre que le système auquel elle s'est arrêtée jusqu'à présent est celui-ci :

« Dortoirs à cellules pour obtenir l'isolement complet pendant la nuit;

« Travail commun pendant le jour, au milieu « d'un silence absolu et continuel ;

« Ainsi nous aurons accompli la première pen« sée des créateurs du système pénitentiaire, qui « a été d'isoler les corps autant que possible, et « les ames toujours [1]. »

Il faut rendre justice au zèle, à la persévérance, aux efforts de M. le ministre de l'intérieur auquel on devra bientôt, j'espère, la réforme complète du Code pénal et des prisons; mais il faut le convaincre que cet isolement des ames, qu'il s'est flatté d'obtenir, est impossible, avec des ateliers, et des préaux communs. M. le ministre de l'intérieur reviendra de cette illusion. On ne peut isoler les ames qu'en isolant les corps. Je m'en suis convaincu, surtout en visitant la prison des Madelonettes, qui renfermait les jeunes détenus avant leur translation à la Roquette. Le silence y était ordonné : sans doute il est plus facile de faire obéir des enfants que des hommes. On n'avait néanmoins réussi qu'imparfaitement. Le silence absolu n'était à peu près

1. Discours de M. de Montalivet, séance du 26 mai 1836.

observé que dans la classe d'instruction primaire et dans le réfectoire. Dans les ateliers de travail, il était impossible, et, malgré de nombreux surveillants, on y entendait un bourdonnement continuel. Dans les cours, il n'était pas exigé, et, malgré l'ordre admirable qui régnait dans cet établissement, la corruption des jeunes détenus était si grande qu'avant les bienfaits de la Société de patronage, cette prison était la pépinière des bagnes et des maisons centrales. Il est d'autant plus difficile de combattre cette corruption, que la plupart de ces jeunes enfants l'ont puisée dans leur famille; M. Villars, ancien condamné politique, et sous-directeur des Madelonettes, a bien voulu me donner à ce sujet d'intéressants détails. Il s'est fait un devoir de visiter les parents de ces malheureux enfants, il a trouvé chez eux la misère, et presque partout une cynique dépravation; des mères lui ont offert leurs filles....! Les Madelonettes contenaient cinq cents enfants depuis l'âge de cinq et six ans, jusqu'à dix-huit. C'est maintenant à la Roquette qu'on enferme les jeunes criminels, et tous ces petits malheureux dont le pavé de Paris fourmille. Ce sont, pour la plupart, des enfants abandonnés qui, chassés par des parents dénaturés, se livrent à toute espèce de vagabondage : des hommes pervers, faisant ce que la police appelle le commerce des enfants, les recueillent au nombre de dix, de vingt, leur fournissent de la nourriture et un abri pour la nuit; à la pointe du jour, ils les poussent hors de leur repaire, et pour gagner le repas et le gîte du soir, chacun de ces petits infortunés est obligé de rapporter à son maître 8, 10 ou 15 sous, selon son âge, sa force et son industrie, et n'importe par quels moyens. Cet argent est le fruit de l'adresse, de l'aumône et du vol. C'est à ce métier que se forme ce type qu'on est convenu d'appeler le Gamin de Paris, race unique, d'une intelligence, d'un courage incroyable, et capable de tout. Si l'enfant n'apporte pas à son patron le tribut obligé, il est roué de coups, et remis sur le pavé, où il est ramassé par la police qui le fait renfermer à la Roquette. On conçoit combien doivent être difficiles à conduire ces facultés si précoces, si développées encore par leurs entretiens et leurs liaisons dans la prison.

Revenons aux criminels et répétons que, tant que des hommes seront réunis, ils établiront entre eux des communications; écoutons sur ce sujet les directeurs des maisons centrales, on leur demande :

Le silence est-il prescrit et observé dans les ateliers?

Deux seulement répondent oui : à Ensisheim et au Mont-Saint-Michel.

Partout ailleurs le silence absolu n'est pas observé.

A Beaulieu, les condamnés peuvent parler à l'occasion de leurs besoins et de leurs travaux.

A Clairvaux. Le silence absolu est impossible à obtenir.

A Clermont (Oise). Point de silence absolu.

A Embrun. — Non.

A Fontevrault. — Non.

A Gaillon. — Non.

16

A Haguenau. — Le silence est prescrit, mais pas observé.

A Limoges. — Non.

A Loos. — Prescrit toujours; observé, cela dépend. M. le directeur le croit cependant possible.

A Melun. — Prescrit, et jamais observé complètement.

A Montpellier — impossible, surtout dans une maison de femmes.

A Nîmes. — Non.

A Poissy. — Non.

A Riom. — Prescrit, et pas observé d'une manière absolue.

Le travail commun favorise-t-il la corruption des détenus?

Douze de MM. les directeurs répondent que non, en alléguant que plus on a de témoins, plus on est retenu dans ses actions, que la surveillance est réciproque entre les détenus, et trop active de la part des employés pour qu'elle ne prévienne pas les abus; que le travail excite l'émulation, et facilite l'apprentissage.

Sept répondirent que oui, et motivent ainsi leur opinion :

Gaillon. — Le travail en commun est une école mutuelle de vices; les plus corrompus, les plus vicieux sont les instituteurs, ils forment bientôt des élèves qui rivalisent en dépravation avec leurs maîtres.

Limoges. — Le travail en commun est plus propre à la corruption qu'à l'amendement des détenus, etc., etc.

Au résumé, s'il y a dissidence sur les inconvénients du travail en commun, il y a (moins deux voix), unanimité sur l'inobservation du silence : il est impossible à obtenir, et sans le silence le le plus rigoureux, point de réforme pénitentiaire.

Il est évident qu'il ne peut exister d'isolement moral entre des êtres qui se voient, s'entendent, sympathisent et communiquent entre eux à toutes les heures.

Si, par un miracle, les communications orales étaient interdites, l'ingénieuse nécessité, l'inépuisable génie du mal, auraient bientôt inventé des signes, des moyens inaperçus, des langages muets pour se rapprocher et s'entendre. On n'empêchera jamais des criminels réunis de se connaître, de se chercher, de se lier, de s'associer entre eux pour se liguer contre les surveillants d'abord, et contre la société plus tard, lorsqu'ils se retrouveront et se reconnaîtront après leur libération.

M. le directeur d'Embrun a été souvent consulté par plusieurs procureurs du roi, pour savoir si des individus prévenus de vols communs s'étaient connus dans sa maison ; il a toujours eu à répondre affirmativement.

Si le confinement solitaire coupe court à toutes les relations criminelles, pourquoi ne pas l'adopter ? pourquoi ne l'admettre qu'en partie ? C'est le rendre moins efficace et plus onéreux en le compliquant, en conservant, du régime qu'on abandonne, tout ce qui peut neutraliser les avantages du régime qu'on veut suivre.

Le gouvernement doit nécessairement hésiter ; il rencontre de grands obstacles, d'énormes contradictions dans l'information d'une si grave question. L'empire de l'habitude et des précédents, la force des choses établies et subsistant depuis des siècles, ont créé des préjugés et des convictions qu'il est difficile de combattre et d'ébranler; lorsqu'il conçut la pensée d'adopter le système d'Auburn (régime cellulaire de nuit, travail en commun de jour), il consulta encore les hommes placés par lui à la tête des maisons centrales. Il devait puiser près d'eux des lumières, et c'est aussi là que je prends de préférence les faits que je veux citer. Si les réponses de MM. les directeurs ne sont pas toutes et toujours justes, je les crois toutes, faites avec bonne foi; et je les trouve d'autant plus concluantes, lorsqu'elles sont favorables au système de la réforme, que s'il est difficile de se soustraire à l'influence d'une administration à laquelle on obéit, et de contrarier ses opinions connues, il est encore plus difficile de revenir sur ses propres idées, de blâmer, de flétrir même, un régime qu'on dirigeet avec lequel on a fait déjà beaucoup de bien. Je crois que ce sont là les sentiments qui ont fait repousser énergiquement le système cellulaire complet par plusieurs directeurs. Ils n'en donnent que plus de force et d'autorité aux paroles de ceux qui l'approuvent.

Les réponses faites à la question suivante m'ont paru dignes de remarque.

« Pensez-vous que l'établissement des cellules « pour le coucher rendît la corruption moins « grande, et fût une amélioration réelle, impor- « tante, alors que les réunions dans les ateliers, les « réfectoires et les préaux seraient maintenues ?

« Sur dix-sept directeurs, »

Six répondent non,

Deux expriment des doutes,

Mais neuf répondent oui.

Les réponses négatives et affirmatives sont exprimées d'une manière si absolue, que nous croyons devoir les placer alternativement, afin qu'elles se combattent et se réfutent elles-mêmes, et que l'on puisse apprécier la valeur des unes et des autres.

Beaulieu (non). L'établissement des cellules, qui causerait de si grandes dépenses, ne serait pas une amélioration importante, puisqu'il est possible, sans cellules, d'empêcher la corruption des mœurs.

Ensisheim (oui). L'isolement complet pourrait couper court au commerce scandaleux d'immoralités qui existe dans nos maisons, dans les petits comme dans les grands dortoirs.

Cadillac (non). Le régime cellulaire ne remédierait pas entièrement aux habitudes vicieuses.

Embrun (oui). L'isolement, pendant la nuit, serait encore une amélioration réelle, importante.

Haguenau (non). L'établissement des cellules ne serait pas une amélioration. Les murs des cellules seraient bien moins un obstacle qu'une protection contre l'immoralité ; ce système offrirait d'autres difficultés. 1° La propreté serait plus difficile à obtenir ; 2° on ne pourrait pas porter facilement secours aux détenus atteints d'un mal subit, et les cas n'en sont pas rares ; 3° l'isolement, en produisant la crainte, multiplierait ces maux.

Limoges (oui). L'établissement des cellules

serait une amélioration réelle; il garantirait les mœurs, la santé et la vie même.

Mont Saint-Michel (non). Des dortoirs bien surveillés, bien éclairés, ont plus d'avantage que les cellules dans lesquelles les détenus pourraient se livrer sans contrainte à un vice non moins funeste, sous le rapport de la santé, que tout ce qu'on semble redouter dans la réunion des détenus dans les dortoirs. Ce vice, exposé au voisinage de tous les regards, serait moins fréquent dans les dortoirs communs.

Poissy (oui). L'établissement des cellules, pour le coucher, rendrait la corruption moins grande. C'est dans les dortoirs que les détenus racontent leurs hauts faits, et qu'ils enseignent aux inexpérimentés leur code infernal, etc.

Gaillon (non). Si les grands dortoirs offrent un classement moral de détenus; s'ils sont bien éclairés, bien surveillés et si les lits sont bien espacés entre eux.

Rennes (oui). L'établissement des cellules pour coucher serait une amélioration importante; elle éteindrait la corruption, et rendrait impossibles les relations immorales.

Montpellier (non). Au lieu de détruire la corruption, le système cellulaire la rendrait plus facile; on voit fréquemment les condamnés se faire mettre au cachot, pour s'y livrer à l'aise à leurs habitudes vicieuses.

Riom (oui). Avec des cellules solitaires, non-seulement le sommeil serait plus paisible et la sûreté de l'établissement plus grande, mais encore les complots deviendraient impossibles; alors la corruption serait personnelle au détenu corrompu, et la contagion, qu'aucune surveillance ne saurait détourner, cesserait d'être à craindre; l'isolement de nuit est donc un moyen de prévenir *les vices horribles dont les prisonniers se souillent dans leurs dortoirs.*

Loos (non). L'adoption du système cellulaire n'a d'autre but réel que d'accroître incommensurément les charges du trésor, dans le seul désir de pousser jusqu'à ses dernières limites l'essai du système pénitentiaire d'outre-mer.

Melun (oui). Dans sa cellule, le condamné

couché seul, s'il n'a pas de penchants vicieux, ne sera point entraîné par les mauvais exemples et les mauvais conseils. La réunion dans les dortoirs est l'école mutuelle du vice. C'est là que se projettent, pour l'avenir, les délits et les crimes.

Clairvaux répond d'une manière douteuse.

Nîmes (oui).

Fontevrault croit que le système cellulaire offrirait sans contredit des garanties plus certaines contre les relations immorales, mais qu'il serait impraticable, à moins de décupler le nombre des gardiens.

Il serait difficile au gouvernement de se former une conviction d'après des avis aussi opposés; cependant les contradictions qui résultent de l'ensemble de ces réponses sont moins réelles qu'apparentes; tous les directeurs qui ont affirmé que les cellules ne préviendraient pas l'immoralité ont voulu parler de ce vice solitaire uniquement funeste à celui qui s'y livre, mais point contagieux, puisque ses victimes s'entourent du plus profond mystère. Il n'en est pas de même de ce crime infâme si redoutable dans sa complicité, auquel la solitude est un obstacle insurmontable. Il n'est que trop vrai que des êtres, parvenus aux derniers degrés de la dépravation, emploient jusqu'à la force pour assouvir leurs passions monstrueuses. Ce sont ces excès de brutalité que veulent prévenir complètement, et d'une manière infaillible, les directeurs qui réclament des cellules. Celui des Eysses a seul répondu d'une manière catégorique à la question.

« L'établissement des cellules pour le coucher, « dit-il, diminuerait peu la corruption, si les réu« nions avaient lieu dans les ateliers, les réfec« toires et les préaux. »

Cela est évident : renfermer et isoler, la nuit, des détenus pour les réunir au point du jour, c'est démolir à mesure que l'on construit. Il faut reconnaître que la communication entre les prévenus est un poison dont l'isolement est l'antidote. Il faut avouer que les préaux détruisent le système pénitentiaire, qu'ils amortissent le bien à mesure qu'il se produit.

« La communauté des détenus dans les ate-

« liers, les réfectoires, les dortoirs, et surtout les « préaux, influe puissamment, par la présence « des condamnés en récidive, sur la difficulté « d'amélioration de conduite de ceux qui subis- « sent une condamnation. (Clermont-Oise.)

C'est en vain qu'on aura recours à des précautions minutieuses; elles seront toujours déjouées; des gardiens ne pourront jamais lutter de ruse et d'adresse contre des hommes dont l'idée fixe est de les surprendre et de les tromper; on abuse d'autant plus d'une faculté qu'elle est restreinte; les demi-concessions irritent sans satisfaire. Quelle espèce de récréation, de délassement, peut-on offrir à des hommes parqués entre les quatre murs d'une prison? si vous les laissez communiquer ensemble, il y aura confusion; et c'est précisément cette confusion qu'on veut empêcher; c'est là surtout que les hommes corrompus se recherchent; ils s'entretiennent des hauts faits de leur vie criminelle, comme les militaires de leurs actions d'éclat; c'est dans ces conférences funestes qu'ils avouent le regret de n'avoir pas été pires, et l'espérance de s'en dédommager un jour.

C'est là que se fait le cours de dépravation, et c'est précisément cette rage de prosélytisme qu'il faut arrêter.

Dans quelques pénitenciers (en Angleterre et en Suisse), on réunit encore les détenus dans des préaux, et l'on veut néanmoins prévenir les conversations intimes; pour y parvenir, on ne pouvait introduire dans ces récréations dangereuses autant de surveillants que de détenus, placer un muet auprès de chacun d'eux était chose impossible; voici l'expédient qu'on a trouvé : on ordonne dans les préaux des promenades en silence, sur une file et au pas. Figurez-vous des hommes manœuvrant les bras pendants dans un espace fixé; faisant des évolutions sans but, sans utilité, pour obtenir une fatigue corporelle, qui nuit ensuite au travail et le fait trouver plus dur. Quelle triste parodie que cette manœuvre de prison! ce simulacre d'exercice peut-il être une récréation, un adoucissement à la peine? ne croit-on pas voir des animaux tourner dans un cercle sans issue?

J'aimerais mieux bâillonner des hommes, leur

bander les yeux, leur boucher les oreilles, que de les soumettre, par humanité, à un exercice mécanique et dégradant. Tout ce qui est ridicule ruine un système; je ne connais, surtout en France, rien d'assez fort pour y résister. De plus, je suis convaincu que ces récréations forcées ne remplissent pas le but. Des détenus marchant, même en file, éloignés les uns des autres, sont encore trop près pour ne pas se parler à voix basse. Convenons donc qu'il est impossible de les en empêcher dans des préaux et des ateliers communs. Malgré ces deux grands obstacles, la réforme pénitentiaire vient de faire un pas dans une nouvelle prison créée près de Paris.

Les beaux résultats obtenus dans cet établissement pourraient fournir des arguments aux partisans du système d'Auburn; il est nécessaire d'en indiquer les causes toutes exceptionnelles.

Le gouvernement vient de convertir en pénitencier militaire, le vaste château de Saint-Germain en Laye, et d'utiliser ainsi ce monument de la splendeur d'un autre âge. Cet établissement, qui remplace l'ancienne prison de Montaigu, renferme aujourd'hui cent soixante détenus, il est destiné à en contenir cinq cents.

Les militaires qui peuplent cette maison, ont été condamnés par les conseils de guerre pour insubordination, vol, désertion et voies de fait envers leurs supérieurs. Pour beaucoup de ces derniers la condamnation à mort, aux fers, et à d'autres peines afflictives et infamantes, a été commuée en celle de la prison.

Les années de détention ne comptent pas pour le service; après leur libération, les condamnés sont incorporés dans les bataillons légers d'Afrique, où ils achèvent leur temps.

La durée des condamnations est au moins d'une année.

Chaque détenu couche dans une cellule d'une dimension convenable, contenant un hamac, un sommier, un sac de campement, un bidon de fer-blanc, un vase de nuit, un banc et un ballet sans manche, dans la craiute que le condamné ne s'en fasse une arme.

Sur chaque porte, est écrit le numéro du registre matricule du détenu; la date de sa condamnation et la durée de sa peine.

Il y a pour le travail, des ateliers communs d'ébénisterie, menuiserie, bijouterie, bonneterie, etc.

Il existe cinq préaux pour les récréations, et quinze cellules de correction, dans lesquelles on gradue la peine au moyen du pain et de l'eau.

Le silence absolu n'est exigé ni dans les ateliers, ni dans les préaux, on y défend seulement avec sévérité le bruit et la confusion : les détenus y sont classés, non par moralité, ni par âge, ni par égale durée de condamnation, mais par conformité d'état, par similitude de profession : l'honorable commandant connaît toute l'impossibilité des catégories morales.

Lorsque le militaire condamné est entré au pénitencier, il n'a plus droit à la solde, il doit vivre de son travail et ne coûte rien à l'État; il gagne, en moyenne, de 1 fr. a 1 fr. 25 c. par jour, qui suffisent à son entretien, à son blanchissage, à sa nourriture, et au complément d'une masse de 55 fr. qui est envoyée au corps lorsqu'il y va reprendre son rang. Quand cette masse est parfaite, le produit du travail reversible à chaque détenu est divisé en deux parts, l'une est ajoutée à la masse, et l'augmente progressivement; l'autre forme le denier de poche dépensé dans la prison; les condamnés en disposent pour acheter du pain blanc et pour adoucir un peu leur sort; le tabac à fumer est seul défendu; aux États-Unis l'usage du tabac est rigoureusement interdit. Le matin on bat la diane, et le soir la retraite. Tous les jours régulièrement, les détenus se lavent dans des auges en pierre placées dans la grande cour. Il y a de l'eau dans tous les corridors. Tout se fait militairement dans la maison, comme dans une caserne. Le service se prend par la droite et les corvées par la gauche, pour servir de punition. Les détenus exécutent leurs mouvements au son du tambour et sur deux rangs. Le matin, avant de descendre dans les cours, ils se forment en bataille dans les corridors; le soir ils rentrent dans le même ordre, et avec une telle régularité, que chaque détenu fait front en face de sa cellule. Tous les matins avant le rassemblement, chacun d'eux doit balayer et nettoyer sa cellule qui reste ouverte, son vase de nuit doit être renversé; le sommier et la couverture sont uniformément relevés et pliés. Les personnes qui se figurent que dans une prison cellulaire, on doit entendre un bruit continuel de portes ouvertes et fermées, peuvent visiter le pénitencier de Saint-Germain! on s'y croit dans un monastère. Il est dirigé par un officier d'un haut mérite, chef de bataillon d'état-major, que sa modestie m'interdit de nommer, et auquel je témoigne ici toute ma reconnaissance pour les renseignements précieux qu'il a bien voulu me donner; il a sous ses ordres un lieutenant de vétérans, un agent comptable, et cinq vétérans faisant l'office de surveillants. Cet établissement qu'on appelle un pénitencier, a sur l'ancienne prison de Montaigu deux avantages matériels, la séparation de nuit, et un demi-silence : on y empêche, autant que possible, les conversations suivies dans les ateliers et les préaux; ce n'est qu'en passant et à la dérobée que les détenus peuvent se communiquer leurs pensées; les cloisons des cellules n'ont que l'épaisseur d'une brique, les détenus pourraient y causer entre eux à voix basse, et d'un coup de sifflet se donner un signal qui serait entendu d'un bout de la prison à l'autre. Des contre-maîtres viennent chaque jour du dehors, travailler dans les ateliers avec les détenus, et causer avec eux, pour diriger l'apprentissage des uns, et tracer la besogne des autres. Les rondes de nuit, faites successivement par les surveillants, ne sont pas permanentes; deux heures et demie de récréation, par jour, y compris les repas, sont accordées en été dans les préaux, et rendent illusoire tout espoir de régénération morale. Eh bien! néanmoins, en dépit de tous ces inconvénients, cette seule pensée, cette volonté de réforme, qui président au régime de la maison, la place hors de toute comparaison avec les autres prisons et produit des résultats dont les chefs eux-mêmes s'étonnent; sans doute ils sont dus en partie à leur influence; le pouvoir moral du directeur d'une prison est inouï, on sait la puissance de Me Fry sur les détenus de Newgate, dont elle devint la providence. L'excellente discipline qui règne à Saint-Germain, a déjà fait disparaître en partie deux vices, les attentats contre les mœurs, et l'insubordination; mais, il ne faut pas s'y méprendre, ce sont surtout les habitudes militaires dans lesquelles on a le bon esprit d'entretenir les détenus qui les relèvent à leurs propres yeux, préviennent la corruption et entretiennent l'énergie. La discipline a déjà façonné ces hommes à l'obéissance passive, à la vie mécanique; il faut qu'ils se redressent pour marcher au pas! La vue de l'épaulette, la voix de l'officier sont toujours toutes puissantes sur l'ancien soldat : dans les fers, il obéit encore à son chef, décoré, vétéran de cette vieille gloire, devant laquelle il s'inclinera toujours; ce chef, n'a pas dédaigné de le commander encore dans la prison, il se dévoue à sa régénération ! Le coupable sent qu'il vaut encore quelque chose, et ne désespère pas de lui-même. Les idées d'honneur ne sont pas étouffées sous des chaînes, des boulets, des casaques rouges ou des bonnets verts. Voilà tout le secret de l'ordre admirable qui règne à Saint-Germain. L'honorable commandant qui se dévoue à la direction de ce pénitencier m'affirmait qu'il n'est pas, dans l'armée, une seule compagnie d'élite dans laquelle il y ait eu, pendant une année, moins de punitions disciplinaires qu'à Saint-Germain. Le lieutenant de vétérans, Carado, qui a laissé une partie de ses membres sur nos champs de bataille, me disait avoir vu souvent des compagnies plus difficiles à conduire, que ces soixante-dix détenus qui avaient été les plus mauvais sujets de leurs régiments. Ce n'est pas la crainte des châtiments qui agit sur eux, car ils sont rarement punis; les cellules de correction sont presque constamment vides; en 1837, on n'y avait encore renfermé que deux condamnés, et je dois dire que des enfants en briseraient aisément les portes; les serrures garnies d'écroux faciles à dévisser, sont placées en dedans; l'obéissance et la résignation y retiennent seules les condamnés, parmi lesquels on a su développer les germes d'une louable émulation. Entre autres preuves, je puis citer celle-ci : le carreau de chaque cellule est mis en couleur rouge, et parfaitement entretenu, les portes et leurs chambranles sont toutes cirées, polies et brillantes; ce sont les détenus eux-mêmes qui, de leur plein gré, se sont livrés à cette recherche, à ce luxe du malheur. Il y a des cellules plus soignées que les autres; à leur degré de propreté on peut juger la conduite de celui qui l'habite; les surveillants me faisaient faire cette remarque pleine de justesse.

L'instruction ministérielle relative à la prison de Naugardt, en Poméranie, veut qu'on regarde comme un symptôme d'amélioration morale : 1° un travail soutenu; 2° la séparation volontaire d'avec les autres détenus, 3° l'entretien volontaire de la propreté [1].

Il ne suffisait pas de faire naître l'émulation, il fallait encore l'entretenir et l'augmenter. Tous les ans un conseil d'administration se réunit dans la maison même, et, sur les notes du commandant, propose au ministre de la guerre des commutations de peine, comme récompense de la bonne conduite.

1. Conclusion générale de l'ouvrage de M. Charles Lucas.

M. le commandant du pénitencier considère avec raison le travail comme le premier moyen d'amendement; les condamnés ont d'abord assez de peine à compléter, avec leur salaire, la masse de 55 fr.; mais, dès que ce chiffre est dépassé, l'accroissement de ce fonds de réserve est rapide, et alors il atteint promptement 200 et quelquefois 300 fr.; dans ce cas, la soif de l'épargne s'empare du détenu, qui pousse l'économie jusqu'à l'excès, et s'impose des privations continuelles pour augmenter son trésor. La bonne conduite est inséparable des habitudes laborieuses; pour récompenser ces hommes revenus au bien, à l'expiration de leur peine, on les renvoie dans leur corps, où ils se trouvent réintégrés avec de bonnes notes, et une masse considérable qui témoigne du bon emploi de leur temps et de leur bonne disposition pour l'avenir. On a généralement remarqué que ces libérés, réhabilités par la punition même, étaient bien accueillis par leurs anciens camarades.

Si, au contraire, la conduite du condamné a été mauvaise au pénitencier, et s'il est en état de punition au moment de sa libération, on le fait conduire, sous l'escorte de la gendarmerie, dans une compagnie de discipline où il achève le temps de son service. Cette mesure est un puissant moyen d'intimidation, et cependant M. le commandant de Saint-Germain n'a eu l'occasion de l'appliquer qu'une seule fois, tandis qu'il a souvent récompensé la bonne conduite d'un grand nombre de détenus en les renvoyant dans leur régiment. Malgré tous ces avantages que je me plais à reconnaître, sous le rapport de la réforme morale, cet établissement est incomplet; pour la soumission des détenus, pour l'ordre extérieur, il ne laisse rien à désirer : l'isolement de nuit, l'habitude du travail, l'empire de la discipline, le mérite personnel des chefs et leur ascendant, ont produit ces résultats, qu'il ne faudrait pas se flatter d'obtenir partout ailleurs que dans une prison militaire. On n'agirait pas avec les mêmes moyens sur des correctionnels et des récidivistes, sur toute cette population gangrénée des maisons centrales et des bagnes.

Là, si l'on veut sérieusement la réforme morale, les demi-moyens seront sans résultat, on en a déjà fait l'épreuve. On ne peut y imposer le silence absolu, ni obtenir l'isolement moral, on peut encore moins y organiser des catégories rationnelles et efficaces; il est désormais reconnu qu'elles ne peuvent être qu'arbitraires et illusoires : on n'a pas même pu s'entendre sur les bases, soit que l'on ait pris pour règle la nature des délits, l'âge, l'identité de la peine, ou la conduite dans la prison.

Le tableau suivant fera parfaitement connaître la population des prisons départementales, et fera comprendre, en même temps, que les embarras et les difficultés de distribution et de localité ne sont pas, en fait de classifications, des obstacles moins insurmontables que l'impossibilité de descendre au fond de chaque ame, et de lire dans chaque conscience.

ÉTAT NUMÉRIQUE DE LA POPULATION DES PRISONS DÉPARTEMENTALES, AU 1er JANVIER 1836.

MAISONS D'ARRÊT, DE JUSTICE, DE CORRECTION ET DE DÉPÔT.

	HOMMES.	FEMMES.
Par correction paternelle.	24	20
Pour dettes — envers les particuliers. . . .	440	16
Pour dettes — envers l'État, pour sûreté d'amendes.	785	150
Prévenus ou accusés.	4,034	805
Correctionnels à un an et au-dessous. . .	3,836	982
Forçats attendant leur transférement. . . .	323	»
En appel ou en pourvoi.	285	76
Correctionnels à plus d'un an, autorisés à subir leur peine dans les prisons départementales.	248	56
Condamnés attendant leur transférement dans les maisons centrales. . . — Criminels. . .	265	69
Condamnés attendant leur transférement dans les maisons centrales. . . — Correctionnels.	607	86
Condamnés au-dessous de seize ans. . . .	525	110
TOTAUX. . . .	11,372	2,370
TOTAL GÉNÉRAL. . . .	13,742	

N. B. Les prisons départementales renfermaient, à la même date, environ dix-sept cent cinquante individus des deux sexes (huit cent trente hommes et neuf cent vingt femmes), malades, infirmes, indigents, étrangers, insensés que l'administration avait été obligée de placer dans des quartiers particuliers des maisons d'arrêt, à défaut de dépôts de mendicité et d'établissements hospitaliers pouvant les recevoir.

Il résulte de l'examen de ce tableau et des développements qu'on doit lui donner, qu'il faudra nécessairement reconnaître les nuances particulières à vingt-une catégories d'individus que nous allons indiquer.

	HOMMES.	FEMMES.
Pour correction paternelle.	1	»
Pour dettes (pour les deux sexes).	1	1
Prévenus, *id.*	1	1
Accusés, *id.*	1	1
Correctionnels à un an et au-dessous (pour les deux sexes).	1	1
Forçats attendant leur transférement.	1	»
En appel ou en pourvoi.	1	»
Correctionnels à plus d'un an, autorisés à subir leur peine dans les prisons départementales.	1	»
Condamnés attendant leur transférement dans les maisons centrales, ou en route pour s'y rendre.	1	»
Enfants des deux sexes, au-dessous de 16 ans.	1	1
Récidivistes (des deux sexes).	1	1
Habitants de la campagne (des deux sexes). . .	1	1
Habitants des villes (des deux sexes).	1	1
TOTAUX. . . .	13	8
TOTAL GÉNÉRAL DES CATÉGORIES. . . .	21	

Si ces distinctions sont justes, on trouve chez les hommes treize sudbivisions et chez les femmes huit, qui feraient vingt-une catégories pour cent à deux cents détenus, que renferment ordinairement les prisons départementales, et cinq à dix individus par catégorie. On ne peut créer des ateliers et des préaux, ni payer des surveillants en assez grand nombre pour de si petites fractions. J'ai séparé dans le tableau ci-dessus les habitants des campagnes de ceux des villes, parce qu'il existe entre ces deux classes un immense intervalle. Ce sont deux espèces de condamnés tout-à-fait distinctes qu'il est impossible de réunir dans le même local, si l'on veut établir des classifications rigoureuses.

Les directeurs des maisons centrales sont encore unanimes sur ce point, ils ont reconnu que les condamnés des campagnes étaient plus accessibles aux sentiments religieux que les condamnés des villes ; qu'ils étaient moins corrompus. Il existe entre ces deux classes une immense différence. Les condamnés des villes, dit le directeur d'Eysses, corrompent ceux des campagnes.

Le directeur de Fontevrault affirme que : « si « quelques condamnés sont susceptibles de reve- « nir à des sentimens d'honneur, ce sont bien « certainement les simples habitans des cam- « pagnes.

« Une classe moins corrompue et plus inté- « ressante, et que la loi a frappée avec plus de « rigueur, » dit le directeur du Mont-Saint-Michel, « est celle des campagnards que les cours d'assises « ont condamnés à la réclusion pour des vols de « grains, d'abeilles, de bestiaux, et souvent pour « des faits peu graves ; chez eux, tout sentiment « religieux n'est pas encore éteint, ils écoutent « les instructions des pasteurs avec docilité ; il « n'est pas très rare d'en voir, par suite de ces in- « tructions, d'assez raffermis dans la voie du bien « pour qu'il n'y ait plus à craindre de chute « pour eux. »

A Clairvaux les détenus qui se livrent à des habitudes immorales, sont dans la proportion de vingt pour cent, quant aux habitants des villes, et de huit pour cent, quant aux habitants des campagnes.

« Il n'y a rien que les détenus mettent autant « de soin à cacher que ces honteux désordres; la « dernière chose dont ils avouent le mépris, « c'est la pudeur. Ce vicieux penchant existe peu « chez les habitants des campagnes. La corrup- « tion des mœurs est plus effrénée chez les « femmes, dont le plus grand nombre débute dans « la carrière du vice par la prostitution. »

Mont-Saint-Michel. « Les villes fournissent « presque tous les correctionnels, et j'ai déjà dit « qu'ils étaient les plus corrompus de tous les « condamnés. »

Gaillon. « Les détenus des villes sont consom- « més dans la connaissance et la pratique de tous « les vices, tandis qu'il reste aux campagnards « quelque pudeur. Il y a de la ressource chez ces « derniers, tandis qu'il faut renoncer à tout es- « poir de réformation chez les premiers. »

Je considère comme jugée la question des catégories; si l'on en appelait, il faudrait demander avec MM. de Tocqueville et de Beaumont, un Dieu descendant sur la terre pour lire dans toutes ces ames et rendre justice à chacune.

Il n'y a qu'un moyen d'opérer dans nos prisons un classement infaillible, c'est de construire une cellule pour chaque détenu.

Il n'y a qu'un moyen de prévenir toutes corruptions, toutes communications, tout contact, et d'amener la réflexion, le repentir et l'amendement. Il n'y a qu'un moyen de fonder une pénalité réelle, efficace, moralisante et égale pour tous; c'est le confinement solitaire!

CHAPITRE XI.

Confinement solitaire considéré sous le rapport hygiénique et financier.

Le confinement solitaire avec la jouissance d'une cour, l'obligation du silence et du travail, est un remède héroïque, que je crois infaillible, et que beaucoup d'hommes consciencieux ont repoussé jusqu'à ce jour; convaincus que la réclusion complète était nuisible à la santé, à l'existence même des prisonniers. Cette peine cruelle, a-t-on prétendu, est au-dessus des forces physiques et morales de l'homme et doit produire le désespoir, l'aliénation mentale, ou la mort.

« En voulant réformer une intelligence déchue, « la société n'avait pas prétendu la tuer ! [1] »

1. Rapport à M. le ministre de l'intérieur par M. de Gasparin, sous-secrétaire d'État de l'intérieur, 6 décembre 1836.

L'opinion publique est déjà éclairée sur ce point; MM. de Tocqueville et de Beaumont ont déjà prouvé, dans la deuxième édition de leur ouvrage [1], que la mortalité qui, dans les anciennes prisons d'Amérique, était dans la proportion de un sur seize et sur dix-neuf, n'était plus dans les nouvelles que un sur quarante-neuf, sur cinquante-six et même sur cinquante-huit.

En France, il meurt dans nos maisons centrales un prisonnier sur quatorze. Ce sont les vices et la débauche qui tuent!

S'il reste encore des doutes à cet égard, l'excellent rapport de MM. Demetz et Blouet achèvera de les dissiper.

Le docteur Franklin Bache, fils du célèbre Franklin, médecin de l'ancienne prison de Walnut-Strett pendant douze ans, et aujourd'hui médecin de Cherry-Hill depuis sept années, a pendant tout le temps de son exercice dans cette prison, consigné sur un journal, l'histoire de chaque détenu, depuis le jour de son entrée jusqu'à sa libération. M. Demetz y a puisé les éléments d'un

1. Introduction, page 99.

tableau complet et curieux ; il en extrait les résultats suivants :

En sept ans, six cent quatre-vingt-dix-sept prisonniers sont entrés au pénitencier; ce nombre a diminué de trois cent douze qui doivent être ainsi répartis :

78 sont sortis avec une santé meilleure.
166 avec une santé égale.
17 plus faibles sans être plus malades.
13 ayant la santé moins bonne.
4 ayant la santé très-détériorée.
34 sont morts, dont un s'est suicidé.

312

« La mortalité moyenne, pour sept années, a « été, dans le pénitencier, de trois pour soixante-« dix, c'est la même mortalité que celle de la « ville. »

Enfin, après la plus minutieuse et la plus scrupuleuse enquête, ces messieurs déclarent avec confiance que sous le rapport sanitaire,

« Le système de l'emprisonnement séparé ne

« craint la comparaison avec aucun autre sys-
« tème.

M. Crawfort, commissaire du gouvernement anglais, et chargé de la même mission que ces messieurs, partage à cet égard toutes leurs convictions.

Il est donc certain que le système cellulaire, avec cour et travail, n'est pas nuisible à la santé de l'homme. Malgré cette intime persuasion, nous n'en éprouvons pas moins le besoin de faire, à ce sujet, une importante réserve.

Le premier soin à prendre dans la construction d'une prison, c'est le choix de son emplacement.

Le premier devoir de l'administration est d'y apporter, sous le rapport de la salubrité, la plus scrupuleuse attention : le premier devoir de l'architecte, est d'en disposer toutes les distributions de manière à ce que chacune de ses parties soit également saine et aérée.

Dans presque toutes nos vieilles prisons, les plus simples précautions d'assainissement et de ventilation sont négligées : les localités s'y opposent souvent, je le sais. Mais, dans les nouvelles constructions qui s'élèvent sous nos yeux, ces règles hygiéniques ne sont pas beaucoup mieux observées, et des conditions étrangères à la salubrité publique déterminent souvent l'emplacement des maisons de détention.

Je citerai le pénitencier de la Roquette que chacun peut visiter. Dans cet établissement qu'on dit modèle, auquel des tours à trois étages donnent l'aspect d'une forteresse, six cours sont disposées de manière à ce que l'air extérieur ne puisse y pénétrer que par dessus des bâtiments et des murs d'une hauteur considérable : il y est stagnant ; il peut y être déplacé ou refoulé, mais jamais renouvelé par un courant énergique. C'est là certainement un grand vice qui, surtout dans un cas d'épidémie, pourrait faire attribuer au régime cellulaire des inconvénients dont la mauvaise disposition des constructions serait l'unique cause.

La prison de Clichy est la mieux située de Paris, et la mieux construite sous le rapport de la salubrité. Les bâtiments en sont isolés, ils ont trois étages et sont doubles en profondeur, un grand corridor, ouvert à ses extrémités pour recevoir l'air et la lumière, règne à chaque étage; un double rang de cellules s'ouvre sur ce corridor, chacune d'elles a une fenêtre à grands carreaux, et une capacité d'environ vingt-quatre mètres cubes. M. le docteur Petit, secrétaire rapporteur du conseil de salubrité de la ville de Paris, et médecin de la prison, a bien voulu me donner, sous le rapport sanitaire, des renseignements utiles. Homme de talent et d'observation, M. Petit s'est convaincu, par sa propre expérience, qu'il faut à un homme pour respirer *à l'aise, huit mètres cubes* d'air *neuf* et *pur*, par heure. Dans une cellule de vingt-quatre mètres cubes, au bout de trois heures, l'air est vicié; on s'aperçoit facilement de cette altération par l'odeur dont on est péniblement affecté en y entrant, si l'air n'y a pas été renouvelé. Pour remédier à cet inconvénient si grave dans les prisons, M. Petit a imaginé un ventilateur à graduation qu'il voudrait faire appliquer à chaque croisée, et dont j'augure d'excellents résultats.

Une expérience irrécusable a constaté qu'il

était indispensable à la salubrité des prisons, d'y favoriser la ventilation et l'action des rayons solaires, par tous les moyens possibles.

Sous le rapport de la ventilation, il faut que l'espace qui sépare les bâtiments d'une prison, ait au moins, en largeur, une étendue quadruple de la hauteur du bâtiment le plus élevé, et qu'il ne soit fermé à ses extrémités que par un mur ou un rez-de-chaussée.

Sous le rapport de l'action solaire, la disposition la plus avantageuse est de construire les bâtiments en leur donnant la direction du sud au nord; de cette manière, les deux grands côtés seraient alternativement exposés à l'influence bienfaisante des rayons du soleil pendant une partie égale de la journée. Un autre avantage résulte de cette disposition, c'est que les deux extrémités du bâtiment étant exposées, l'une au midi, l'autre au nord, des ouvertures pratiquées à ces deux extrémités servent merveilleusement la ventilation de l'intérieur du bâtiment.

Pour acquérir la conviction de ce qu'avance M. Petit, il suffit de visiter la Salpétrière, où tous les bâtiments sont isolés et où l'air est parfaitement pur. A peine arrivé dans les cours fermées de Bicêtre, et des Invalides, entourées de bâtiments très hauts, on sent une odeur désagréable qui annonce l'agglomération d'un grand nombre d'individus. On ne saurait trop insister sur la nécessité de remplir, dans la construction des prisons, toutes les conditions de salubrité qu'elles peuvent comporter. La mortalité s'y trouve en rapport avec l'insalubrité des lieux, l'encombrement et la mauvaise tenue de la prison. De tant de faits consignés dans les annales d'hygiène et de médecine légale, je n'en citerai qu'un frappant, c'est une observation qui résulte d'une expérience de plusieurs années.

La prison de Clermont (Oise) est divisée en deux parties, l'une occupée par des hommes est dans une exposition malsaine : la façade est au nord. La mortalité y est annuellement, au terme moyen, d'un prisonnier sur seize, et on voit souvent les plus robustes succomber. Le quartier des femmes est exposé au midi, on y respire un air meilleur; et la mortalité n'y est que d'une sur cinquante-huit, pendant la même durée d'une année.

De tels résultats parlent assez haut, et font prévoir les funestes conséquences de la moindre négligence, du moindre oubli des précautions sanitaires.

La cellule américaine est moins meurtrière que la corruption et l'oisiveté de nos prisons départementales ; mais, en outre, presque tous les pénitenciers d'Amérique sont en rase campagne, bien orientés, et presque tous placés près d'une rivière ou d'un canal : il semble qu'on ait senti la nécessité de les rapprocher d'un grand cours d'eau. Chaque cellule est convenablement ventilée, chauffée, assainie, munie de fosses d'aisance complètement inodores, précautions indispensables pour les empêcher d'être froides en hiver et brûlantes en été, précautions sans lesquelles il ne faudrait pas songer à les établir en France. Mais en observant scrupuleusement ces dispositions ainsi que le régime hygiénique et alimentaire de Cherry-Hill, on peut affirmer avec vérité que le système cellulaire n'est pas malsain, et que toutes les craintes manifestées à cet égard n'étaient pas fondées, l'expérience l'a prouvé [1].

A Lamberton près Trenton (New-Jersey), dans la prison d'État,

« Chaque prisonnier n'a qu'une chambre, ce « qui ne nous semble avoir aucun inconvénient « pour la santé des détenus [2]. »

DÉPENSE.

Une des grandes difficultés derrière laquelle se sont long-temps retranchés les adversaires de la réforme pénitentiaire, était la question financière; on a proclamé le système américain *ruineux* et *impraticable*, et cette idée généralement répandue a entravé la réforme et a fait hésiter le gouvernement.

L'opinion publique est encore revenue à cet égard; il y a des sacrifices pécuniers qui deviennent des économies, il ne peut rien exister de plus onéreux pour l'État que notre système

1. Voir à la fin du volume les quatre notes (2-C-D).

2. Rapport de M. Blouet sur les pénitenciers d'Amérique, page 65.

actuel de détention. Tout le monde voit qu'il est d'autant plus cher qu'il est mauvais.

M. Vivien en a signalé les vices dans la séance de la Chambre des députés du 26 mai 1836, en combattant l'allocation de 600,000 fr. pour construction de maisons centrales de détention. Il porte à 25,000,000 fr. les dépenses occasionnées depuis 1816 par ces établissements; et M. Bérenger, dans son rapport, fait monter ce chiffre à plus de 30,000,000 fr., sacrifice énorme et d'autant plus regrettable qu'il a été fait en pure perte.

Les quatre-vingt-trois mille six cent cinquante-six individus des deux sexes qui passent annuellement dans nos trois cent quatre-vingt-trois prisons départementales et d'arrondissements, coûtent à l'État 7,111,500 fr., ou 85 fr. par tête pour leur insuffisante nourriture.

Les dix-sept mille cinq cent soixante détenus de nos maisons centrales, coûtent annuellement 3,570,000 fr. ou 203 fr. 30 c. par tête.

Les sept mille deux cents condamnés aux travaux forcés subissant leur peine dans les bagnes, coûtent annuellement 2,176,500 f., ou 302 f. 29 c. par tête.

Combien de ces malheureux auraient honnêtement vécu à ce prix !

Ces trois budgets forment un total de 12,858,000 fr., dépensés chaque année pour l'entretien de cette énorme population de cent huit mille quatre cent seize criminels, dont le dénombrement a été si bien fait par M. Bérenger [1].

En Amérique, les prisons ne sont pas une charge pour l'État, elles sont productives, le travail des détenus est plus que suffisant pour couvrir les dépenses. On désespère d'obtenir en France les mêmes résultats; on en désespère avant de l'avoir tenté, ou plutôt sans tenir compte des succès obtenus déjà dans le pénitencier de Saint-Germain, dont j'ai précédemment parlé.

1. Voyez le Mémoire de M. Bérenger sur les moyens de généraliser en France le système pénitentiaire, page 108. M. Bérenger fait monter la somme totale de nos frais de répression à 13,000,000 fr. D'après le budget de 1837, le chiffre officiel de ces dépenses est de 10,523,034 fr.; mais j'ai d'autant plus de confiance dans le chiffre de M. Bérenger, que dans ses calculs il omet encore la part de l'administration supérieure de laquelle ressortissent ces établissements.

Là, le travail de chaque détenu produit par jour 75 centimes, prélevés par l'administration de la guerre pour l'entretien de chacun d'eux, et formant, à la fin de l'année, une somme de 210 fr. avec laquelle on couvre les frais, et on complette en outre une masse de 55 fr. qui, en moins de deux ans, s'est souvent élevée, pour des hommes laborieux, jusqu'à 300 fr. Il reste encore au détenu, pour son denier de poche, une somme considérable que malheureusement on lui distribue dans la prison.

C'est à l'ordre, à la discipline du pénitencier, que sont dus ces résultats. Le travail, dans les prisons, devient d'autant plus productif que le régime y est plus sévère. Tandis qu'à Saint-Germain le travail de chaque détenu rapporte 210 fr. par an à l'État, dans nos maisons centrales il ne produit que 60 fr. au moins et 158 fr. au plus. Le revenu total de ces établissements va cependant s'élevant chaque année. Depuis 1832 jusqu'à 1835 il s'est accru de 315,977 fr., parce que le régime intérieur s'est amélioré.

Quant à nos prisons départementales, sans discipline, sans travail, sans surveillance, elles coûtent des millions et ne rapportent que des crimes.

Le plus économique de tous les moyens de répression sera celui qui préviendra le plus de récidives. Romilly l'a dit au sein de la Chambre des communes. La dépense ne doit donc pas être un obstacle. M. le ministre de l'intérieur actuel partage cette opinion, et l'a formellemont exprimée à la tribune de la Chambre des députés. Je cite avec empressement ses paroles :

« On a dit que la création de ces maisons de « détention coûterait des sommes considérables. « Je ne sais, Messieurs, jusqu'à quel point cette « objection devrait arrêter la Chambre et le gou- « vernement; il me semble, à moins qu'il soit « bien établi que la dépense est absolument im- « possible, qu'il faudrait tenter de la faire dans « l'intérêt de l'humanité. En effet, travailler à son « amélioration, c'est travailler à l'intérêt social, « et celui-là est le premier de tous.

« Mais, Messieurs, cette objection n'est pas « aussi sérieuse que l'on pourrait croire, nous

« avons devant nous une expérience de plusieurs « années, qui nous est offerte par les États-Unis « et l'Angleterre ; d'après les calculs que j'ai pré- « parés et les comparaisons qui ont été faites « entre les pénitenciers en Amérique et en An- « gleterre, je puis affirmer à la Chambre que la « dépense ne sera pas aussi considérable qu'on a « cru d'abord. Sans doute, les pénitenciers qui « ont été établis les premiers ont coûté des « sommes énormes, puisque le prix des cellules « était allé jusqu'à 6 et 7,000 fr., et représentait « un loyer moyen de 250 fr. par tête de détenus; « eh bien! à force d'améliorations et de perfec- « tionnements, on a construit un pénitencier dans « la province de l'Ohio qui n'a coûté que 6 à « 700 fr. par cellule, ce qui ne présente plus « qu'un loyer de 30 ou 40 fr. par tête de déte- « nus.

« Réduite à ce chiffre, la dépense n'est plus, « comme on peut le voir, un obstacle infranchis- « sable à l'adoption du système pénitentiaire. » Le ministre termine en affirmant qu'avec du temps il sera possible de faire des constructions de cette nature sans obérer le trésor de l'État [1].

Depuis cette époque, d'importants travaux, de lumineuses enquêtes ont achevé d'éclairer cette question.

M. Bérenger estime à 40,000,000 fr. la somme nécessaire pour « appliquer le système péniten-« tiaire à toute la France : ce qui ferait, en répar-« tissant cette somme en dix années, 4,000,000 fr. « par an [2]. » Il propose en outre d'excellents moyens d'alléger le fardeau de la dépense, et il établit, d'après des calculs positifs, le prix moyen d'une cellule à 1,000 fr.; il prend pour base les frais de construction de trois pénitenciers américains, bâtis à Charles-Town, Baltimore et Blonwellisland. Une cellule, en Angleterre, ne revient qu'à 653 fr. M. Blouet rapporte d'Amérique des chiffres plus élevés, et n'embrasse pas la question du même coup-d'œil que M. Bérenger.

Il a trouvé qu'en général, aux États-Unis, on avait été prodigue de décorations et d'ornements dans la construction des pénitenciers.

1. Discours de M. de Montalivet, séance du 26 mai 1836.

2. Mémoire de M. Bérenger, page 101.

Il a trouvé qu'à Sing-Sing la cellule coûte 1,060 fr., 56 c.; mais presque tout a été construit par les prisonniers. Il a trouvé qu'à Wetersfield la cellule revient à 983 fr., 59 c.; mais cette prison laisse à désirer.

Il a trouvé qu'à Auburn la cellule revient à 3,441 fr., 55 c.; mais il y a eu des changements considérables faits dans les bâtiments, des démolitions, reconstructions et divers essais coûteux.

Dans le système de Pensylvanie, à Cherry-Hill, où des circonstances semblables d'études et d'améliorations ont eu le même résultat (onéreux) qu'à Auburn, chaque prisonnier revient à 7,287 fr., 50 c.; avec une grande cellule et une cour, ou deux cellules, une pour le travail, une pour le repos de jour et de nuit.

En appréciant les causes d'augmentation ou de diminution que j'ai indiquées, M. Blouet porte à *quatre mille cinq cents francs* la somme réelle que doivent coûter les cellules aux États-Unis; il faut bien remarquer que ce prix moyen de chacune d'elles, est la division et la répartition de la somme totale de la dépense de chaque pénitencier.

M. Blouet, n'ayant pas encore trouvé dans ces chiffres variables une base assez certaine, a publié un tableau comparatif du prix des matériaux en Amérique et en France.

Il résulte de ce parallèle, que ces prix sont moins élevés de beaucoup en France qu'en Amérique : et, néanmoins, en construisant dans les mêmes conditions, sur les mêmes plans, M. Blouet nous donne comme chiffre moyen de chaque cellule 1,942 fr. 50 c. pour Paris, et 1,165 fr. 50 c. pour la province, dans le système d'Auburn.

Dans le système de Pensylvanie, il porte chaque cellule à 3,561 fr. 25 c. pour Paris, et à 2,136 fr. 75 c. pour la province.

Je crois tellement à la conscience et à l'habileté du rapporteur, que je ne me permettrai pas de discuter ses chiffres si élevés, si différents de ceux posés par M. Bérenger et par M. le ministre de l'intérieur lui-même; je les adopte tels que M. Blouet nous les a fournis, et tout prodigieux qu'ils me paraissent, eu égard aux devis déjà faits, et aux cellules déjà exécutées en France.

On voit combien le système d'Auburn est meilleur marché que celui de Pensylvanie, l'un est plus compliqué dans son ensemble; l'autre l'est plus dans ses détails; ce qui n'empêche pas M. Blouet de donner hautement la préférence à Cherry-Hill.

Voici des arguments bien forts pour les adversaires de la réforme. Qu'on applique ce chiffre énorme de 2,136 fr. 75 c. aux cinquante mille cellules environ qui nous sont nécessaires, et nous allons obtenir un total effrayant.

Il faut réfléchir, que s'il s'agit pour nous de faire table rase, quant au système d'emprisonnement, rien ne nous oblige à renverser par le pied, et à réédifier simultanément nos dix-neuf maisons centrales de détention et nos trois cent quatre-vingt-cinq prisons départementales. La réforme, pour être possible, doit s'opérer avec prudence et circonspection, il faut y admettre le temps comme élément indispensable. Voyons comment cette œuvre pourra s'accomplir.

Au nombre des questions posées par M. le ministre de l'intérieur aux conseils-généraux des départements, était celle-ci : « Le conseil-général « est-il d'avis de l'organisation d'une maison spé« ciale de correction dans le département? Pense« t-il qu'il faille y réunir tous les correctionnels, « et cesser d'en envoyer un certain nombre aux « maisons centrales ? »

Les réponses de beaucoup de conseils généraux ont été affirmatives; les procès-verbaux n'ayant pas encore été publiés, je n'en puis offrir l'analyse; je reproduirai seulement l'avis du conseil-général d'Indre-et-Loire [1] dont j'ai l'honneur de faire partie. Oui, a-t-il dit, parce que le condamné trouve toujours au chef-lieu de son département plus d'intérêt, de secours, et de sympathie. Près des siens il sera plus accessible aux sentiments bienveillants : la réflexion, le respect humain, le retour sur soi-même, le repentir enfin, se développeront mieux près du toit paternel; les souvenirs de l'enfance, les impressions de la jeunesse se réveilleront plutôt près

1. L'auteur a été le rapporteur de la commission du conseil général d'Indre-et-Loire.

du berceau; c'est sous l'empire de ces émotions, qu'un aumônier, qu'un directeur habiles devront développer et exploiter, à l'aide d'un régime inexorable, que la réforme morale sera possible. La théorie du régime cellulaire est terrible et accablante; ne négligeons donc rien de ce qui peut rendre son application supportable et ses résultats féconds; ne joignons pas l'abandon au silence et à l'isolement.

Au chef-lieu du département, les criminels seront moins nombreux, et mieux surveillés; 200 détenus au moins, et 500 au plus, seront pour chaque pénitencier départemental un nombre suffisant; chaque département garderait ainsi ses condamnés et les traiterait au moral comme on traite dans nos hôpitaux et nos hospices les malades et les infirmes. Les sociétés de patronage exerceraient là leur zèle éclairé, et les directeurs, les surveillants de la prison auraient vis-à-vis des autorités locales, vis-à-vis des patrons et des familles des détenus, une responsabilité plus grande à garder, et une satisfaction plus douce à recevoir. Nous pensons donc qu'il en faudra venir à élever un pénitencier par département. Dans presque tous, et surtout dans les arrondissements, les maisons de dépôt, d'arrêt, de justice et de correction sont à refaire. Ces départements se chargeraient de la dépense relative aux prisonniers condamnés à moins d'un an; que le gouvernement s'en fie au zèle des localités, qu'il laisse faire, qu'il guide seulement sans entraver, et l'on verra bientôt disparaître ces sentines de vice et de corruption, contre lesquelles chacun s'élève; une noble émulation s'établira d'un bout du pays à l'autre; aucune cité ne voudra demeurer en arrière, et la réforme pénitentiaire posera ses premiers fondements là précisément où elle est le plus impérieusement nécessaire.

Le gouvernement interviendra pour les criminels, pour les correctionnels envoyés jusqu'à ce jour dans les maisons centrales; il est évident que les départements ne pourraient faire les sacrifices nécessaires pour élever un pénitencier convenable, et pour subvenir à son entretien: le gouvernement en prendrait donc sa part, et, dans une juste proportion, aiderait aux frais de construction, au moyen des fonds généraux; il prendrait à sa charge, sur les mêmes centimes centralisés, la dépense annuelle des condamnés à plus d'un an. Il y aurait en définitive un immense avantage pour l'État, car les prisons ainsi régénérées finiraient indubitablement par se suffire à elles-mêmes: le produit couvrirait la dépense.

Quant aux frais d'établissement, pourvu qu'on se renfermât dans l'adoption d'un système unique et uniforme; on y ferait aisément face avec les centimes additionnels départementaux et les souscriptions particulières faites au nom de la réforme et du progrès social, partout elles seraient productives.

Il faut ajouter les produits de la vente des anciennes prisons et des matériaux existants; et toutes les ressources dont le gouvernement dispose, au nombre desquelles il faut placer celles qu'a si justement indiquées M. Bérenger; elles se composent :

« D'abord, d'un capital de 3,000,000 francs, « provenant des masses des condamnés morts

« pendant l'accomplissement de leur peine, et qui,
« par ce fait, sont demeurées acquises au gouver-
« nement. »

De la suppression du denier de poche contre lequel s'élèvent tous les hommes qui ont étudié la réforme. M. Bérenger en porte le produit annuel à 500,000 francs, et l'attribue à l'État[1].

Et de la suppression des bagnes, qui produirait, en versant leur population dans nos prisons nouvelles, 700,000 francs.

De plus enfin, on peut calculer pour l'avenir sur l'accroissement de prix du travail organisé sur de nouvelles bases ; sur la diminution certaine des délits et des récidives ; sur l'économie des frais de nourriture et d'entretien, qui résulterait du droit de liberté provisoire accordé à tout citoyen domicilié, pour les délits n'entraînant pas plus de cinq ans de détention, sous la responsabilité morale du juge et de la police. L'amnistie a été une excellente économie.

La réforme est donc matériellement possible. Qui le nierait? Ce n'est pas lorsqu'on gaspille tant

1. Voyez le Mémoire de M. Bérenger, pages 102, 115 et 117.

de millions qu'on pourrait élever comme un obstacle la question d'argent. Le gouvernement doit aujourd'hui se rendre aux vœux du pays, et le guider dans les voies d'une des plus nobles entreprises des temps modernes.

CHAPITRE XII.

Suite du confinement solitaire absolu. — Enseignement religieux, moral, élémentaire et industriel. — Exercice d'une profession dans la cellule.

Le système de Philadelphie présente encore au premier aspect de sérieuses difficultés.

« Les détenus étant toujours isolés, il n'est « pas facile de leur apprendre une profession, « d'établir une école, ni de donner une instruc- « tion religieuse en commun; n'est-ce pas presque « dire que l'on y renonce au travail et à l'instruc- « tion primaire et religieuse? Quels seraient chez « nous les avantages d'un travail sans profession « et qui se bornerait à tresser de la paille, ou à « éplucher de la laine, du coton, etc., etc.? Quel « serait le fruit d'une instruction individuelle, « quand plus de mille détenus sont réunis dans

« un même établissement? Cependant ce système « est regardé comme une conception de la plus « haute philosophie [1]. »

Il est très vrai que la séquestration absolue s'oppose à tout enseignement simultané, religieux, moral, élémentaire et industriel, qu'il entrave l'exercice de certains métiers et de certaines professions utiles, qui exigent le concours de plusieurs personnes. Mais, pour conserver les avantages et les facilités de l'enseignement mutuel, élémentaire et industriel, faut-il maintenir les inévitables inconvénients de l'enseignement mutuel du vice et du crime? Je ne parle pas de l'enseignement religieux simultané, il ne peut fructifier dans une prison. Considérons qu'il ne s'agit pour nous d'élever, ni des fabriques, ni des colléges, mais des prisons répressives et réformatrices.

C'est d'abord comme moyen d'ordre et de moralisation que nous admettons, dans la cellule, le

1. Du régime pénitentiaire en Amérique et en France, Maison centrale de Beaulieu. Mémoire publié dans les Annales d'agriculture et de commerce du Calvados.

travail, l'instruction, l'exhortation morale et les consolations religieuses. L'exercice même du culte catholique sera possible avec le régime cellulaire. En Amérique, où l'on sait le prix du temps, la valeur du travail et l'importance des devoirs religieux, on a trouvé le moyen d'aplanir toutes ces difficultés qui paraissent insurmontables. Ces beaux résultats sont le triomphe du système pensylvanien.

Le but principal n'est donc pas d'obtenir un travail productif, mais une occupation salutaire. Rien ne s'oppose néanmoins à ce qu'on réunisse ces deux avantages.

Pour en concevoir la possibilité, il faut bien se rendre compte des effets de la vie cellulaire, et en croire ceux que l'expérience a instruits; examinons-en donc les faces diverses, car tout est admirablement calculé dans l'ensemble et dans les détails de ce vaste système.

A son arrivée à Cherry-Hill, le condamné est visité par un médecin, il est lavé, revêtu d'un habit uniforme, et conduit, la tête voilée, jusqu'au centre de la prison. C'est dans les ténèbres qu'il arrive jusqu'au directeur, qui le reçoit sévèrement, lui explique la règle de la maison, l'exhorte à la résignation, et lui fait comprendre l'impossibilité d'échapper au plus impérieux de tous les jougs, celui de la nécessité!

On conduit ensuite le condamné dans sa cellule, on lui découvre les yeux et on l'enferme. Là, sans travail, sans livres, il reste seul avec ses réflexions, seul avec son crime et ses terreurs. Le plus léger bruit extérieur ne vient pas même le distraire.

« Les roues des voitures de service, au lieu « d'être ferrées, sont garnies de cuir pour faire « le moins de bruit possible. Les gardiens eux-« mêmes, autant pour la surveillance que pour « se conformer au règlement général, portent « des chaussons de laine, et marchent ainsi sans « être entendus [1]. »

Le détenu sait, en entrant dans sa cellule, qu'il n'en sortira que le jour de sa libération! Et sur cette double porte qui vient de se refermer sur lui pour des années, un numéro placé *devient sa*

1. Rapport de M. Blouet, page 60.

seule désignation; il n'entendra plus prononcer son nom!

La première impression est terrible, l'ame en est ébranlée, la rage et le désespoir éclatent d'abord, puis l'abattement et l'ennui surviennent, puis la soumission, et au bout de trois, quatre, huit jours au plus, le criminel, las de la solitude, de l'inaction et de lui-même, demande du travail; il en demande avec instance, et on lui en accorde avec discernement, «d'après son caractère « et ses antécédents, la nature de son crime et « son degré de docilité. Ainsi l'ouvrage et les « livres lui sont donnés comme une faveur, et « lui sont retirés par voie de châtiment. »

Si le prisonnier sait un des états exercés dans l'établissement, on lui permet de le pratiquer; s'il n'en a pas, on lui en désigne un qui lui est enseigné par un des gardiens. Tous les gardiens doivent être suffisamment instruits dans les états qu'ils surveillent et qu'ils enseignent. En général « la solitude développe tellement l'intelligence et « l'activité des détenus, qu'à un petit nombre « d'exceptions près, il a été inutile de leur fixer

« une tâche, et que très peu de temps est néces-« saire pour les rendre capables de travailler [1]. »

Les gardiens sont donc en même temps les contre-maîtres des détenus; ils ne surveillent jamais plus de trente à quarante cellules. Le système de confinement solitaire est parvenu aujourd'hui à un tel degré de perfection dans les dispositions architecturales, qu'avec peu de gardiens on obtient une inspection parfaite.

Dans chaque cellule, chaque détenu peut exercer la profession qui lui convient; le nombre et la variété de ces professions est énorme; *de plus, possesseur d'une industrie individuelle*, il se procurera facilement, à sa sortie, le moyen de l'utiliser [2].

Un de nos meilleurs industriels, M. Pradhier[3], en adressant à M. Demetz la note des métiers qui pourraient facilement s'exercer dans une cellule, affirme « que le travail de l'homme isolé « doit être mieux fait que celui des ateliers, parce

1. Rapport de M. Demetz, art. 200.

2. Rapport du même, page 37.

3. Coutelier, rue Bourg-l'Abbé, n° 13.

« que, n'ayant aucun autre moyen de distrac-« tion, il sera forcé de faire du travail une oc-« cupation permanente, et que le perfectionne-« ment deviendra le résultat nécessaire de cette « occupation.

« Ce généreux citoyen s'engage à faire travail-« ler à son compte 25, 50, 100 prisonniers iso-« lés, suivant la contenance de la prison, et je « suis persuadé, dit-il, que tous les fabricants ne « tarderaient pas à suivre mon exemple. »

Il porte à 78 le nombre des professions possibles dans l'isolement, et de plus :

« Une infinité de travaux pour les troupes de « terre et de mer, ainsi que beaucoup d'autres « qui échappent à ma pensée[1]. »

Tout ce qu'on vient de lire pour l'apprentissage de la main-d'œuvre, est aussi vrai pour l'instruction élémentaire. Répétons ce que nous avons déjà fait observer, qu'il ne faut pas toujours et uniquement considérer le présent, mais encore l'avenir, et que, dans chaque commune

1. Rapport de M. Demetz, page 141. Voyez les notes à la fin du volume, note (51-J).

de France, nous venons d'instituer une école. Les principes de la lecture et de l'écriture seront donc bientôt généralement répandus. Quant à leur application dans nos pénitenciers, les conseils et les guides ne manqueront pas aux détenus. Lorsqu'ils se seront vaincus eux-mêmes, lorsque la première et la mauvaise période de l'emprisonnement sera passée, alors que la réflexion arrive et que le besoin du travail se fait sentir, oh! alors de bons aides viendront aux condamnés! Le directeur, l'aumônier, les inspecteurs et patrons, le médecin, les employés, les visiteurs officiels, pourront entrer dans les cellules en observant les dispositions réglementaires.

On voit qu'avec cette faculté, la séquestration n'est plus aussi absolue, aussi contre nature qu'on se l'imagine. Le prisonnier n'est isolé que du vice, mais il peut encore voir des hommes de bien, s'entretenir avec eux, recevoir des leçons et des exemples de morale et de vertu. Parmi les employés, les surveillants et les patrons, on lui procurera des maîtres élémentaires avec le concours d'un instituteur primaire passant une fois par semaine dans chaque cellule. La solitude et la bonne volonté suppléeront à la fréquence et à la durée des leçons. Aucune distraction n'entravera les progrès des condamnés.

J'arrive à l'enseignement moral et religieux, simultanément offert à des hommes réunis. En Amérique, on y a renoncé. A Auburn, où tout se fait en commun pendant le jour, hormis les repas, les chances de conversion sont nulles.

« L'instruction morale y est impossible, les
« détenus étant sans cesse distraits de la mé-
« ditation par la présence de leurs compagnons;
« cette présence seule est pour eux une cause
« de résistance et de désordre, et un encourage-
« ment à l'insubordination.

« L'instruction religieuse y est encore moins
« praticable, soit qu'une prière ou un sermon
« faits en commun n'aient aucune action sur des
« esprits profondément corrompus, soit que
« l'exhortation ait besoin d'être appropriée au
« caractère de chaque détenu.

« A Philadelphie, l'instruction morale et reli-
« gieuse n'est troublée par aucune cause de dis-

« traction, il est permis d'y étudier le caractère « et le tempérament du condamné, et de lui « adresser les conseils et les encouragements de « nature à faire impression sur son cœur, d'après « ses antécédents, ses habitudes et son éduca- « tion [1]. »

Mais on ne peut avoir, dit-on, *des aumôniers allant de chambre en chambre* [2].

Non, sans doute, un aumônier ne peut se charger seul de convertir à la vertu 500 criminels pris isolément. Mais dans l'organisation perfectionnée du système de Cherry-Hill, tout doit l'aider, et concourir à ce but; il trouvera des auxiliaires dans la personne du directeur, dans celle des inspecteurs et des surveillants; car ce ne sont plus des mercenaires ni des repris de justice qu'il faut appeler à ce rôle; ce sont des hommes dévoués qu'il faut trouver et créer. Jusqu'à ce jour, les condamnés ont perverti les surveillants, il faut que désormais les surveil-

1. Demetz, pages 41 et 42.

2. M. Delaville de Mirmont, Observations sur les Maisons centrales, page 78.

lants convertissent les condamnés. Je crois que les soins et l'influence d'un médecin philantrope et éclairé peuvent aussi faire beaucoup de bien dans un pénitencier; pour prendre sur un homme un véritable ascendant, il est aussi nécessaire de connaître son tempérament que son caractère.

Ce serait encore une erreur d'imaginer que les sons d'une pieuse exhortation, que les accents d'une sainte prière ne peuvent pénétrer dans l'intérieur de chaque cellule.

« Un rideau placé au milieu de la galerie, « permet de laisser toutes les portes des cellules « ouvertes, et les détenus, sans se voir, peuvent « profiter des leçons du chapelain [1].

« Tous les dimanches, dit M. Blouet, un prêtre « vient faire dans chaque galerie une instruction « qui, bien qu'adressée à tous les détenus, ne « leur parvient cependant que particulièrement.

« Le prédicateur se tient à l'extrémité du cor- « ridor, près du pavillon central, dont on ferme « la porte pour qu'aucun son ne s'échappe. »

1. Demetz, page 42. Rapport de M. Blouet, pages 60 et 61.

Cette prédication ne pourrait suffire encore au culte catholique, il faut que, tous les dimanches, chaque détenu puisse entendre la messe sans sortir de sa cellule. Je crois la chose possible.

A l'extrémité de chaque galerie, sur laquelle s'ouvre un double rang de cellules, on peut pratiquer un sanctuaire dont les portes à larges battants, se développant de chaque côté, laisseraient apercevoir un autel; le rideau tiré au milieu de la galerie ne permettrait pas aux détenus de se voir réciproquement. Chaque porte n'étant ouverte que dans une largeur de cinq pouces au plus, l'œil de chaque détenu, à genoux dans l'embrasure, ne pourrait se diriger ailleurs que du côté de l'autel.

La porte étant fixée par une barre de fer dans cette ouverture de 5 pouces, le prisonnier ne pourra tenter de sortir de sa cellule, les gardiens et surveillants, assistés de quatre agents de la force armée, surveilleront avec vigilance pendant la durée de l'office, qui se renouvellera dans chaque galerie.

Nul détenu ne sera contraint d'assister à l'office divin, ni d'écouter une exhortation religieuse : la porte de la cellule de chaque dissident restera fermée s'il en manifeste le désir. Le protestant et le juif recevront les instructions et les secours spirituels de leurs pasteurs et de leurs rabbins; ils jouiront, comme le catholique romain, de l'exercice de leur culte et de la liberté de leur conscience. L'accomplissement de tout devoir religieux sera facultatif.

A dater du jour où l'on n'a plus obligé les prisonniers de la Conciergerie d'aller à la messe, ils s'y sont rendus avec plus d'empressement, et s'y sont tenus plus décemment.

Le prêtre dira la messe à haute voix, et fera tous les dimanches retentir ces tristes voûtes de quelques chants sacrés; les sons d'un orgue placé dans chaque corridor viendront s'unir à ses graves accents et à ceux des chantres, et vibreront harmonieusement dans ces ames désolées. L'aumônier complètera sa charitable mission, dont j'ai signalé plus haut les difficultés, les fatigues et les sacrifices, en allant tous les jours verser dans un certain nombre de cœurs, à lui connus, toutes les lumières, tous les conseils, toutes les consolations qu'un homme éclairé, bon et convaincu, peut répandre dans un tel lieu. Chacun attendra son tour avec impatience, avec espoir, et cette voix dont se rit l'homme heureux, cette parole de Dieu que repousse l'indifférent, descendront là, comme un bienfait du ciel, et cet humble pasteur que nos criminels endurcis insultent encore au pied de l'échafaud, sera désiré, écouté, obéi, aimé de ces grands pécheurs convertis par l'infortune et la charité.

Mais comment juger de la sincérité de ces conversions!

« Le détenu absolument isolé se trouve dans « un état complètement négatif, il n'est soumis « à aucun devoir particulier dont l'accomplisse-« ment puisse annoncer la ferme volonté de se « corriger.

« Visité rarement et à de courts instants, il « paraîtra résigné, et pourra même prononcer « quelques paroles d'un hypocrite repentir... [1]. »

1. Mémoires de M. Bérenger, page 142.

Non, dans notre pénitencier, l'hypocrisie n'aurait rien à gagner, et serait facilement démasquée. Le directeur aura seulement le droit d'accorder comme récompense à la bonne conduite et à l'amendement des détenus, l'usage de quelques meubles utiles et commodes, dans la cellule; la faculté d'en orner les murs de quelques dessins ou gravures, et de la garnir de quelques fleurs.

Dans certains cas et à certains condamnés, le directeur pourra aussi communiquer la correspondance des plus proches parents, quand elle sera de nature à faire naître d'utiles réflexions. Les prévenus seulement, pourront recevoir, dans un parloir, la visite de leurs parents, et celle de leurs défenseurs; ils y seront conduits par leurs gardiens. Ils auront les yeux bandés pendant le trajet de la cellule au parloir, et du parloir à la cellule.

Aucun autre adoucissement dans la prison, aucun privilége, aucune exception à la règle commune n'intervertiront l'ordre, et ne porteront atteinte au principe de l'égalité pour tous, dans l'application de la peine ; où se réaliserait donc ce principe écrit, si ce n'est sous le niveau de la condamnation judiciaire ? Si le détenu se livre avec ardeur au travail, c'est qu'il y trouve du calme et des consolations, car nous demandons la suppression du denier de poche, qui n'aurait pas d'emploi dans la cellule. Nous proscrivons la pistole et la cantine, incompatibles avec toute réforme pénitentiaire, et métamorphosant les geôliers en cabaretiers, en spéculateurs qui vivent d'abus et d'arbitraire : c'est renoncer aux moyens d'espionnage et de délation, je le sais, mais le régime cellulaire rend inutiles toutes ces vieilles ruses [1]. Nous n'admettons même pas le système des grâces et des remises de peines, parce qu'il est trop souvent mal appliqué, parce qu'on en abuse, que la faveur en altère le but et en gâte les résultats, parce qu'il entretient dans le cœur des condamnés une espérance qui leur laisse entrevoir un autre terme à leurs

1. En bannissant de la prison la pistole et la cantine, le conseil-général d'Indre-et-Loire pense cependant que, sur l'autorisation du procureur du roi et sur sa responsabilité, une nourriture plus soignée pourrait être apportée du dehors, seulement *aux prévenus* qui le demanderaient.

maux que la conversion morale. Avec ce système on ne redoute pas l'hypocrisie! Le détenu ne travaille que pour se créer des ressources à venir, car le salaire soldera d'abord son entretien dans la prison, et lui formera une masse de réserve qui lui sera remise à sa sortie. S'il est calme et résigné, serein et laborieux, c'est donc que le repentir est entré dans son ame, c'est donc qu'il est touché, c'est qu'il a puisé dans la voix de sa conscience cette satisfaction intérieure, dont on peut jouir jusque dans la prison, et qu'on trouve partout dans l'accomplissement de son devoir! Car le détenu dans sa cellule a encore des devoirs à remplir : à la manière dont il observera la règle du silence, du travail et de la propreté, à la manière dont il recevra les exhortations morales et religieuses, à son attitude, à sa physionomie, à son langage, le cœur se trahira, la vérité se fera jour. Nous l'avons déjà dit, il ne faut pas considérer le prisonnier comme un être absolument isolé, il sera souvent visité et étudié : au moment où il s'y attend le moins, il est surpris et observé, il ne peut échapper à cette permanente surveillance, il lui est presque aussi difficile de mal penser sans être deviné, que de mal agir sans être vu.

Cette impossibilité de mal faire a préoccupé M. Charles Lucas.

« L'infaillibilité de cette discipline détruit « en elle le caractère pénitentiaire; car ce n'est « pas par la force morale, mais par la force ma« térielle, qu'elle se meut. Ce n'est pas la volonté « du bien, mais l'impuissance de mal faire qu'elle « impose au détenu. »

Eh! qu'importe à la société comment le bien s'est semé, pourvu qu'elle le recueille? plût au ciel que nos lois plaçassent tous les hommes dans la même nécessité, et qu'au lieu de s'exercer uniquement à punir les crimes, le législateur s'occupât aussi des moyens de les prévenir!

« La discipline de Philadelphie, oubliant qu'elle « a pris le détenu dans la société, qu'il faudra « bientôt l'y rendre, et qu'elle doit le préparer à « vivre avec ses semblables, jette l'homme entre « quatre murs, et par l'impossibilité matérielle « de nuire, qu'à lui seul, s'imagine apparemment

« lui avoir donné l'habitude de ne plus faire « tort à son prochain [1] ! »

Si cette discipline se bornait effectivement à jeter l'homme entre quatre murs, le reproche serait fondé; mais il n'en est pas ainsi: ce n'est pas pour se débarrasser du coupable qu'on l'enferme et qu'on l'isole; c'est au contraire pour s'emparer de lui, pour captiver son ame et la régénérer. J'espère le prouver dans l'examen d'une objection beaucoup plus grave, soulevée par M. Charles Lucas, dans sa Théorie de l'Emprisonnement, et qui mérite la plus sérieuse attention.

1. Charles Lucas, de la Théorie de l'Emprisonnement, pages 122 et suivantes.

CHAPITRE XIII.

Examen philosophique des conséquences et des résultats moraux de la séquestration cellulaire.

« La sociabilité, dit M. Charles Lucas, est, « dans la création, la loi de l'espèce humaine.

« Approuver l'isolement de la cellule, c'est ne « voir que le détenu dans la prison, sans songer « plus tard à l'homme dans la société; c'est créer « une existence contre nature, si inutile, alors « même que le détenu s'y acclimaterait, parce « qu'il doit en reprendre une autre à l'heure de « sa libération, mais si dangereuse s'il ne fait « qu'en subir le joug avec l'impatience des be- « soins et des penchants de la sociabilité, jus- « qu'à l'époque où il pourra le briser.

« Le système pénitentiaire est un système d'é- « ducation qui s'adresse à l'homme; peut-il rai-

« sonnablement agir contre le vœu de la na-« ture!... dès que l'éducation rencontre l'homme « dans le détenu, elle n'a qu'à combattre l'abus, « et non la loi de la sociabilité. »

La discipline de Philadelphie ne paraît (à M. Lucas) « qu'un anachronisme, que repousse « l'esprit philosophique de notre époque... C'est « une espèce de mutilation de l'homme qui doit « le rendre impropre à la vie sociale, et le former « exclusivement à la vie ascétique : c'est la vieille « discipline du couvent! etc., etc. [1] »

Le premier devoir, comme le premier droit de toute société bien organisée, c'est de veiller à sa conservation, et d'y pourvoir par les moyens les plus énergiques et les plus sûrs. Nous avons rappelé que dans des siècles d'ignorance et de fanatisme on avait dû proportionner la barbarie des supplices à la barbarie des mœurs. Nous avons rappelé combien il fallut de temps pour qu'on s'aperçût que le fer et le feu délivraient du criminel et ne délivraient pas du crime! puis

1. Charles Lucas, de la Théorie de l'Emprisonnement, pages 122 et suivantes.

nous avons suivi les progrès de la civilisation, nous avons vu les lois sanguinaires se modifier; puis enfin leur abolition réclamée par des hommes généreux, au rang desquels je m'empresse de placer M. Charles Lucas. Il est sans doute aussi convaincu que moi que la guillotine est le grand *anachronisme* de nos jours! J'en réclame aussi la suppression... Mais à la condition expresse de ne pas désarmer la justice, et de lui donner au lieu d'un glaive émoussé, un moyen de répression plus actuel, plus humain et plus efficace.

Ce moyen, c'est la séquestration absolue du coupable. La cellule solitaire, peut seule remplacer la peine de mort, et l'adoption de l'un de ces systèmes ne se fondera réellement que sur l'abolition de l'autre. Une fois l'échafaud brisé, tous les esprits, tous les efforts se dirigeront vers l'application et le perfectionnement de la réforme pénitentiaire. L'emprisonnement, qui n'avait été jusqu'à ce jour que l'accessoire et le préliminaire de la peine, va devenir la peine elle-même; il faut donc se pénétrer de son importance, et compléter cette peine afin qu'elle remplisse le but qu'on se propose d'atteindre, la punition exemplaire du criminel, la diminution du crime, et la moralisation de la société. Gardons-nous donc bien, en matière si grave, de proposer des demi-mesures, et de nous arrêter à de fausses considérations.

Je pense avec M. Lucas que l'isolement, comme moyen d'éducation, préparerait mal à la vie sociale : mais, comme moyen coërcitif et préservateur, je le crois infaillible sur l'homme égaré, pervers et corrompu, qui, élevé, protégé par la société, vivant sous l'égide de ses lois, s'insurge contre elle, l'attaque à force ouverte, et devient dangereux pour l'ordre public. C'est alors que le pouvoir social, auquel chacun de nous a confié sa part de droits, à la condition de garantir ceux de tous ; c'est alors, dis-je, que la police humaine doit saisir le coupable, et le livrer à la justice qui, ne voulant pas faire expier le sang par le sang, isole cet être presque toujours aussi malheureux que criminel, l'enferme, et le sépare à la fois des meilleurs et des plus méchants que lui. Tout, dans cette marche, est conforme à la raison, à la justice et à la religion.

En agissant ainsi, vous ne mutilez pas, vous n'abrutissez pas l'homme, comme on l'a prétendu, vous ne lui enlevez ni sa conscience, ni son libre arbitre, ni l'énergie de sa volonté intérieure! sa puissance intellectuelle est si forte et si grande, qu'entre des murs d'airain, sous mille verrous, il est toujours maître de lui; son destin à venir est encore dans ses mains! il réfléchit, il hésite et balance entre le bien et le mal, le choix lui appartient; il n'a pas d'oppression morale à redouter, — *l'indépendance dans la cellule*, a dit un jour M. Dupin aîné, *mais, c'est une liberté.... — c'est mieux peut-être!* M. Dupin avait raison : ce qu'il y a de plus sublime au monde, c'est l'héroïsme du cœur, triomphant des maux du corps! C'est la liberté de l'ame aux prises avec la souffrance et l'adversité!

Il est vrai que le premier moment de la vie cellulaire est horrible! Rappelez-vous ce condamné que j'ai montré la tête voilée, parvenant à travers de longs détours dans un étroit espace!

Un double bandeau, celui de la prison, et celui des passions qui l'y ont conduit, tombe de ses yeux : une porte qui le sépare du monde se ferme pesamment sur lui : le voilà seul.... cloué, rivé dans un tombeau!

Naguère, il a vécu de cette vie dévorante et agitée du criminel, la plus dure et la plus variée de toutes les existences, la plus fertile en émotions et en évènements!

Hier on l'a jugé! le grand jour de l'audience, la vue de la foule, les regards du public, la voix de son défenseur, ont soutenu son courage, et excité son audace. Il a nié son forfait, ou bien il s'en est fait gloire, il a bravé ses juges, on l'a condamné! — Dans son délire, il s'est ri de la justice humaine, et ne s'est pas souvenu des lois divines!

Aujourd'hui tout change : plus de bruit, plus d'éclat, plus de témoins de son héroïsme, l'heure du triomphe et de la forfanterie est passée, il ne s'agit plus d'étonner l'auditoire par un plaidoyer poétique et impudent, ni d'obtenir encore une fois les applaudissements de la foule, ni même de subir, sur un dernier tréteau, cette sorte de supplice dont les apprêts seuls ont quelque chose d'étonnant, dont la durée est d'une seconde, et dont le seul tourment est l'incertitude!

Le criminel est dans sa cellule! Là, plus d'illusions possibles, le mensonge y est inutile, la colère ridicule, la rage impuissante, la révolte et l'évasion impossibles! Tout l'échafaudage de l'orgueil s'écroule, l'homme terrible et furieux s'apaise : ce n'est bientôt plus ce cœur inaccessible.... c'est une ame bourrelée, flétrie, abattue, condamnée à vivre sous la double enveloppe d'un corps souffrant et de quatre murailles solitaires, infranchissables, qui ne répètent pas même l'écho d'un son! Les heures, les jours se passent; toujours le même silence et la même solitude! Ce contraste écrasant, cette inflexible uniformité, mettent l'homme aux abois; rien ne le distrait de lui-même! Le terme de ses souffrances est tellement éloigné, qu'il ne le considère qu'avec terreur. Il mesure le temps aux ravages qu'il produit sur sa personne : ses cheveux blanchiront, son front se couvrira de rides, et ses yeux se creuseront avant qu'il franchisse le redoutable seuil du pénitencier!

Ce cruel moment d'épreuve agit différemment sur le coupable, selon sa nature et ses antécédents. Bien des chemins conduisent au crime; il est de fatales circonstances qui nous y poussent et nous y engagent malgré nous; il est de beaux caractères, d'ardentes imaginations que l'occasion eût élevés jusqu'à l'héroïsme, et que le malheur a plongés dans la scélératesse! Il en est d'autres que l'aisance ou la possession du nécessaire eussent laissé vivre calmes, ignorés et honnêtes, et que des besoins factices, des vices honteux, la misère et la nécessité, ont entraînés dans la voie des délits et des violences. Chaque détenu luttera suivant ses facultés et son tempérament, selon que les habitudes du mal auront été depuis plus ou moins long-temps enracinées chez lui; mais quel qu'il soit, fort ou faible, jeune ou vieux, brut ou philosophe, il faut qu'il cède! Les premières impressions d'un emprisonnement solitaire produisent une explosion de fureur et de rage, qui s'exhale en menaces, en projets de vengeance, auxquels succède le désespoir! Un état aussi violent ne peut durer ni s'aggraver; au terme du paroxisme il va décroissant; la lassitude, l'ennui, le sentiment de la conservation produisent l'accablement; le vice n'est pas dompté, mais il est abattu! Brisé par ses efforts, il capitule avec lui même, il est prêt à se rendre!

La seconde période de l'isolement commence: alors le moment d'agir est arrivé, le directeur vient trouver le détenu dans sa cellule: juste, digne et sévère, il lui parle avec bonté, et, s'il est satisfait du coupable, il lui accorde du travail que le malheureux accepte toujours avec reconnaissance.

Des mutilations, des coups, des dégradations et des fers, auraient pu faire ployer le corps du criminel, mais pas son cœur! La secousse morale a produit plus d'effet, elle a violemment rompu tous les liens, toutes les relations, toutes les habitudes du condamné, elle a renversé l'ordre de ses idées, elle a frappé son intelligence: le prisonnier sent douloureusement son isolement, il se voit éloigné des siens, abandonné, oublié peutètre! mort pour un temps, le monde ignore ce qu'il devient, comme il ignore ce que devient le monde! son attention se reporte sur lui-même et sur les ètres qui l'entourent. Ils sont muets et silencieux, bons, mais froids et impassibles, justes, mais inexorables : il est forcé de leur obéir, car il en a besoin : il écoute volontiers leur moindre parole, car ils en sont avares, et les voix humaines sont douces à son oreille. Elles sont l'unique distraction de sa solitude! La solitude...... on la conçoit, on l'envie dans le désert, sur la cime des monts, en face des merveilles de la nature, quand, bercé par le bruit des vagues, on voit, à ses pieds, le soleil se coucher au sein de l'Océan, et sur sa tête tous les phares lumineux du ciel s'allumer, et briller d'un reflet protecteur! On conçoit l'homme seul, délivré de tous les embarras de la vie, demandant sa nourriture à la terre, buvant l'eau du rocher, respirant la rosée du matin, et la brise du soir, entouré d'animaux apprivoisés par lui, errant au gré de ses caprices, portant, selon sa volonté, son gîte et ses pensées du fond de la vallée au sommet du roc le plus élevé..! Mais la solitude obligée dans un espace de huit pieds sur six, entre quatre murailles maçonnées, la solitude avec des heures fixées pour de tristes repas, pour des travaux périodiques, pour une vie monotone, la solitude sur un lit où l'on se réveille aussi meurtri qu'on s'est couché ! c'est un supplice étrange et terrible dont l'homme heureux ne peut se figurer les angoisses !

Tout est donc nouveau dans l'ermitage de la pénitence : aucun mot grossier ne frappe l'oreille du détenu ; plus de joies brutales, point de mauvais traitements ! l'homme qui l'aborde est grave, il lui parle un langage inconnu, ou depuis longtemps oublié : c'est l'arbitre de son sort, c'est le chef de la prison qui pourrait aggraver ses maux, et qui vient souvent les adoucir et lui rappeler les principes de la modération et de la raison. Il l'exhorte à la patience, à la résignation, et lui accorde un travail utile et profitable, car la somme qu'il doit recevoir à sa sortie sera le prix de ses sueurs et de son activité ! C'est un but offert aux efforts du pauvre reclus; l'idée de cette ressource qu'il se prépare à lui-même entretiendra son ardeur et sa santé, car il calcule déjà le prix de son temps, et les journées lui paraîtront moins longues.

Après le directeur vient l'aumônier dont la voix amie console et soutient son frère, presse ses mains, partage ses maux, fait couler ses pleurs, verse dans son sein tous les trésors de la foi, de l'espérance et de la charité : lui prêche le repentir, l'amour de Dieu, le retour au bien, et lui laisse pour consolation la prière, l'évangile et les livres saints!

Nous avons vu que le premier effet du confinement solitaire est d'accabler l'homme, le second est de le relever. Alors son énergie se réveille, il s'affranchit du passé, il surmonte par la volonté l'esclavage de la prison, il est libre sous les verrous ! il a conquis le repos par la résignation! dans ce calme forcé, dans ce cercle sans fin, d'inconcevables mystères s'opèrent dans l'ame du prisonnier : ses souvenirs l'oppressent, sa conscience l'obsède : dans le silence et le recueillement, il voit, il sent ce que jusqu'alors son intelligence n'avait pu comprendre. La solitude est bonne après le tumulte et les excès d'une vie coupable, c'est une halte des passions, pendant laquelle l'homme respire, et calme son sang ; il y puise un nouveau courage, il s'y mûrit, il s'y fortifie par la méditation. C'est alors que le criminel rentre en lui-même, qu'il retourne au monde par l'imagination ; il y reprend sa trace, il analyse sa vie, il se confesse à lui-même, et s'étonne, en lisant pour la première fois dans son cœur, de se trouver si coupable.

Que d'hommes ont commencé tard à vivre de la vie intellectuelle ! Que d'hommes n'eussent jamais jeté sur eux-mêmes un regard rétrospectif, et n'eussent jamais, selon l'expression de M. Portalis, substitué des principes à des passions, si la nécessité ne les y avait contraints ! Le système cellulaire sert l'homme à son insu, en le plaçant dans la nécessité de résumer en lui ses pensées. Il ne peut se dissimuler que ses fautes ont causé son malheur : c'est à son passé qu'il doit les tourments du présent ! C'est donc vers l'avenir que doivent se diriger toutes ses espérances ! Alors il reconstruit dans sa pensée une vie nouvelle, il ne se révolte plus contre la peine qu'il subit : sa raison lui en fait accepter les conséquences. S'il est convaincu de ses torts, il est évident qu'il s'en repentira.

Ce ne sont pas seulement mes opinions et mes sentimens que j'exprime ici ; ce sont des vérités puisées dans l'étude du cœur humain, et constatées par l'expérience : ce sont des faits recueillis dans la cellule américaine par MM. de Tocqueville et de Beaumont.

Là, disent-ils, *pour la première fois, le détenu verse des larmes*, il s'émeut facilement et ne rougit pas de sa douleur. « Ah ! s'écrie l'un d'eux, ici du moins, personne ne peut me voir ! »

Dans la cellule de Philadelphie, M. de Beaumont en interroge un autre.

« Son ame est changée, il trouve une sorte de « plaisir dans la solitude, il n'est tourmenté que « par le désir de voir sa famille, de donner à ses « enfants une éducation morale et chrétienne, « chose à laquelle il n'avait jamais songé ! »

Et cet homme fut un meurtrier !

« Cet été, dit-il, un grillon est entré dans ma « cour, il me semblait avoir trouvé en lui un com-

« pagnon. Lorsqu'un papillon, ou tout autre ani-
« mal, entre dans ma cellule, je ne lui fais ja-
« mais de mal [1].... »

La captivité solitaire agit-elle donc infailliblement sur les êtres les plus féroces? Adoucit-elle l'homme le plus cruel, comme elle adoucit les tigres et les lions auxquels on livre, dans une cage de fer, une proie vivante? Au lieu de la déchirer et d'en faire sa pâture, l'animal carnassier l'épargne, et s'en fait un compagnon d'infortune!

Je n'abaisse pas l'homme par cette comparaison : il a ses instincts comme les autres créatures, les conditions physiques et les impressions morales les modifient. C'est pourquoi l'on remarque à Philadelphie que *la tournure des esprits devient grave et religieuse.*

« *Je n'ai jamais trouvé qu'ici du plaisir à*
« *travailler, à lire la Bible, et à entendre des dis-*
« *cours religieux*, » répond un détenu à MM. de Tocqueville et de Beaumont; et lorsque ces messieurs demandent à un autre si ce régime

1. Enquête sur le Pénitencier de Philadelphie, Système pénitentiaire aux États-Unis, page 319.

est aussi rigoureux qu'on l'assure, il répond :

« Non; cela dépend de la disposition d'esprit « de celui qu'on y renferme; si le condamné prend « mal l'emprisonnement solitaire, il tombe dans « l'irritation et le désespoir. Si au contraire il aper- « çoit tout de suite l'avantage qu'il peut tirer de sa « position, elle ne lui paraît pas insupportable. »

Les effets de la cellule sont donc certains, ils se reproduiront sur les hommes de tous les pays; partout les résultats seront les mêmes, pourvu qu'on apporte à l'application du système et à l'observation de la discipline la même religion, la même exactitude. Déjà nous en pouvons juger en France par les épreuves faites dans les nouvelles voitures cellulaires.

Un des forçats conduits à Brest par ce nouveau moyen de transport, *Chartier*, récidiviste condamné aux travaux forcés à perpétuité, fut interrogé par un fonctionnaire, dans une des villes que traversait la prison ambulante : « Comment vous trouvez-vous? lui demanda le fonctionnaire.

« Trop bien, répondit Chartier.

« Comment! trop bien ?

« Oui ! trop bien pour mon corps... car comme « ça, je n'ai pas le droit de me plaindre, et ce- « pendant ce voyage est horrible. Tenez, j'ai été « de la chaîne moi, j'ai été pendant vingt-cinq « jours le collier de fer au cou; hé bien, j'aimerais « mieux deux fois le même voyage que celui-là.

« Et pourquoi?

« Ah! pourquoi, c'est qu'alors je n'étais pas « seul; c'est que je savais où j'étais : je voyais, « j'entendais, je parlais, et même un jour, j'ai fait « un discours sur la route; ici je ne vois rien, « je n'entends rien, je ne peux pas parler....

« Je voudrais qu'on ne me réveillât pas, « même pour me donner à manger.... Au moins « quand je dors, je ne pense à rien, mais quand « je suis réveillé, *il faut bien que je pense*, puis- « que je n'ai que cela à faire !

« Hé bien?

« Hé bien.... à force de penser, il me semble « que çà me donne du regret de ce que j'ai « fait.... à la longue, voyez-vous, j'aurais peur « de devenir meilleur.... et je ne veux pas !... Si je « n'étais pas condamné à vie, je demanderais

« un an de bagne de plus, et l'autre voyage[1] ! »

Le vieil habitué de la prison et du bagne n'a subi que trois jours de cellule, pendant lesquels il n'a pu échapper à lui-même : il s'est vu contraint de penser ! et déjà ce régime lui paraît insupportable.

Le reclus américain, soumis depuis long-temps au confinement solitaire, répond à M. de Tocqueville :

« Ah ! monsieur, la solitude est le plus affreux « supplice qu'on puisse imaginer ; mais, s'il est « un système qui puisse porter les hommes à ren« trer en eux-mêmes et à se corriger, c'est celui-là. »

C'est un détenu qui parle ! C'est le patient qui juge ainsi le tourment qu'on lui inflige, et qui le supporte, parce qu'il est juste et mérité, parce qu'il sent déjà l'heureux changement qui s'opère en lui-même.

Sans doute, les rechutes seront fréquentes, la lutte sera longue et la victoire incertaine ; les mauvais penchants, les vices enracinés, l'emporteront souvent sur les meilleures résolutions ; le

1. Extrait de la *Gazette des Tribunaux*, du 22 juillet 1837.

condamné se découragera quelquefois : les hommes chargés de sa conversion ne se décourageront jamais; il faut qu'autour de lui tout le monde ait raison, et que lui seul ait tort! il faut que jamais la règle du pénitencier ne fléchisse; voilà le triomphe de cette discipline austère, de cette existence érémitique, c'est qu'elle aide le malheureux malgré lui d'abord, puis l'amène au bien, par conviction, et l'y habitue graduellement. Aux prises avec le remords, le reclus n'a qu'une issue pour y échapper, c'est l'amendement au fond de la cellule. Rien ne le distrait de cette pensée; il n'a plus à redouter l'entraînement, la contagion ni le mauvais exemple; arcbouté contre ses propres faiblesses, au terme du plus sombre horizon, le seul point lumineux qu'il aperçoive, c'est la vertu. Le regret, l'accablement, la honte et tous les mécomptes de la vie sont derrière lui... L'espoir et la consolation sont en avant, il faut qu'il marche! Les premiers pas sont pénibles et douloureux; mais le chemin s'aplanit près du but, et dès qu'il l'aperçoit bien, le malheureux y court, il est sauvé! C'est alors qu'il s'écrie comme le récidiviste de Cherry-Hill :

« Si j'avais été dès le principe dans une prison « comme celle-ci, je n'aurais pas été condamné « une seconde fois [1]. »

Une bonne pensée, une inspiration soudaine, ont souvent changé toute une destinée! M'objectera-t-on que les sentiments élevés sont encore un privilége des hautes classes? Prétendrait-on que ces hommes du peuple, ces ouvriers grossiers, cette tourbe ignorante et brutale qui compose la masse des criminels et des condamnés, ne comprendront ni l'élévation du langage, ni la noblesse des sentiments, ni la pureté des principes. Ce serait encore une erreur grave : il suffit de captiver leur attention et de mériter leur confiance pour s'en faire écouter : il ne faut que du cœur pour sentir le prix du sacrifice et le mérite du dévouement : et ce n'est pas là ce qui manque chez ces hommes aux bras nus qui, tous les jours, dans nos ports, sur nos quais, ou dans les flammes d'un incendie, exposent, pour

1. Système pénitentiaire aux États-Unis, Enquête de Philadelphie.

sauver leurs semblables, des jours utiles, indispensables à l'existence de leur famille!

Ce peuple... *ce peuple d'en bas*, comme dit notre grand poète, ou plutôt notre grand philosophe Béranger, « n'est pas sensible aux recher« ches de l'esprit, aux délicatesses du goût, soit! « mais Napoléon voulait que le spectacle des re« présentations gratis fût composé des chefs« d'œuvre de la scène française; Corneille et « Molière en faisaient souvent les honneurs, et « l'on a remarqué que jamais leurs pièces ne furent « applaudies avec plus de discernement [1]! »

Les hommes du peuple comprendront aussi Bossuet et Fénelon, l'admirable simplicité des livres saints, la douce et belle morale de l'Évangile, et les nobles efforts de ceux qui se consacreront à leur salut.

Il faut trouver ces êtres dévoués, ils existent assurément! il faut les chercher, les former et les récompenser, c'est le devoir de l'administration: nous lui en indiquerons les moyens dans la conclusion de ce livre.

1. Préface des Œuvres complètes de P. J. de Béranger, pages 37 et 38.

CHAPITRE XIV.

Dernières objections faites au système de Pensylvanie. — Son adoption peut remplacer la peine de mort,

---

Si le physique et le moral des détenus n'éprouvent aucune altération aux États-Unis, on craint qu'il n'en soit pas de même en France, « où le caractère des habitants est plus vif, plus « communicatif, où conséquemment une solitude « continuelle peut produire le désespoir, porter « à de tristes extrémités, et avoir de si graves in- « convénients [1]? »

MM. de Tocqueville et de Beaumont, Demetz et Blouet, ont réfuté cette objection. Les pénitenciers d'Amérique renferment aussi des Français, ce sont eux qui se soumettent le mieux à la discipline. Et M. Elam-Lynds *aimerait mieux*, dit-il, diriger un pénitencier en France qu'en Amérique. Le caractère français peut, en effet,

1. Mémoire de M. Bérenger, page 137.

se plier à toutes les nécessités, j'ajouterai seulement que tous les peuples civilisés sont attaqués des mêmes maladies, et corrompus par les mêmes causes. Les crimes et les délits varient peu, quant à leur nature et quant à leur nombre; ils ont leurs chances et leurs fluctuations qu'on peut évaluer à coup sûr; c'est un produit qui monte ou baisse selon les pays, les quartiers et les saisons. Un statisticien prédit aujourd'hui combien cent lieues carrées rapporteront de crimes, dans telle ou telle région, aussi facilement qu'un bon laboureur prévoit combien il récoltera de blé dans un arpent de terre! Dans toutes les sociétés modernes, sauf des exceptions de détails et de localités, on combattra les mêmes maux par les mêmes moyens : la réforme morale des criminels, comme on la conçoit à Philadephie, est applicable à l'humanité entière. Le confinement solitaire absolu obvie à tous les abus du vieux système d'emprisonnement ; il prévient les récidives, qui sont en France de 1 sur 4, et en Amérique de 1 sur 19. Il prévient les complots, les évasions, les liaisons, les associations de malfaiteurs, les initiations au crime. Il place les détenus dans une telle ignorance de ce qui se passe autour d'eux, il les met si bien dans l'impossibilité de se reconnaître plus tard, qu'un prisonnier de Cherry-Hill, condamné le même jour que son complice, interrogeait le directeur de la prison sur le sort de cet homme qui, depuis deux ans, subissait sa condamnation dans la cellule voisine [1]. Un tel régime dissoudrait assurément ces coalitions, ces fraternités de bagnes et de prisons à l'aide desquelles les bandits forment un peuple à part. On demande encore

« Si l'administration des pénitenciers est im-
« possible sans l'auxiliaire du fouet? or, comme
« chez nous l'auxiliaire du fouet soit impossible,
« que devient le système pénitentiaire [2]. »

Nous ne manquerons jamais une occasion de protester contre tout ce qui peut dégrader l'homme; mais ceux qui repoussent si haut l'auxiliaire du fouet ignorent-ils qu'il existe au bagne un code

1. Rapport de M. Demetz, page 31.

2. Observations sur les Maisons centrales de détention, par M. Delaville de Mirmont, page 15.

hideux, et tout exceptionnel, digne encore du moyen-âge? C'est le code pénal de la chiourme qui admet le cachot et la bastonnade, ou les coups de corde, et punit de mort une voie de fait contre un agent du bagne?

Nous repoussons assurément l'auxiliaire du fouet. On peut si bien administrer les pénitenciers, on peut si bien punir et corriger les détenus sans recourir aux châtiments corporels et avilissants que, même en Amérique, ils ne sont plus en usage partout, ils sont complètement abandonnés en Pensylvanie. Les fers, la diminution de nourriture, et dans les cas graves l'obscurité, tels sont les moyens répressifs employés dans ce pays. Il en existe encore un dans le pénitencier de Wethersfield, un des mieux administrés d'Amérique.

« Chaque fois que les détenus sont condamnés, « pour infraction, à passer quelques jours sans « travail, les journées ne comptent pas pour le « temps de leur peine : elles sont ajoutées à sa « durée. »

« C'est l'application la plus large d'un principe

« généralement adopté aux États-Unis, que le « prisonnier est l'esclave de la peine, que son « travail appartient à l'État; aussi ajoute-t-on à « sa détention le temps qu'il a passé dans l'oisi- « veté par sa faute [1]. »

Nous adopterons certainement cette loi sévère, mais juste, et si féconde en bons résultats; il vaut mieux que le prisonnier soit l'esclave de la peine que d'être, comme en France, l'esclave du vice et celui des geôliers et des argousins; la sévérité d'une règle inflexible, et égale pour tous, est plus tolérable que l'arbitraire ou le despotisme brutal d'employés corrompus se dédommageant sur le malheureux et sur le coupable du mépris qu'ils inspirent aux gens honnêtes.

On s'est élevé contre les dangers que présenterait la durée des détentions. Cette objection tourne encore à l'avantage du système pénitentiaire, « dont l'efficacité a permis en Pensylvanie « de réduire d'un tiers la durée des peines pro- « noncées par la loi [2]. »

1. Demetz.

2. Rapport Demetz, page 40.

L'adoption pleine et entière de ce système amènera chez nous les mêmes résultats. La durée des peines est une grande question que je laisse à régler aux jurisconsultes : cette durée doit être relative à l'intensité des moyens de coercition. L'isolement de la prison solitaire étant plus répressif que la confusion de l'emprisonnement en commun, il est évident qu'il faut diminuer le temps des condamnations et le proportionner aux moyens d'action de la réforme. Il faut que l'emprisonnement soit assez long pour punir et corriger, il faut qu'il produise une impression assez profonde pour être profitable : mais il ne faut pas aller jusqu'à l'excès : en abusant des facultés humaines, on dépasserait le but.

La réforme du Code pénal doit s'opérer en même temps que la réforme des prisons.

L'échafaud vieilli croule, et la Grève se lave[1].

Il est temps de réviser ce vieil amas de lois inhumaines et contradictoires, triste héritage de

1. Victor Hugo, les Voix intérieures, page 4.

tant d'époques, de tant de gouvernements divers : il faut enfin arracher de ces cinquante mille textes, qui protégent si mal la faiblesse et la pauvreté, des pages sanglantes en désaccord avec nos mœurs.

L'expérience de tous les siècles a prouvé que la peine de mort n'a jamais arrêté les scélérats déterminés à nuire : la rigueur du châtiment fait moins d'effet sur l'esprit humain que la durée de la peine [1].

Les criminalistes du siècle dernier sont d'accord sur ce point, et de nos jours cependant les partisans de l'échafaud ne cessent de répéter que, sans la peine de mort, la société n'est plus protégée. On n'a pas assez médité les conséquences de l'emprisonnement solitaire à vie, ou à longs termes, qui nous offre un moyen d'intimidation et de répression plus certain et plus moralisant que la guillotine :

Un des complices de Cartouche ayant fait des révélations, on lui conserva l'existence : mais, dit Mirabeau, « la vie devint son supplice et pendant dix-neuf ans il éprouva tous les jours qu'il

1. Beccaria, des Délits et des Peines.

est des maux plus horribles que la mort qu'il avait regardée comme le pire de tous [1]. »

Diderot préfère à *l'homicide légal* un long et douloureux esclavage ; sous les chaînes et les barreaux de fer, dit-il, le désespoir ne termine pas les maux, il les commence !

Ce n'est pas là ce que nous demandons à la cellule; ce n'est pas du poids de ses fers que nous voulons accabler le criminel, mais du poids de ses remords !

Nul ne peut s'y dérober ! le pardon légal, la grâce officielle, ne peuvent laver un criminel aux yeux de ses concitoyens, ni l'absoudre au tribunal de sa conscience. Voyez *Meunier*, s'exilant volontairement ! c'est à peine s'il peut trouver un navire qui veuille le transporter sur un autre hémisphère : il y arrive sans pouvoir y aborder... il a peine à trouver une plage où poser son pied !

Tout crime porte donc avec lui sa punition ? C'est le repentir et la conversion que nous voulons produire au moyen d'un châtiment redou-

1. Observations sur Bicêtre.

table et salutaire, non-seulement par son effet sur le condamné, mais aussi par son effet sur la multitude.

Le courage est commun en France; le crime et l'innocence montent à l'échafaud du même pas, et rien n'est si rare aujourd'hui qu'une fin pusillanime. Voilà pourquoi la peine de mort n'atteint plus le but. L'assassin est un joueur qui risque sa vie pour jouir, ou un homme résigné, qui veut bien recevoir la mort à condition de la donner: il a fait le sacrifice de son existence, et se croit quitte envers la société; l'effet du dernier supplice est nul sur la foule qui partage cette dangereuse opinion.

Il n'en sera plus ainsi quand cette même foule, passant devant un pénitencier, lira sur les murs extérieurs l'inscription suivante, tracée en grosses lettres blanches sur un fond noir, et que je cite textuellement:

« Une cellule solitaire renferme dans cette prison, pour y passer sa vie dans l'isolement et l'amertume, A...(le nom de l'individu), condamné pour le meurtre de .... (le nom de la victime, indiquer si c'est un assassinat ou un parricide, etc., et s'il y a des circonstances aggravantes); *il n'a pour nourriture que le pain le plus grossier, pour boisson que l'eau mêlée à ses larmes; il est mort pour le monde; cette cellule est son tombeau; on ne lui a laissé la vie que pour qu'il puisse se rappeler son crime et son repentir, et afin que la durée de sa peine puisse empêcher les autres de s'abandonner à la haine, à l'avarice, à la sensualité et aux passions qui conduisent au crime qu'il a commis. Quand le Tout-Puissant, au temps prescrit, exercera sur lui le droit qu'il a eu l'audace et la scélératesse d'usurper sur autrui, son corps doit être disséqué, et son ame subira le jugement que prononcera la justice divine* [1]. »

La cellule du meurtrier sera peinte en noir à l'intérieur; et à l'extérieur, la même inscription sera tracée sur la porte, et le jour où on l'effacera, c'est que le condamné aura cessé de vivre!

1. Voyez le Code de réforme et de discipline des Prisons, d'Édouard Livingston, publié par M. Charles Lucas, dans son ouvrage du Système pénitentiaire en Europe et aux États-Unis, 1er volume, page 209.

En copiant cet arrêt terrible dans le plan du code de réforme et de discipline des prisons, proposé par M. Livingston au corps législatif des États-Unis, je n'éprouve qu'une crainte, c'est celle de réclamer un supplice plus cruel que la mort... Je ne la surmonte qu'avec la conviction profonde qu'elle sera plus efficace dans l'intérêt de l'humanité, et je ne rassure ma conscience qu'avec le désir et l'espoir de faire adopter, pour le nouveau système d'emprisonnement, tous les adoucissements physiques et moraux conciliables avec la réforme du cœur, du caractère et des habitudes des condamnés, et avec la certitude de faire diminuer la durée des peines par l'adoption du confinement solitaire.

CHAPITRE XV.

Conclusion.

Si j'ai suffisamment prouvé la progression des maux qui troublent le présent et menacent l'avenir !

Si, consultant nos vieux codes comme des registres qui reproduisent les vœux et les besoins de chaque époque, j'ai prouvé qu'il y avait désaccord entre nos mœurs et nos lois criminelles !

Si j'ai prouvé que le juge éludait la loi, pour éviter l'application de la peine de mort, et que cette faiblesse, qui n'est pas de la clémence, peut amener l'impunité !

Si j'ai prouvé qu'il est urgent de changer non seulement le mode et les agents des punitions humaines, mais encore leur principe; qu'il est cruel de faire racheter au criminel le mal qu'il a fait par le mal qu'on lui rend, quand l'expiation ne produit de bons effets, ni pour lui, ni pour l'ordre public!

Si j'ai rappelé que la peine doit être réprimante, exemplaire et régénératrice, qu'il faut en faire accepter la justice et l'opportunité par ceux qui la subissent, par ceux qui l'infligent, et par ceux qui en sont les témoins!

J'aurai fait passer dans l'ame de mes lecteurs la profonde conviction qui anime la mienne, et chacun pourra conclure de tout ce que j'ai puisé dans l'étude des faits, dans celle du cœur humain, et dans l'examen scrupuleux des ouvrages publiés jusqu'à ce jour par des hommes éminents de toutes les époques et de toutes les opinions; chacun, dis-je, pourra conclure avec moi que la réforme morale et matérielle des prisons est une nécessité sociale; qu'elle ne peut s'opérer que par la révision de nos lois criminelles et par l'adoption complète du système pénitentiaire américain suivi en Pensylvanie dans la prison de Cherry-Hill, comté de Philadelphie.

Chacun sera persuadé que sous le rapport religieux, philosophique, hygiénique, matériel et financier, ce régime est possible, et exécutable en France ;

Qu'il est favorable aux prévenus, aux accusés, aux petits délinquants, aux condamnés à de longues détentions, et aux grands coupables, car il peut les racheter de la mort ;

Qu'il est protecteur de la liberté individuelle et de l'égalité devant la loi, et conservateur de la dignité de l'homme.

Nos députés l'adopteront, espérons-le; ils admettront le principe de la réforme morale des condamnés, et ne reculeront devant aucune de ses conséquences!

C'est du gouvernement que dépendent les moyens d'exécution; nous allons indiquer les seuls qui nous paraissent praticables.

Une des premières conditions de cette vaste réforme est assurément de donner à l'administration des pénitenciers une haute impulsion, une direction unique placée au centre du gouvernement; M. Béranger l'a dit avant moi, et cependant je ne puis adopter le système administratif qu'il propose. C'est avec la plus grande circonspection que j'examinerai les vues d'un homme dont je m'honore de suivre de loin les traces; c'est parce que je sais tout le poids de ses avis, et toute l'influence qu'ils peuvent avoir sur les décisions à venir [1], que je crois devoir présenter quelques observations à cet égard. M. Bérenger propose de créer :

« Une place de surintendant-général des pri-« sons du royaume, assisté d'un conseil perma-« nent dont il prendrait les avis, et qui l'aiderait « dans toutes les parties du service, dont les « fonctions, ainsi que celles du conseil, seraient « gratuites. »

Je crains que ce conseil permanent ne soit une entrave et une superfluité. Il arrivera de deux choses l'une : ou le surintendant-général, n'ac-

1. M. Bérenger fait partie de la nouvelle commission chargée de l'examen des questions relatives à l'application du système pénitentiaire en France.

cordant pas assez d'importance à ce corps, négligeant ses avis et ses délibérations, supportant impatiemment son contrôle et sa surveillance, ne lui donnera rien à faire, et ne tiendra pas compte de son existence, qui deviendra nulle et embarrassante; ou bien le conseil, parvenant à s'immiscer dans l'administration, imposant ses vues, dérangeant l'unité de système et d'action du surintendant-général, s'emparera de la direction réelle des pénitenciers. Alors il faudra le supprimer, comme, il y a quelques années, on fut forcé de dissoudre la Société royale des prisons.

Je crois de plus que d'importantes fonctions administratives doivent être honorablement payées; les fonctions gratuites ne sont pas toujours les mieux remplies, et ne sont pas toujours recherchées par les hommes les plus désintéressés et les plus indépendants; elles coûtent souvent fort cher aux contribuables, elles excluent du service du pays beaucoup de capacités auxquelles les longs déplacements et les grands sacrifices pécuniers sont impossibles. Les emplois convenablement rétribués sont ceux qui astreignent le plus le fonctionnaire. J'aime les contrats nets et précis, imposant d'un côté des devoirs, et donnant de l'autre des droits. Payez noblement et entourez d'une haute considération tous les hommes qui concourent à notre œuvre de régénération, afin de pouvoir être sévère et exigeant envers eux : ils n'en auront pas moins de titres à la reconnaissance publique, et répondront d'autant mieux à la confiance de tous, qu'ils en auront contracté l'obligation la plus étroite.

M. Bérenger voudrait « un chef étranger à la « politique, pouvant suivre et exécuter avec per- « sévérance *les plans une fois adoptés*, et non pas « des ministres se succédant rapidement au pou- « voir, et apportant plus que de l'irrésolution « dans un régime qui a si éminemment besoin « de fixité. »

Je ne sais si l'on obtiendra tous ces avantages par la création d'une place qui ne sera pas inamovible, et qui, en raison de son importance, ne pourra être donnée à un homme en dehors de la politique, parce qu'elle dépendra toujours du ministère, et suivra nécessairement sa fortune et ses chances. La centralisation absolue de l'administration pénitentiaire en exclura nécessairement le concours, et la surveillance des conseils municipaux et départementaux.

Ce n'est pas l'intention de l'honorable auteur, qui ne voudrait pas les repousser du système, mais au contraire les y associer en les plaçant tous sous la même impulsion. C'est en vain qu'il se flatte de concilier les avantages d'une surintendance suprême et d'un conseil central des prisons, avec la surveillance et les bienfaits de l'administration locale, et le concours des conseils généraux et municipaux : je sens toute la valeur de la centralisation gouvernementale, mais je suis frappé tous les jours des inconvénients et des abus de la centralisation administrative.

Je voudrais que les conditions et les garanties d'unité, de fixité, que je considère aussi comme indispensables, fussent toutes dans la loi et non pas dans les hommes; que la réforme ne fût pas seulement l'exécution plus ou moins suivie d'un plan ministériel élaboré dans la tête de certains fonctionnaires, pouvant varier et se modifier avec eux; mais l'exécution pure et simple d'une loi promulguée par tous les pouvoirs de l'État, et complétant notre droit criminel. Sans doute, ce ne sont pas les moments perdus d'un ministre qui suffiraient à la direction générale des pénitenciers, ce sont tous les instants et toutes les facultés de l'homme le plus capable et le plus dévoué; mais cet homme ne sera chargé que de la rigoureuse application de la loi.

Je demande donc que cette loi spéciale qu'on nous prépare, fixe invariablement et uniformément le nouveau régime d'emprisonnement, le règlement général des pénitenciers, l'intervention administrative des préfets, l'organisation de comités locaux, la surveillance des maires et des comités, la création d'une société de patronage des condamnés libérés, dans chaque département.

Je demande que la loi place le ministre de l'intérieur à la tête des pénitenciers, afin qu'il en ait toute la responsabilité : il sera secondé par un directeur-général chargé de tous les détails administratifs, proposant à la nomination du ministre les places de directeurs et d'aumôniers des pénitenciers.

Les préfets proposeront à la nomination du secrétaire-général, les emplois de surveillants, de gardiens; ils lui proposeront aussi, sur une liste triple, des candidats aux places de membres des comités de surveillance. Ces hommes seront choisis parmi les magistrats et les hauts fonctionnaires du département, les conseils municipaux et généraux [1]. Les détenus seraient ainsi placés, selon le vœu de la loi de 1791, sous la surveillance immédiate des autorités départementales et municipales, et sous la protection de leurs juges et de leurs soutiens naturels, les élus du département et de la cité. Chacun étant maintenu sous le joug du règlement, ne pourrait en dépasser ni en éluder les obligations.

Je ne m'occuperai pas de fixer les attributions,

1. Je ne parle pas des conseils d'arrondissement, parce que dans mon opinion l'arrondissement est un rouage inutile dont je demanderai la suppression dans la seconde partie de cet ouvrage.

de régler la nature, l'ordre et la durée du service des comités de surveillance. Je n'ai pas la prétention de faire une loi, j'indique seulement les bases que je crois les meilleures : on trouvera réunis dans les notes qui terminent ce volume l'extrait de la loi d'organisation du pénitencier de Cherry-Hill; la loi sur l'établissement d'un comité d'inspection pour la prison du comté de Philadelphie ; le règlement de cette prison ; tous les documents relatifs au pénitencier que j'offre pour modèle, afin que chacun puisse les connaître, les apprécier, et les comparer à la loi que doit proposer le gouvernement [1].

Avec les abus du vieux système répressif, il faut réformer tout le personnel de l'administration actuelle, et faire table rase pour les individus, comme pour les principes, depuis les chefs jusqu'aux derniers employés; non pas assurément qu'il n'y ait parmi eux des hommes dignes de l'estime et de la confiance de leurs concitoyens, mais parce qu'il faudrait que d'un jour

1. Tous ces documents officiels sont extraits du rapport de MM. Demetz et Blouet. Voir à la fin du volume les notes (3 E-F) (4 G-H).

à l'autre ils renonçassent à des habitudes, à des préventions contractées dans l'exercice de leurs fonctions, et dans leurs rapports avec des êtres depuis trop long-temps pervertis : parce que ces agents n'ayant d'autre règle que leur volonté, d'autre système que celui de la force et de la délation, ne pourraient recourir à la persuasion, à la patience; parce que des geôliers, des porte-clefs ignorants et grossiers, ne sauraient oublier l'ignoble langage de la prison, les gains et les orgies de la cantine, les bénéfices de la pistole, pour les voies d'équité, de douceur, de morale, et de religion! Parce qu'il leur manquerait à tous la première des conditions, la foi, l'inébranlable foi dans la possibilité d'une réforme morale que leurs antécédents feraient échouer.

Il ne faut pas exiger des hommes l'impossible, ni compromettre le succès d'une œuvre qui coûtera de si grands sacrifices, et sur laquelle reposent tant d'espérances!

Où trouverons-nous donc, au lieu de mercenaires intéressés, des hommes purs, vertueux jusqu'à l'enthousiasme, convaincus jusqu'à l'abnégation d'eux-mêmes? où découvrir tant de qualités héroïques, qu'on puisse placer pour ainsi dire comme surveillant près de chaque criminel, un saint qui puisse à chaque vice opposer une vertu.

La société ne peut périr ni se faire défaut à elle-même : elle renferme dans son sein les éléments nécessaires à sa conservation. La voix de la patrie a toujours enfanté des héros, des législateurs, des apôtres et des martyrs utiles au développement d'une idée, d'une science, à la marche d'un progrès, à l'accomplissement d'une grande entreprise.

Nous trouverons dans tous les rangs les instruments de la réforme, et nous les choisirons scrupuleusement, parce que la vertu peut seule communiquer la vertu.

Le gouvernement cherchera les directeurs des pénitenciers parmi les hommes les plus éminents par leur caractère, leur expérience et leur savoir; il ennoblira leurs respectables fonctions en les entourant d'une haute considération, en leur accordant de belles distinctions honorifiques, et de grands avantages précuniaires. Je voudrais qu'il choisît de préférence d'anciens militaires ayant occupé dans l'armée des grades supérieurs, et ayant l'habitude du commandement; je voudrais, en un mot, des hommes d'une position sociale assez indépendante et d'une assez haute réputation, pour se croire responsables envers l'opinion publique.

Dans les rangs du jeune clergé, parmi ces jeunes prêtres accessibles encore par leur âge à cette chaleur de sentiment, à cette ardeur du bien, à cet amour de l'humanité qui pousse aux grandes choses, l'administration trouvera des aumôniers, des inspecteurs, des instituteurs capables, désintéressés et dévoués!

Les rangs du peuple nous fourniront des hommes d'intelligence, de courage et de probité, pour faire de bons surveillants et des gardiens sûrs. Mais pour les initier à cette œuvre nouvelle, pour les y façonner, une éducation préparatoire, un temps d'épreuve et de noviciat leur seront nécessaires. Je crois que nous pourrions appeler à notre aide une congrégation religieuse qui a déjà fait ses preuves dans nos prisons, c'est la congrégation des frères de Saint-Joseph : ses membres, ouvriers experts de touts états, religieux sans cagotisme et sans intolérance, institués à Oullins pour le service et la surveillance d'une maison de détention, s'engagent par leurs vœux à enseigner aux détenus une profession manuelle. D'Oullins, ils sont venus à la prison de Roanne et au pénitencier de Lyon, où ils ont obtenu des résultats inespérés. M. Bérenger les a vus là, chefs d'ateliers, instituteurs, porte-clefs : il a trouvé des sœurs du même ordre dans la prison des femmes, et il a remarqué dans ces établissements *le zèle, la soumission parfaite et le respect profond des détenus* pour leurs gardiens. Ce qui l'a surtout étonné, *c'est le sentiment religieux qui règne dans ces maisons et leur donne le mouvement et la vie, sans dégénérer en hypocrisie.* M. Demetz a jugé de même la communauté religieuse de Saint-Joseph. « Nous ne saurions, « dit-il, trop proclamer le bien que doit produire « le nouvel établissement d'Oullins, véritable « école normale pour les contre-maîtres et les

« surveillants des prisons. Nous souhaitons vive« ment qu'il soit encouragé [1]. »

Je n'hésite pas à demander la création d'une maison centrale de frères de cet ordre, à Paris, pour y organiser, sous la direction et les yeux du gouvernement, une maison spéciale d'éducation et d'essai dans laquelle on préparerait des sujets pour le service des pénitenciers.

Je sais les craintes et les préventions qu'inspire l'habit religieux, et je ne les ai pas dissimulées : mais si l'esprit de corps a, sous cette robe, des inconvénients, pesons bien aussi les avantages, pour ne pas nous en priver sans raison !

La règle religieuse, l'ordonnance militaire, imposent à tous les membres d'une congrégation, à tous les soldats d'un régiment, une discipline sévère, une solidarité commune. L'uniformité de principes et d'ahbit imprime à tout un corps une unité de devoirs et d'actions, un ensemble de mouvements, qui obligent les hommes à d'inviolables lois de décence, de convenance, et de respect humain. Il a existé dans notre vieille armée

1. Voyez à la fin du volume la note n° 5.

tel régiment où jamais une lâcheté ne s'est commise : chaque homme cependant n'était pas doué du même héroïsme ! Tous les membres d'une confrérie religieuse ne sont pas également vertueux ; mais tous ont fait un vœu, tous se sont imposé une mission sacrée, tous éprouvent le besoin d'inspirer et de mériter la considération et les égards, seuls dédommagements qu'ils reçoivent, dans ce monde, de tous les sacrifices dont ils n'espèrent la récompense que dans l'autre.

On pourra prendre quelques gardiens et porte-clefs parmi les anciens soldats sachant un métier, et possédant les éléments de l'instruction primaire ; la consigne sera toujours bien observée par eux : le vieil honneur militaire est une bonne garantie d'ordre et d'exactitude. Mais pour prêcher convenablement la réforme morale et religieuse, il nous faut des frères de Saint-Joseph : chez eux seulement nous trouverons des surveillants au maintien grave, au langage épuré, aux manières fermes et douces, accomplissant sans salaire, pour eux-mêmes [1], un devoir austère, et non pas une tâche payée; parlant au nom de Dieu, appelant les condamnés leurs frères, pratiquant par état la patience et la résignation; on chercherait vainement ailleurs de semblables avantages; l'élément religieux doit nécessairement entrer dáns l'application d'un système dont les sentiments religieux forment la base.

Il va sans se dire que ces hommes seraient entièrement soumis à l'autorité du directeur, qu'ils ne prendraient et ne recevraient d'ordre que de lui, et non pas des aumôniers qui ne dirigeront, dans le pénitencier, que les consciences; à ces conditions, la communauté de Saint-Joseph rendra, sans inconvénient, d'incontestables services. Je suis néanmoins bien éloigné de penser qu'il faille remettre entre ses seules mains la garde, la surveillance et l'instruction des pénitenciers : au contraire, je conseille au gouvernement de

1. Tout ce que peuvent gagner les membres d'une confrérie appartient à la maison commune.

faire un appel à toutes les capacités, à tous les hommes de conscience et de dévouement. Qu'il recrute dans tous les rangs, qu'il mette en jeu tous les ressorts dont il dispose, qu'il nous facilite les moyens de nous associer pour le bien, et qu'il se garde, cette fois, de paralyser et d'entraver encore par sa défiance habituelle! Qu'il place sous la sauve-garde de tous, comme un immense intérêt d'ordre public et d'amélioration sociale, la réforme des condamnés et des prisons! En faisant concourir les citoyens les plus généreux à la formation des comités d'inspection et de surveillance, à l'organisation d'une société générale de patronage pour tous les condamnés libérés, ayant son centre à Paris, et ses membres fonctionnant dans chaque département. On intéresserait ainsi toute la population aux progrès intellectuels et moraux qui doivent s'accomplir, parce que l'instinct populaire les pressent et les désire.

« Les signes précurseurs d'une révolution so-
« ciale éclatent de toutes parts...

« Les temps de monopole et d'oppression

« sont accomplis sans retour, une grande transi-
« tion approche.

« Le progrès des lumières et des lois doit sui-
« vre l'égalité croissante des hommes [1] ! »

Ces pensées sont dans le cœur et dans l'esprit de tout le monde les regards se tournent vers l'avenir, on est dans l'attente, on supporte le présent comme un acheminement à un état meilleur.

Préparons ces jours de régénération, l'époque est favorable. C'est lorsque les mœurs se sont relâchées qu'elles tendent davantage à se raffermir : après de sanglantes révolutions, et d'interminables guerres, après d'immortels triomphes et de douloureux revers, la France a joui d'une longue paix, pendant laquelle une généreuse et brillante jeunesse a voué ses loisirs à l'étude des sciences, des arts, du commerce et de l'industrie; d'indispensables besoins méconnus, de nobles élans comprimés, des droits et des

1. Vicomte Alban de Villeneuve-Bargemont, *Économie politique chrétienne*.—Tocqueville, de *la Démocratie aux États-Unis*.

serments violés, ont amené de nouvelles crises; la corruption gagnait, le ressort civil s'affaiblissait, une nouvelle commotion politique est venue retremper les cœurs, ranimer l'espoir, réveiller l'énergie, l'activité intellectuelle! — Employons de si beaux éléments. Nous bornerons-nous à des révolutions sans progrès, sans réforme, sans profit pour les intérêts matériels et moraux de la société qui travaille, produit, et souffre? non! Nous avons assez discuté: avançons, résumons, édifions; le patriotisme aujourd'hui, c'est le dévouement à l'humanité.

Je vois les *tièdes* hausser les épaules; l'indifférence, le doute et le découragement, puissances neutres et stériles, vont encore ici nous imposer leur veto!

« Les ames basses ne croient pas aux grands « hommes, les esclaves sourient d'un air mo- « queur à ce mot de liberté [1]. »

Prêchez le dévouement, et l'égoïsme crie à l'extravagance, à l'utopie! Il faut flétrir ces hommes insouciants et pusillanimes, toujours

1. Rousseau, *Contrat social.*

désespérant de l'humanité, toujours prêts à proférer le fatal sauve-qui-peut, la ressource des traîtres et des lâches! Je les crains autant pour le salut public que ces agents de troubles et de bouleversements qui ne détruisent qu'à leur profit! Répétons aux cœurs froids, paresseux et timides, que l'égoïsme public est une calamité parce qu'il ne sait pas même pourvoir à sa conservation, et qu'en périssant victime de sa propre apathie, il entraîne avec lui les nobles dévouements, les généreux sacrifices dont il a paralysé les efforts!

N'espérons, ne réclamons donc ni perfectionnements, ni progrès, si, dès les premiers pas, nous nous laissons arrêter par les entraves des préjugés et du mauvais vouloir.

Le gouvernement a dû prendre son parti : il a vu le mal, il l'a proclamé lui-même, il en a mesuré l'étendue, il a provoqué l'enquête; ses convictions doivent être formées. Quelles qu'elles soient, il faut savoir que deux voies seulement lui restent à choisir!

Dans la première, il faut remonter le courant,

résister à l'impulsion, aux vœux de l'opinion publique! Alors, plus de concessions, plus d'essais timides, plus de vaines restaurations de murailles et de charpentes, plus d'expériences illusoires dont on sait d'avance la ruineuse inutilité, plus de semblant de réforme: ne leurrez pas le pays!

Retranchez-vous franchement dans le système et dans les errements de nos pères! Soyez, comme eux, inexorables, et comme eux conséquents. N'éludez pas la loi, rendez-la plus sévère. Que le juge exerce, au nom de la vindicte légale, le terrible droit des représailles! Plus de pitié, plus de circonstances atténuantes, plus de commutation de peines, plus de grâces! Point de cellules solitaires ni d'ateliers silencieux. Pourquoi tant de précautions pour des maux incurables? Sans réforme morale, nos vieilles prisons valent tous les systèmes bâtards et provisoires que l'on tenterait à grands frais. Tant de soins sont inutiles pour des criminels voués à la mort! Relevez plutôt l'échafaud, il est plus simple, plus expéditif et moins cher; poursuivez les coupables, entassez-les dans vos bagnes, et quand vous les aurez rendus incorrigibles, frappez, ne frappez qu'un coup! c'est ainsi qu'il faut traiter ses ennemis; délivrez-vous d'eux, et délivrez-les d'eux-mêmes: vous serez impitoyables, mais logiques; barbares, mais prévoyants! intimidez, intimidez sans relâche!

Mais alors renoncez à la philanthropie officielle et à la vertu de convention; ne prétendez plus à la suprématie intellectuelle ni à l'influence morale: recourez ouvertement à la force, et prenez vos mesures pour être toujours les plus forts, car l'audace et la démoralisation des criminels ne sauraient plus guère augmenter sans d'effroyables dangers. Veillez donc, et dirigez bien le glaive si vous ne voulez le briser; car il faut encore calculer les conséquences de la compression légale. Sous les régimes oppresseurs, les principes de dissolution se compliquent. Un degré de misère de plus.... et la glace sociale sur laquelle vous glissez va rompre, si vous appuyez trop.

Dans la seconde voie:

Si le pouvoir comprend ses devoirs et ses intérêts, la route est belle, unie, facile. Il faut suivre l'impulsion ou plutôt la diriger; se liguer avec les bonnes passions contre les mauvaises; substituer partout le droit et la raison à l'arbitraire; propager les idées d'honneur et de vertu, les principes de morale et de religion, en favoriser les développements, et en commencer l'application sur les êtres les plus à plaindre et les plus à craindre dans la société, les criminels. Séquestrez-les; remplacez le fer de la guillotine par la terrible cellule de Cherry-Hill; que tout votre système pénal aboutisse là, vous obtiendrez infailliblement pour résultat la réforme morale des condamnés et de leurs gardiens; l'abaissement des récidives, la diminution des délits, des crimes et des maux dont vous neutraliserez ainsi les effets. Quant à leurs causes, quant aux moyens de les prévenir et de tarir ainsi la source dont nous barrons les flots, nous devons consacrer toutes nos facultés et tous nos efforts à leur recherche, et à l'étude d'une question dont la solution serait l'accomplissement d'une réforme sociale, qui doit être aujourd'hui la bannière et le cri de ralliement de tous les hommes de travail, d'intelligence, et de cœur!

FIN.

NOTES

ET

DOCUMENTS OFFICIELS

EXTRAITS DU RAPPORT DE MM. DEMETZ ET BLOUET

SUR

LES PENITENCIERS DES ÉTATS-UNIS.

JUSTICE DE TOURAINE.

Présidial de Tours auquel ressortissent :

TOURS.

CONTENANT LA VILLE DE TOURS, DANS LAQUELLE SONT :

La prévôté royale, qui ne s'étend que dans la ville; faubourgs et banlieue sur les sujets du roi et sur les hauts justiciers par prévention.

La baronnie de Châteauneuf, appartenant au trésorier de St Martin, composée de : La châtellenie de Louestaud, le fief du prieur St-Laynes, des chamarriers et chefciers de St-Martin, les fiefs de l'aumônier du Val de la Coudre de Chesnaye, de la Bardinière, de Chaumont, de Bezay, de Beaumont.

La justice du chap. St-Martin, contenant l'étendue du cloître;
La justice du bourg St-Pierre;
La justice de St-Venan;
La châtellenie de la prévoté de Varennes;
La justice du cellérier de St-Martin;
Celle de Ste-Maure;
De Thomas-Robert;
De la Tour Maugnin;
La chatellenie de Beaumont à l'abbesse dudit lieu;
La justice de Messieurs de St-Martin, au milieu de la ville;
La baronnie du palais archiépiscopal dans tout le cloître de St-Gatien et autres lieux;
La justice de Bezoche au chapitre de St-Gatien;
La chatellenie de St-Julien à l'abbé, au milieu de la ville;
La justice de la commanderie d'Amboise;
Celle de la chancellerie;
La châtellenie de Semblançay, appelée le comté de Tours, appartenant à M. le duc de Luynes;
La justice des Banis;
La chatellenie de Marmoutier.

Duché de Montbazon, composé de . . . : La ville de Montbazon, et des paroisses de Monts, Tillouze, Ville-Perduc, Serigny, Voigné, St-Brand, Esves, Balan, Savonières, Bertheany, Miré, Coulombiers, Valère, Druys, Atté, Chambray, St-Avertin, Azay-sur-Cher, Verot, St-Jean-du-Gray, Larzay, Joué, Ligniers, St-Pierre-de-Veumy, Irtanne.

Duché de Luynes, composé de . . . . : La ville de Luynes et des paroisses de Fondettes, Ambilloux, St-Étienne de Chigny, Perrenay, Mottray, St-Antoine-du-Rocher, Roziers, Semblançay, Charentillay, St-Mars-de-la-Pille, Sonsay, Vallières, St-Roch et Nouzillé.

Marquisat de Mézières en Bresmes, composé de : Mézières en Bresmes, St-Pierre de Subtré, Martizé, Villers en Bresmes, Pounay, Arfeuil, Ste-Bemme, Clion, Trangeay, Mur Fleré, La Rivière, St-Michel en Bresmes, Villeloin, Notre-Dame-d'Estrée, St-Cyran du Jambet Pallevoisin, Gée, Mur-sur-Indre, Onzé, Baudrée et Fongay.

Le Bailliage de TOURAINE,

composé des siéges royaux de :

LANGETS.

CONTENANT LE SIÉGE ROYAL DUDIT LIEU, COMPOSÉ DE :

La châtellenie de Crassay;
La châtellenie des Écluses.

Marquisat de Château-Renaud, composé de . . . : La ville de Château-Renaud et des paroisses de Nermillé, le Boulay, St-Cyr, Dugonle-Founey-Prunay, Neuillé, le Lière, Ozoiré, Reugny, Morand, Ville-Domer, Prançay, Fleuray, Jussay, Crotelles, St-Gourgon, St Ouyn-du-Bois, Montreuil, Monnaye, St-Laurens en Gastine, Notre-Dame de Chenesson et Autrèches.

La baronnie de Ligueil, composée de Ligueil, la Chapelle-Blanche et Lussé, appartenant au doyen de St-Martin.

Baronnie de Preuilly, appartenant au marq. d'Humières, composée de . . . : Preuilly, Azay-le-Ferron, Aupierre, St-Martin-de-Boussay, Barrons, Chambon, Chaumussé, Charnizé, Marans-la-Selle, Guenen, St-Martin-des-Tableaux, St-Flovier, St-Feures, Coussay-les-Bois, Ste-Julitte, la Guleréhe, St-Michel-du-Bois, le Petit-Preciguy, Rochepozay, Tournon, le Signy, Pouzay-le-Viel et St-Remy-sur-Creuse.

La baronnie de St-Mars à M. d'Effiat;
La baronnie de Rochecorbon à M. de Luynes;
La baronnie de Vernou à M. de Tours.

Baronnie de St-Christophe, appartenant au Cte de Marans, composée de : La ville de St-Christophe, Ville-Bourgeau, Brèche, Neuillé-Pompierre, St-Aubin, Bannes, Vouvré-sur-Loire, Chain, St-Pierre du Loir, St-Pater, Bueil, St-Christophe en Touraine, St-Pierre de Chemillé, Merson, Beaumont de la Chartre, Louestean, Routre, Espeigney, Beaumont de la Ronce, Rozier, La Ferrières, Cerelles, Notre-Dame-Boé, Chemillé, Maré et Neuvy.

La châtellenie de Montrichard, composée de la ville et des paroisses de Faverolles, Bourray, Ponillé, la Leu, Tenay, Genillé, St-Georges-sur-Cher, Bléré et Civray.

La chatellenie royale de Reugny.

Hautes-justices de Chançay, Nazelles, Possay, Noisé, la Ville-aux-Dames, St-Cyre-sur-Loire, St-Georges-sur-Loire, St-Simphorien-la-Membrolle et St-Oyen.

LOCHES.

SIÉGE DE LOCHES, COMPOSÉ DES JUSTICES SUIVANTES :

Premièrement, dans la ville,

La justice royale, comprenant les villes et faubourgs, dans lesquels se trouvent :
La châtellenie de Fretay;
Commanderie;
La justice du chap. du château.

Hors la ville,

La baronnie de Beaulieu, composée des paroisses de St-Pierre-de-Beaulieu, St-André-de-Beaulieu, St-Laurent-de-Beaulieu, Ferrière-sur-Beaulieu;

Plus

La baronnie de Sennevières;
La baronnie du Fau;
Le vicomté de Cyrans-la-Latte;
Le vicomté d'Azay-sur-l'Indre,
Les châtellenies de Chedigné, St-Michel de Chedigné, St-Quentin-Benillé;
Le comté de Montrésor, composé des paroisses de Nouans, Orbigny, Chaudillé, le Siége, Fère, St-Georges, Augé, St-Julien de Sodon;
Châtellenie de Villeloin, Coulanges et Aubigny;
Châtellenie de Esculllé, Villedomin, Vitré, et St-Germain;
Châtellenie de Bridoré, la Chapelle St-Hippolyte, St-Martin de Sorçay;
Châtellenies de Tillebernin et Dalamotte;
Et celles de Verneuil, Betz, Bans-le-Moustier, Trou, Mouzay, Chanceaux-Doulon, Mantolan, Civray, Leroux, Louans, Bournan, St-Baux, Bossé, Tauxigny, Chambourg, Courçay et Cornery;
Hautes-justices de Poruason, la Roche-Muron, St-Senoch et Varennes.

CHINON.

SIÉGE DE CHINON, COMPOSÉ DE LA JUSTICE ROYALE DE LA VILLE ET DES FAUBOURGS :

Le comté de Ste-Maure, faisant partie du duché de Montbazon; le marquisat de Montgogé; les baronnies de Bourgueil, de l'Ile-Bouchard, Marmande et Lahaye.

Les châtellenies de Eatilly, Huismes, Ussay, Rivarennes, Brehemant, Coulaines, Candes, Oranan, St-Michel-sur-Loire, Restigny, Benest, Leplessis-aux-Moines, Leplessis-Rideau, St-Médard, Vilaines, la Tour, la porte de Ruans, Saché, Touan, Cheréles, Favery, la commanderie de l'Ile-Bouchard, les Toches, Tranchelion, Verneuil, Rilly, Freques, Boisé St-Espin-le-Riveau, la Roche-Chesniau, Marçay, Novastre, Bois au Roy, Noyers, Franspalais Moutdgyon, Bagneux, Molé, Laturballière, Neuilly-le-Noble, Lechastillier, le Grand-Precigny, les Bières, Larson, Semph, d'Humière, Beauvais-sous-Marçay, la Cour Mayne, Dussieré, la Gaillarde Valancé.

Hautes-justices de Rues, Fontaine-sous-Beauvais, Rongnot-les-Vaux, Chareuse, Nazelles-la-Mairie, Roncé, Naigron, Clevé, Crouzillé, la Tourette, St-Gilles de l'Ile-Bouchard, Noyan, Champigny-l'Ilette, Fassay et le Rouilly; Courchan et la Vauzguyon, Roncées-Rigot, Paré, Beauvais-sous-Laillé, Beaumont-Telort, Razilly-les-Roches, St-Paul-Crissé, le Château-le-Puy-des-Forges, Rivières, Marsay-Ingrande, Cheillé, Azay-le-Rideau, la Chapelle-Blanche.

Bailliage d'AMBOISE

Composé de la ville, faubourgs et paroisses de St-Martin le Beau-Chenonceaux, Mosne-Chargé, Ste-Xéle, Cangé, Liniers-Negron, Dierres, Pont-Lenoy, Mont-Louis et Lossan.

Bailliage de LODUN

Composé de la justice royale à laquelle ressortissent la prévôté royale de la ville, faubourgs et banlieue;

Les châtellenies de Baussay, composées des paroisses de Baussay, Manterre-Sillé, Chasseignes, Arsay et Glenoux.

Les deux tiers appartiennent à M. le duc de Richelieu.

La châtellenie de St-Gatien, appartenant à M. le duc de Richelieu, composée des paroisses de . . . . : St-Gatien, Martaize, Ouailly.

La châtellenie de Coursay, appartenant au comte de Gonor, composée de trois paroisses;

La châtellenie de Monts, appartenant au marquis de la Frezillière, composée de . . . : St-Vincent de Monts, de Serre, Berthegon, Princé et Dersé.

La châtellenie de Coussay, appartenant au prieur du lieu, nommé M. de Fazilly;

La châtellenie de Pouant, à M. de St-Hilaire de Poitiers;

La châtellenie du Chaingnier, d'où dépend encore la paroisse de Lerné;

La châtellenie de Brezé, de laquelle dépend St-Cir, appartenant à M. le Prince;

La châtellenie de la Chapelle-Bellouyn, appartenant à M. le duc de Richelieu, composée de . . . . : La Chapelle, Bouchet, Clannay, Maulay.

La châtellenie de Ferrières, abbaye;

La châtellenie de Puy-Notre-Dame, prieuré-cure;

La châtellenie de Berrie, appartenant à M. le duc de la Trimouille, composée des paroisses de . . . . : Berrie, Nueil, St-Hilaire, Pouançay.

NOTE II.

1.

Ils ont, chacun dans leur cellule, un robinet qui leur donne de l'eau à discrétion. Les tuyaux qui la distribuent sont fixés dans une rainure faite dans le mur du côté du corridor et recouverte par une plinthe en bois.

Les cellules sont chauffées à l'aide d'un système très compliqué de calorifères.

2.

Comme le prisonnier ne sort jamais de sa cellule, il a fallu des dispositions particulières pour qu'il puisse, sans inconvénient pour sa santé, et sans être incommodé par la mauvaise odeur, satisfaire à ses besoins naturels. On y a pourvu d'une manière assez ingénieuse. Les lieux d'aisances sont un cône en fonte placé dans le coin de la cellule et communiquant directement à un gros tuyau toujours rempli d'eau et montant dans le cône jusqu'à la hauteur de quelques pouces, disposition qui tend à empêcher toute communication entre les détenus. Lorsqu'on vide ce canal, l'eau conserve toujours son niveau au moyen d'une soupape qui permet à l'eau du réservoir d'entrer aussitôt qu'il y a diminution de l'autre côté ; les immondices s'échappent au moment où l'on ôte le tampon qui bouche l'extrémité du tuyau ; l'eau coule ensuite assez abondamment pour que l'odeur soit entièrement détruite. Pendant cette opération, les convicts sont soumis à une surveillance particulière ; il leur est défendu de s'approcher du cône sous quelque prétexte que ce soit. Malgré les précautions déjà prises pour prévenir l'infection de la cellule, peut-être serait-il nécessaire d'établir un système de tuyaux d'évaporation communiquant aux divers cônes et allant se terminer au-dessus du toit.

La ventilation, si nécessaire surtout dans ce pénitencier, se fait au moyen d'un tuyau passant dans le mur du corridor et communiquant par la partie supérieure de la cellule avec le vide de la voûte des corridors ; l'air s'échappe par des trous pratiqués sur le sommet du toit. Outre ce ventilateur, il y a au pied de la cellule un trou rectangulaire garni de fonte ; il se prolonge jusque sur le mur de division des cours par un canal en bois dont l'extrémité se termine à la surface extérieure. On aurait pu simplement percer le mur, mais ce moyen aurait permis aux prisonniers de communiquer verbalement, les murs conduisant le son, et facilitant d'autant plus la correspondance verbale que leur orifice extérieur est masqué par la plaque de la garniture supérieure qui se retourne à angle droit à six pouces du mur, et forme un rectangle égal à l'ouverture. Malgré ces habiles dispositions, le renouvellement de l'air se fait assez difficilement, les hautes murailles dont les cellules sont enveloppées empêchent tout courant de s'établir ; et, d'après le médecin lui-même, la ventilation n'est plus suffisante, surtout depuis la suppression des bouches de chaleur.

La plus grande propreté est exigée dans les cellules ; un réglement spécial veut que tous les ans le prisonnier blanchisse deux fois sa cellule à la chaux. Chacun d'eux a une lampe en fer blanc verni ; à huit heures et demie un coup de cloche met fin aux travaux ; ils ont une demi-heure pour préparer leurs lits et prendre quelque repos ; à neuf heures toutes les lampes doivent être éteintes.

Les prisonniers n'ont qu'une heure de promenade par jour, mais la moitié des prisonniers du rez-de-chaussée n'est libre qu'à des heures différentes; pour prévenir les communications à voix basse, on a jugé nécessaire que les cours fussent libres de deux en deux. Certainement, c'est dans ce pénitencier que l'on a le plus fait pour empêcher les prisonniers de se communiquer; cependant, malgré tous les moyens employés, on n'a pas encore réussi entièrement à prévenir les conversations; c'est l'avis du directeur lui-même. Les détenus se parlent par les conduits des lieux d'aisances lorsqu'on les nettoye, et par les ventilateurs.

3

11 avril 1835. — Tous les malades admis à l'infirmerie doivent recevoir en entrant du linge de lit et de corps, et avoir les pieds lavés.

31 décembre 1836. — Le régime suivant, amendé pour les malades, et établi le 26 septembre 1834, a été trouvé depuis ce temps salutaire, et a satisfait aux exigences de presque tous les cas d'indisposition qui se déclarent dans le pénitencier.

Diète des malades.

DINER. — Pain de blé ou pommes de terre, l'un des deux.

SOUPER. — Comme en bonne santé.

Ce régime doit être immédiatement adopté par le surveillant pour chaque prisonnier, aussitôt qu'il est assez mal pour ne pas pouvoir faire tout son ouvrage. Le régime pour des cas plus légers d'indisposition, lorsque le prisonnier continue de faire son ouvrage régulier, sera déterminé par le médecin à sa première visite, après que l'indisposition se sera déclarée.

RÉGIME DU THÉ. — Une pinte de thé vert avec du lait et du sucre brun, une demi-livre de pain de froment.

RÉGIME DE LA SOUPE. — Déjeuner comme pour le régime des malades. Dîner, une demi-livre de mouton, qui servira à faire la soupe, et sera préparée avec des légumes et du pain de froment. Souper, coume en bonne santé.

RÉGIME DU THÉ ET DE LA SOUPE. — Déjeuner et souper comme pour le régime du thé. Dîner, comme pour le régime de la soupe.

RÉGIME DE CHOCOLAT ET DE SOUPE. — Déjeuner et souper, une pinte de chocolat et une demi-livre de pain de froment. Dîner comme pour le régime de soupe.

RÉGIME DU LAIT. — Déjeuner, dîner et souper, du pain de froment et du lait. La quantité sera réglée d'après les désirs raisonnables du prisonnier.

RÉGIME DE TABLE. — La nourriture pour chaque repas correspondra à celle que l'on pourrait supposer être servie sur les tables de familles vivant simplement.

RÉGIME DES CONVALESCENTS. — La nourriture sera la même qu'en bonne santé, à l'exception de la viande. Ce régime sera toujours adopté pour un jour ou deux, après que le prisonnier aura été rayé de la liste des malades, c'est-à-dire pour une période durant laquelle il est censé reprendre petit à petit ses habitudes de travail.

Ration des détenus.

La ration journalière accordée à chaque détenu est une pinte de café et une livre de pain (2/3 de seigle et 1/3 de maïs) pour déjeuner. Une pinte de soupe, 3/4 de livre de bœuf (sans os), avec lequel la soupe a été faite, et des pommes de terre pour dîner; une préparation de farine de maïs avec environ un 1/2 setier de mélasse pour souper. La quantité de pommes de terre et celle de cette préparation ne sont pas limitées.

L'habillement consiste, en été, en une veste courte, un

pantalon en coton et une paire de souliers; l'hiver, veste et pantalon de drap, bas et bonnet; le lit est garni d'une paillasse, d'une paire de draps et d'un couvre-pied, en été; l'hiver on y ajoute la couverture. Chaque prisonnier a dans sa cellule une bible, une tasse d'étain, un vase de même métal dans lequel il reçoit la nourriture.

4.

Extrait des questions adressés par MM. Demetz et Blouet au docteur Franklin Bache, médecin du pénitencier de Philadelphie.

Une grande attention doit être donnée à la propreté des prisonniers et de leurs cellules. Tout ce qui est nécessaire pour assurer un but aussi désirable devrait être fait à un temps fixe, indiqué par un signal convenu. Le lever, l'ablution des mains et de la figure, la toilette de la tête, le nettoyage de la cellule devraient être faits tous les matins au son d'une cloche, et dans un temps suffisamment long. La cellule devrait être garnie de tous les ustensiles considérés comme nécessaires, enfin la règle devrait être rigidement observée. Chaque chose devrait toujours être à sa place, aucun clou ne devrait être fixé dans le mur par le condamné, aucune peinture ne devrait y être attachée. Le plancher devrait être frotté à sec comme l'on fait à bord d'un vaisseau de l'Etat; l'eau ne devrait être employée que très rarement, et même pas du tout.

NOTE III.

PHILADELPHIE. — CHERRY-HILL.

(Extrait de la loi d'organisation du pénitencier de Cherry-Hill.)

RÈGLEMENT.

ART. 1er. — *Des inspecteurs et de leurs devoirs.*

Les inspecteurs seront au nombre de cinq ; ils seront nommés par les juges de la cour suprême, pour deux années ; néanmoins ils resteront en fonctions jusqu'à ce que leurs successeurs aient été choisis. Ils ne recevront aucun traitement, mais seront exempts des devoirs militaires, d'être jurés, arbitres, ou administrateurs des pauvres.

Chaque année, à leur première réunion, les inspecteurs choisiront parmi eux un président, un secrétaire et un trésorier. Le trésorier donnera une caution suffisante dont ils fixeront le montant. Le trésorier fera, d'après leur ordre, toutes les dépenses relatives au service de la prison. Les inspecteurs s'assembleront en comité, à jour fixe, une fois par mois au moins, et, en outre, autant de fois qu'il sera jugé nécessaire. Ils nommeront deux fois par an un directeur (warden), un médecin, un commis-greffier (clerk), fixeront le salaire de ceux-ci, ainsi que ceux de tous les employés de la prison. Ils visiteront le pénitencior deux fois au moins chaque semaine pour s'assurer que les différents employés ont rempli leur devoir, pour prévenir toute opposition, tout péculat, ou tout autre abus ou vice dans l'administration de cette institution. Lorsqu'ils seront réunis en conseil, ils auront le pouvoir de faire, s'ils le jugent nécessaire, pour le gouvernement intérieur de la prison tous les règlements qui ne seront pas incompatibles avec les principes du confinement solitaire, tels qu'ils ont été fixés par le présent acte [1].

Ils assisteront aux instructions religieuses des prisonniers, et désigneront pour diriger ces instructions une personne convenable, pour que ses services soient gratuits.

Ils doneront des ordres pour l'achat des matières premières devant servir au travail des condamnés dans la prison, et des autres provisions nécessaires, et aussi pour la vente de tous les articles manufacturés.

Ils veilleront à ce que le greffier tienne des comptes exacts de toutes les dépenses et recettes du pénitencier; ces comptes seront examinés ou arrêtés chaque année, contradictoirement avec eux, par les auditeurs du comté de Philadelphie.

Ils feront tous les ans, pour le 1er janvier de chaque année au plus tard, un rapport écrit à la législature sur la situation

1. Il y est dit: Toute personne condamnée à souffrir l'emprisonnement séparé ou solitaire, avec travail dans un des pénitenciers de l'État, sera tenue, seule et séparée, de travailler dans des cellules, ou cours de travail de la prison; elle recevra des aliments sains et grossiers, suffisants pour le soutien de la santé du corps, des vêtements appropriés à sa situation, à la discrétion des inspecteurs. Durant son confinement, le prisonnier ne pourra voir aucune personne, excepté les inspecteurs, les employés de l'institution, les visiteurs officiels ci-après désignés, et telles autres personnes qui, pour des raisons d'une haute importance, seront admises sur la permission du comité des inspecteurs.

du pénitencier; ce rapport fera connaître le nombre des détenus, leur âge, leur sexe, le lieu de leur naissance, le crime pour lequel ils ont été condamnés, la durée de leur emprisonnement, l'époque de leur entrée, la date de leur condamnation et la cour qui l'a prononcée; le nombre des évasions, des décès et des libérations, des grâces; à la suite de ces détails les inspecteurs donneront le résultat de leurs observations sur l'efficacité de la discipline, et indiqueront les améliorations qu'ils jugeront nécessaires pour obtenir le châtiment et la réforme des criminels.

Ils auront le pouvoir d'interroger, sous serment ou affirmation, toutes personnes pour les abus qui auront pu être commis dans le gouvernement du pénitencier.

Dans le cours de leurs visites hebdomadaires, ils parleront à chaque prisonnier, hors de la présence des employés; ils écouteront leurs plaintes, rechercheront si elles sont fondées, et prendront toutes les mesures convenables.

Ils s'assureront si tous les prisonniers inscrits sur les registres de la prison y sont réellement enfermés.

La majorité des inspecteurs peut prendre des décisions; elle pourra agir comme si le conseil était au complet. Deux des inspecteurs suffiront pour les visites hebdomadaires;

Le directeur ni les inspecteurs ne pourront vendre sans autorisation du conseil aucun article à l'usage du pénitencier; ils ne pourront rien vendre aux prisonniers, ni rien acheter d'eux, ni retirer aucun bénéfice dans les marchés faits pour le compte de la prison; et ils ne devront, sous aucun prétexte, recevoir aucune somme d'argent, dons ou récompenses quelconques de la part des prisonniers, le tout sous peine d'une amende de 500 dollars (2,800 fr.)

Art. 2. — *Devoirs du directeur.*

Le directeur résidera dans le pénitencier; il ne pourra s'en absenter pour une nuit sans la permission écrite de deux des inspecteurs; il visitera chaque cellule et verra chaque prisonnier confié à ses soins, au moins une fois par jour [1]. Il tiendra la main à ce que le journal dont il est parlé à l'article 5 soit régulièrement tenu.

Il nommera les surveillants et tous les domestiques nécessaires ; il les renverra lorsqu'il le jugera convenable ou que le conseil des inspecteurs le lui ordonnera.

Il rendra compte aux inspecteurs des infractions commises par les prisonniers, et avec l'approbation de l'un d'eux, il punira les délinquants, ainsi qu'il sera établi dans les règlements que devront faire les inspecteurs sur le traitement des prisonniers [2] ; il n'assistera pas, à moins qu'il n'y soit appelé, aux visites hebdomadaires des inspecteurs.

Art. 3. — *Devoirs du médecin.*

Le médecin visitera les malades tous les jours, et chaque prisonnier deux fois la semaine ; il fera chaque mois un rapport de santé aux inspecteurs ; il se rendra à la prison toutes les fois qu'il sera appelé par le directeur.

Il examinera de nouveau chaque prisonnier avant qu'on le renferme dans sa cellule [3].

1. Le nombre des prisonniers rend cette disposition du règlement d'une exécution impossible. Le directeur voit chaque prisonnier environ deux fois par semaine.

2. Les châtiments sont la réduction de la nourriture et la privation de jour et de travail.

3. Nous omettons les dispositions concernant l'infirmerie ; il n'en existe pas, l'expérience ayant fait connaître au médecin que les prisonniers étaient mieux traités dans une cellule que dans une infirmerie commune. Les prisonniers malades sont transportés dans un rang de cellules destinées à cet usage. Des gardes les soignent, et, lorsque la sûreté n'exige pas le contraire, les portes des cellules restent ouvertes pour faciliter le service. Il y a dans cette disposition avantage moral et physique. La règle de la séparation des prisonniers, qui fait le fondement du système pénitencier de Pensylvanie, n'est pas violée, et les prisonniers n'ont pas devant les yeux, durant leur maladie, le spectacle d'autres souffrances.

Le médecin vérifiera avec soin l'état moral et physique de chaque prisonnier, et quand il aura sujet de croire que l'esprit ou le corps sont matériellement affectés par la discipline, le traitement ou le régime de la prison, il en informera le directeur, et le mentionnera sur le journal dont il va être parlé. L'avis du médecin sera suffisant pour que le directeur puisse changer, à l'égard d'un prisonnier, la discipline, le traitement et le régime de la prison, jusqu'à la prochaine assemblée des inspecteurs; ceux-ci alors s'informeront du cas et prescriront les mesures nécessaires.

Le médecin tiendra un journal dans lequel il inscrira le nom de chaque prisonnier, l'état de sa santé, les observations qu'il jugera importantes; ce journal sera soumis à l'inspection du directeur et des inspecteurs, et sera toujours à leur disposition.

Il pourra ordonner le régime qu'il jugera convenable pour les malades.

Aucun prisonnier ne sera libéré étant malade, quoique y ayant droit, à moins qu'il ne le désire.

Art. 4. — *Du devoir du directeur religieux.*

Il sera de son devoir de veiller à l'instruction morale et religieuse des condamnés, dans le but de rendre, autant que possible, leur emprisonnement utile à leur réforme, afin que, rendus à la liberté, ils puissent devenir des membres de la société, honnêtes, actifs et utiles. Les inspecteurs et employés ont l'ordre de lui donner toutes les facilités qu'il jugera convenables pour produire un résultat si désirable, pourvu toutefois qu'elles ne soient pas incompatibles avec les règles et la discipline de la prison.

Art. 5. — *Du devoir des surveillants.*

Il sera du devoir des surveillants de connaître la position des prisonniers au moins trois fois par jour, de veiller à ce que les rations fixées pour leur repas leur soient régulièrement distribuées, et de surveiller leur travail.

Ils avertiront immédiatement le directeur et le médecin aussitôt qu'un des détenus se plaindra d'être malade. Chacun d'eux aura un certain nombre de prisonniers confiés à sa surveillance, il fera chaque jour au directeur (et aux inspecteurs chaque fois qu'ils l'exigeront) un rapport sur la santé et la conduite des prisonniers.

Les surveillants ne seront pas présents, à moins qu'ils ne soient appelés, lorsque les inspecteurs ou le directeur visiteront les prisonniers confiés à leurs soins. Ils obéiront à tous les ordres légaux, donnés par le directeur, et à tous les règlements établis par le comité des inspecteurs. Ils ne recevront d'ordre directement que du directeur, et ne pourront s'absenter de la prison que sur sa permission. Ils ne pourront recevoir d'aucun prisonnier quelque récompense que ce soit, pour service ou à titre gratuit, sous peine de 100 dollars d'amende (530 fr.) et d'un emprisonnement de trente jours, dans la prison du comté.

Sitôt que le directeur ou les inspecteurs auront connaissance d'une violation de cette disposition par l'un des surveillants, ils devront immédiatement le destituer et le faire poursuivre en exécution de la loi. Tout surveillant qui aura été une fois renvoyé ne pourra être employé de nouveau.

Art. 6. — *Réception des condamnés.*

Tout individu condamné à l'emprisonnement dans le pénitencier, y sera transporté par le schériff du comté aussitôt que la sentence sera devenue définitive. A son arrivée, avis en sera donné au médecin, qui examinera l'état de sa santé.

Il sera dépouillé de ses habits et revêtu de l'uniforme de la prison après avoir été lavé dans un bain chaud. Il sera alors examiné par le commis et le directeur, en présence d'autant de surveillants qu'il sera possible, pour leur faire connaître sa physionomie; son signalement, la cause de sa condamnation, les circonstances connues de sa vie antérieure, et les observations que l'on jugera utiles, seront inscrits sur le journal d'entrée. Les effets et les habits du prisonnier seront inscrits avec soin et conservés, sous la surveillance du directeur, pour lui être rendus lors de sa libération.

Si le condamné n'est pas dans un état de santé qui nécessite un traitement médical, il sera conduit dans une cellule qui lui aura été assignée ; et le numéro sera sa seule désignation durant tout le temps de sa détention.

ART. 7. — *Habillement et nourriture des condamnés.*

L'uniforme des prisonniers mâles se composera d'une veste et d'un pantalon de drap pour l'hiver, et d'une étoffe plus légère pour l'été. La forme et la couleur sont déterminées par les inspecteurs. Le linge sera changé deux fois par semaine. Les prisonniers ne pourront recevoir en aucun cas autre chose que les rations fixées pour tous. Ils ne pourront user de tabac, de vins ou de liqueurs spiritueuses, à moins que le médecin ne l'ordonne ; tous ceux qui leur en fourniront seront condamnés à une amende de 10 dollars, et, si c'est un employé, il sera procédé contre lui comme il est dit dans l'article précédent.

ART. 8. — *De la libération des condamnés.*

Quand un condamné sera libéré ou gracié, on lui rendra les habits et effets qu'il avait en arrivant ; s'ils sont insuffisants ou en trop mauvais état, on lui en donnera d'autres. Le directeur, avant de le renvoyer, s'efforcera, autant que possible, d'obtenir de lui la connaissance de sa vie antérieure, de l'instruction qu'il a reçue, des tentations qui l'ont entraîné au crime ; de ses habitudes générales, de ses passions, de ses vices, et du lieu où il se propose de fixer sa résidence. Ses réponses seront inscrites sur le journal dont il a été parlé art 6.

Si les inspecteurs et le directeur ont été satisfaits de sa moralité, de son activité et de sa bonne conduite, ils lui donneront un certificat, et lui remettront, au compte de l'état, 4 dollars, pour lui éviter la tentation de commettre de nouveaux crimes avant d'avoir pu trouver de l'ouvrage.

ART. 9. — *Des visiteurs.*

Personn , excepté les visiteurs officiels [1] des prisons, et ceux qui auront une permission écrite, conforme aux règles qu'adopteront les inspecteurs, ne sera admis à visiter le pénitencier.

Les visiteurs officiels pourront seuls communiquer avec les prisonniers, et aucun d'eux ne pourra donner aux condamnés, ni recevoir d'eux aucune lettre ou message, quelle qu'en puisse être la nature, ni leur fournir quoi que ce soit, sous peine d'une amende de 100 dollars.

Tout visiteur qui découvrira un abus, ou une infraction aux lois, ou un acte d'oppression, devra immédiatement le faire connaître au comité des inspecteurs de l'état, si les inspecteurs ou l'un d'eux sont compromis.

Toutes les amendes infligées par le présent règlement sont exigibles par corps.

Observations générales.

Le service divin est célébré de la manière suivante : le ministre se tient à une des extrémités du corridor, qu'un

1. Les visiteurs officiels sont : le gouverneur de l'état, les orateurs et les membres du sénat et de la chambre des représentants, le secrétaire d'état, les juges de la cour suprême, le procureur-général et ses substituts (*attorney general and his deputies*), les présidents et juges de toutes les cours de l'état, les maires et recorders des villes de Philadelphie et de Lancaster; les commissaires et schériffs des comtés, et le comité actif de la société de Philadelphie pour l'allégement des misères des prisons publiques.

rideau suspendu par une tringle et s'étendant d'une extrémité à l'autre, divise longitudinalement. Les portes de bois des cellules sont ouvertes. Cette séparation temporaire empêche les condamnés de se voir, et les surveillants sont présents pour prévenir toute tentative de conversation.

NOTE IV.

Loi sur l'établissement d'un comité d'inspection pour la prison du comté de Philadelphie, et sur l'administration de cette prison.

(14 avril 1835.)

Le sénat et la chambre des représentants de l'état de Pensylvanie, réunis en assemblée générale, ont arrêté les dispositions suivantes.

ART. 1er.

La prison construite en vertu de la loi dont la présente est le supplément recevra à son achèvement le nom de prison du comté de Philadelphie, et sera administrée par un comité d'inspection composé de douze citoyens domiciliés dans la ville ou le comté de Philadelphie; quatre seront nommés par le maire, le greffier des actes publics, et les aldermen de Philadelphie, quatre par les juges de la cour d'assises, et quatre par les juges du tribunal du district de Philadelphie. Leurs fonctions seront gratuites et dureront quatre années, ou même jusqu'à la nomination de leurs successeurs. En cas de vacance par suite de décès, démission ou autre cause, le président du comité en donnera avis à celle des trois assemblées qui aura élu le membre manquant, et elle pourvoira à son remplacement. La nomination des premiers inspecteurs aura lieu le premier lundi de mai prochain et chaque année suivante à la même époque; les personnes élues se tiendront prêtes à entrer en fonctions d'après les dispositions suivantes. A la première assemblée du comité d'inspection, les membres se diviseront par la voie du sort en classes de trois membres chacune; ceux de la première resteront en fonctions pendant un an, ceux de la seconde pendant deux ans, et ceux de la troisième pour trois ans, et ceux de la quatrième pendant quatre ans. Un procès-verbal de cette opération devra être transmis sur le registre des délibérations du comité.

ART. 2.

A sa première assemblée, et ensuite chaque année, le comité d'inspection élira dans son sein un président, un secrétaire et un trésorier, et tiendra procès-verbal de toute ses opérations; il y aura des assemblees fixées une fois par mois et d'autres assemblées particulières et extraordinaires le cas échéant. Le trésorier souscrira, sous les garanties convenables, telles obligations que le comité déterminera; il recevra et déboursera les fonds de l'établissement sur les mandats du comité. Le comité nommera chaque année un directeur, une directrice pour les femmes, un médecin et un commis aux écritures; il déterminera leurs émoluments, ainsi que ceux des surveillants et de tous les employés de la prison; il pourra délibérer lorsque la majorité de ses membres sera réunie, et établir pour l'administration intérieure tout règlement conforme au principe de la réclusion isolée.

ART. 3.

Le comité sera tenu d'élire chaque mois, dans son sein, trois visiteurs qui auront à inspecter la prison au moins une fois par semaine et plus souvent si cela est nécessaire, pour s'assurer que les employés s'acquittent de leurs devoirs, pour prévenir toute oppression, concussion ou abus quelconque, et faire au comité un rapport mensuel ou d'autres plus fréquents en cas de besoin. Le directeur fournira aux visiteurs de service une liste des détenus, et veillera à ce que chacun d'eux se trouve dans la cellule indiquée. Aucun employé n'accompagnera les visiteurs dans leur inspection. à moins d'en recevoir l'ordre. Le comité sera chargé de conclure les marchés pour l'achat des vêtements et provisions de tout genre destinés au service de la prison, d'en régler l'emploi, de pourvoir au placement des objets fabriqués, et de déterminer l'espèce et la quantité de nourriture quotidienne des détenus; il pourra iuterroger tout individu sous la foi du serment ou sur affirmation, relativement à tout abus quelconque dans les matières de sa compétence; il fera tenir par le commis, un compte exact de toutes les recettes et dépenses, pour être examiné et arrêté annuellement par les auditeurs du comté de Philadelphie.

Art. 4.

Le directeur résidera dans la prison et ne s'en absentera pas une seule nuit sans une autorisation écrite de deux inspecteurs; il visitera chaque détenu dans sa cellule au moins deux fois par semaine, et plus souvent s'il le peut; lorsqu'il visitera la prison des femmes, il sera accompagné de la directrice; il tiendra un journal où il enregistrera toute évasion de détenu, plainte recueillie, punition infligée pour infraction au réglement, visite d'inspecteur et de médecin, enfin tout évènement remarquable; il nommera, sauf l'avis et l'approbation du comité, les surveillants et les gens de service, et les congédiera quand il le jugera convenable ou qu'il y sera invité par les inspecteurs. Le directeur, la directrice, ni aucun inspecteur, ne pourra vendre un objet pour le service de la prison ni tirer aucun bénéfice d'une vente semblable, ni, sous quelque prétexte que ce soit, accepter d'un détenu ou d'une personne agissant en son nom, une somme d'argent, un cadeau, une récompense ou aucun objet de valeur, à titre gratuit, sous peine d'une amende de 500 dollars à recouvrer au nom de l'état par action poursuivie devant les tribunaux compétents. Le directeur prendra en charge toute somme d'argent et tout effet qui se trouvera sur les détenus à leur entrée, et les leur remettra à leur sortie à eux-mêmes ou à la personne qui les représentera.

ART. 5.

La directrice résidera dans la prison et ne s'en absentera pas une seule nuit sans une autorisation écrite du directeur et de deux inspecteurs. Elle visitera chaque détenue dans sa cellule une fois au moins par jour, tiendra le directeur au courant de tout objet d'importance relatif aux individus, aux cellules et aux objets soumis à sa surveillance, dirigera les détenues dans leur travail, conformément aux ordres du directeur, et leur donnera toute instruction susceptible de leur réformer le moral et d'en faire des membres utiles de la société.

ART. 6.

Les surveillants et surveillantes sont tenus d'inspecter les détenus confiés à leurs soins au moins deux fois par jour et plus souvent, s'il se peut, pour s'assurer qu'ils reçoivent régulièrement leur nourriture, et surveiller le travail de ceux qui sont occupés; d'instruire immédiatement le directeur ou le médecin de toute indisposition d'un détenu qui réclamerait les secours de la médecine. Chacun des surveillants ou surveillantes aura un certain nombre de détenus confiés à ses soins, et fera au directeur un rapport journalier sur leur santé et leur conduite; aucun surveillant ni surveillante n'assistera aux visites que lui ou les inspecteurs feront à ces détenus, à moins d'y être invité. Tous obéiront aux ordres légitimes du directeur et au règlement établi par le comité d'inspection. Les surveillants ne reçoivent d'ordre que du directeur ou par son intermédiaire; les surveillantes n'en reçoivent que de la directrice ou par son intermédiaire également. Aucun surveillant ni surveillante ne peut s'absenter de la prison pendant les heures de son service sans permission du directeur, et, une fois congédié pour une faute quelconque, ne peut être employé de nouveau dans la prison; il ne doit accepter d'un détenu ou d'un individu agissant en son nom, aucun présent, cadeau, don ou récompense, ou même une simple promesse, pour faveurs ou fournitures, ou à titre gratuit, sous peine d'une amende de 100 dollars et d'un emprisonnement de soixante jours. Quand une infraction de ce genre viendra à la connaissance du directeur ou des inspecteurs, le surveillant, ou la surveillante, qui s'en sera rendu coupable, sera immédiatement congédié, si la majorité des voix du conseil le décide, et poursuivi conformément à la loi.

ART. 7.

Le médecin sera tenu de visiter chaque jour les malades, de donner les ordonnances nécessaires, de visiter chaque détenu au moins une fois par mois, et de faire sur leur santé un rapport mensuel aux inspecteurs. Dès que le directeur lui aura donné avis de l'indisposition d'un détenu, il sera tenu de se rendre immédiatement à la prison; il examinera tout individu amené dans l'établissement sous le rapport de la santé, et enregistrera dans un journal les noms des détenus au fur et à mesure de leur entrée, et l'état de leur santé, ainsi que les noms des malades qui réclameront ses soins, avec les remarques qu'il jugera importantes; ce journal sera à la disposition des inspecteurs et du directeur. Les malades recevront la nourriture qu'il ordonnera. Les inspecteurs approprieront pour le service des malades le nombre de cellules qu'il jugera nécessaires, en sus de l'infirmerie, et les feront disposer de la manière la plus favorable à la santé, à la commodité et au bien-être de ceux qui viendront à les occuper. Lorsque le médecin jugera nécessaire de transporter un malade de sa cellule dans une de ces chambres, le directeur donnera des ordres en conséquence et on y laissera le détenu jusqu'à ce que le médecin certifie qu'il peut être réintégré dans sa cellule sans danger pour sa santé. Si le médecin avait lieu de croire un détenu essentiellement affecté par le régime, la nourriture ou le traitement en usage, il pourra y ordonner des modifications; dans ce cas son ordonnance sera enregistrée sur son journal, et une copie en sera remise au directeur; celui-ci s'y conformera jusqu'à la première visite des inspecteurs de service, qui prendront des informations et confirmeront ou annuleront l'ordonnance, ou même en réfèreront au comité d'inspection.

Art. 8.

Nul autre que les visiteurs du gouvernement, et les personnes qui seraient pourvues d'une permission écrite d'un inspecteur, ne pourra visiter la prison Toutefois les avocats pourront conférer avec leurs clients conformément à la loi. Les visiteurs du gouvernement sont le gouverneur de l'Etat, les membres des deux chambres, le secrétaire d'état, le procureur-général et ses substituts, les députés du comté de Philadelphie, le président et les juges du tribunal du district de Philadelphie, du tribunal civil et de la cour d'assises, les membres des grands juges de la cour suprême du comté de Philadelphie, et le comité directeur de la Société de Philadelphie pour l'amélioration du régime des prisons, le maire et le greffier des actes publics de la ville de Philadelphie. Nul autre que les visiteurs du gouvernement n'aura de communication avec les détenus. Aucun visiteur ne pourra leur remettre ou recevoir de leurs mains aucune lettre ou message quelconque, ni leur fournir quelque objet que ce soit, excepté les lettres ou messages qui auraient été soumis ou communiqués au directeur ou à un inspecteur, et approuvés par eux, sous peine d'une amende de 100 dollars, recouvrable comme il est dit ci-dessus.

ART. 9.

A l'entrée d'un individu condamné, le médecin, s'il est présent, ou à sa première visite, examinera l'état de sa santé; on dépouillera le nouveau venu de ses vêtements, on le baignera, on le nettoyera, et on le revêtira de l'uniforme de la prison; il subira ensuite la visite du commis et du directeur, en présence d'autant de surveillants possible. Le nom, la taille, les vêtements, le lieu de naissance déclaré, la profession, le teint, la couleur des cheveux et des yeux, la longueur des pieds mesurée avec soin, seront constatés sur un registre *ad hoc*, ainsi que toute marque naturelle ou accidentelle, toute singularité de physionomie ou d'apparence qui pourrait servir à faire reconnaître l'individu; s'il sait écrire, il apposera sa signature au-dessous de son signalement. Tous les objets qui se trouvent sur le condamné, ainsi que ses vêtemenis, lui seront retirés, ils seront détaillés dans un registre *ad hoc* et conservés par le directeur pour être rendus au détenu à sa sortie. Si le condamné n'est pas dans un assez mauvais état de santé pour qu'il soit nécessaire de l'envoyer à l'infirmerie, on le conduira à la cellule qui lui sera assignée, en le désignant par un numéro qui servira à le faire connaître pendant le cours de sa détention. L'uniforme des hommes consistera en une veste et un pantalon de drap ou autre étoffe chaude pour l'hiver, et en étoffe plus légère pour l'été; les inspecteurs en détermineront la forme et la couleur; ils régleront également l'habillement des femmes pour l'hiver et l'été. On fournira aux détenus du linge blanc deux fois par semaine l'été, et une fois l'hiver. Un détenu ne doit rien recevoir au-delà de la règle commune.

ART. 10.

A la libération d'un détenu par expiration ou par remise

de peine, on lui ôtera l'uniforme de la prison et on lui rendra ses anciens vêtements, ainsi que les objets qu'on lui aurait retirés à son entrée et dont on n'aurait pas autrement disposé conformément à la loi. S'il ne possède pas de vêtements convenables, les inspecteurs lui fourniront ce qu'ils jugeront lui être nécessaire. Les inspecteurs et le directeur pourront donner au détenu libéré jusqu'à 5 dollars en argent ou des effets d'habillement d'une valeur égale.

Art 11.

Tous les détenus seront renfermés dans des cellules séparées; on tiendra les femmes à un étage différent de celui des hommes et des gens de peine, dans des cellules séparées du corps-de-logis ou de l'étage des condamnés, de manière qu'aucune correspondance ni conversation ne puisse s'établir entre ces différentes classes de détenus. Les inspecteurs veilleront à ce que les détenus dont il s'agit soient convenablement pourvus d'un coucher et de tout objet de nécessité, ainsi que d'un vêtement grossier pour leur usage dans les cellules, si cela est nécessaire pour leur commodité. Les inspecteurs établiront tout règlement nécessaire pour le maintien de la propreté, de la décence et de l'ordre, dans les cellules, parmi ces détenus, et puniront toute infraction à la règle par une privation de nourriture ou une détentiou plus étroite, jusqu'à parfaite obéissance; néanmoins ces règlements devront être conformes à la constitution et à la présente loi. On ne permettra l'usage des liqueurs fortes à aucun détenu, soit prévenu, soit condamné, à moins d'ordonnance du médecin. Quiconque leur fournirait du vin ou des liqueurs spiritueuses ou fermentées, sans ordonnance du médecin, encourrait une amende de 50 dollars recouvrable comme il est dit ci-dessus, et serait congédié de l'établissement, s'il y était employé. Un prévenu ne recevra rien au-delà de la règle de la prison, à moins d'une permission des inspecteurs de service ou d'une ordonnance du médecin.

Art. 12.

Pour combler tout déficit de fonds dans la tenue de l'établissement, conformément à la présente loi, les inspecteurs sont autorisés à demander les sommes nécessaires aux commissaires du comté de Philadelphie, qui leur délivreront un mandat sur le trésorier, si la demande leur semble fondée et les comptes des inspecteurs en règle.

Art. 13.

Après l'achèvement de la prison, tout individu convaincu, dans une cour criminelle du comté de Philadelphie, d'un crime comportant une détention de moins de deux ans dans la prison de Philadelphie, sera condamné à subir la peine dans la prison du comté de Philadelphie, d'après le régime de la réclusion isolée avec travail forcé.

Art. 14.

Tout individu convaincu de vagabondage ou de désordres, conformément aux lois de l'Etat, devant le tribunal de police municipale de Philadelphie et devant un juge de paix du comté de Philadelphie, sera condamné à la réclusion isolée, avec travail forcé pendant un mois dans la prison du comté de Philadelphie. Toutefois les inspecteurs pourront libérer les individus, ou les renvoyer dans la maison de travail, conformément à l'article 14 de la loi du 5 mars 1828 sur l'occupation et les secours à donner aux pauvres.

NOTE V.

Lettre de M. Pradier, coutelier, à M. Demetz.

Paris, le 15 juillet 1837.

Monsieur,

J'ai l'honneur de vous adresser la note que vous m'avez demandée des métiers qui pourraient facilement être exercés par des personnes dans l'état de solitude où les réduirait un nouveau système pénitentiaire, à l'instar des Etats-Unis.

Je partage votre opinion et celle de beaucoup de publicistes qui pensent, ainsi que vous, Monsieur, que l'isolement du condamné, en portant son esprit à la réflexion, contribuera puissamment à réveiller en lui des sentiments d'honneur, des regrets de sa conduite passée, qu'il n'oserait afficher devant une réunion de détenus presque toujours portés à couvrir de ridicule celui qui se sent le courage de retourner au bien. Le travail de l'homme isolé devra aussi être mieux fait que celui des ateliers, parce que, n'ayant aucun autre moyen de distraction, il sera forcé de faire du travail son occupation permanente, et que le perfectionnement deviendrait le résultat de cette occupation.

Depuis long-temps on réclame l'érection d'une prison construite sur le modèle de celles des États-Unis; si cette érection avait lieu, je m'engagerais à faire travailler à mon compte 25, 50, 100 prisonniers isolés, suivant la contenance de la prison, et je suis persuadé que tous les fabricants ne tarderaient pas à suivre mon exemple.

Veuillez agréer, Monsieur, l'assurance de ma haute considération.

Votre très humble serviteur,

PRADIER,

Coutelier, rue Bourg-l'Abbé, n° 13

Fabricants d'acier poli.
— d'agrafes.
— d'amorces.
— de balances.
— de baleines.
Bijoutier en cuivre.
Bonneterie.
Bonnets.
Bouchons.
Bourses.
Boutonniers en métal.
— en soie.
— en nacre.
— en moulé.
Bronzes.
Brosserie.
Cadres pour tableaux.
Cages.
Cannes.
Cartonnages.
Casquettes.
Ceinturonniers.
Chaises.
Châles en laine brochés.
Chaufferettes.
Chaussons.
Cheminées.
Chenille.
Ciseleurs.
Corsets.
Coton en laines.
Cotons filés et retors.
Couteliers.
Crayons.
Cristaux.
Culottiers en peau.
Dés à coudre.
Ebéniste.
Eventails.
Ferblantiers.
Frangiers.
Gaîniers.
Galonniers.
Gantiers.
Graveurs sur bois.
— en caractères d'imprimerie.
Lacets.

Lampistes.
Lunettes et lorgnettes.
Nacres.
Nécessaires.
Pantoufliers.
Parapluies.
Peignes.
Perles.
Raquettes.
Régleurs de papier.
Sacs en toile et en papier.
Socques et claques pour la chaussure.
Soufflets.
Souricières.
Tabatières.
Tabletiers.
Tailleurs.
Tourneurs.
Fourbisseurs.
Fourreurs.
Sculpteurs sur bois.
Tisseranderie et ouvrages au métier.
Ouvrages en paille.
Tapis.
Vannerie.
Et une infinité de travaux pour les troupes de terre et de mer.
Ainsi que beaucoup d'autres qui échappent à ma pensée.

FIN DES NOTES.

TABLE DES CHAPITRES

FIN DE LA TABLE.

En vente chez les mêmes Libraires.

MUSIQUE DES CHANSONS DE BÉRANGER.

Nouvelle édition, augmentée de deux airs avec accompagnement de piano, par madame Mainvielle-Fodor.

La Musique des Chansons de P.-J. de BÉRANGER est publiée en douze livraisons et imprimée par les procédés de Duverger. Il paraît une livraison tous les Jeudis, à partir du 9 novembre. Le prix de chaque livraison, contenant trente à trente-cinq airs est de. . . . . 30 cent.

Pour recevoir l'ouvrage franc de port par la poste, il faut ajouter 10 centimes par livraison.

ŒUVRES DE BÉRANGER.

Édition Illustrée par Grandville,

3 volumes grand in-8° vélin, ornés de 120 grands bois tirés à part, de frises, portrait et *fac simile*. Prix : . . . . 25 fr.

Édition Elzévirienne,

3 volumes grand in-32 vélin. . . . . 5 fr.
LA MÊME, ornée de 104 vignettes gravées sur acier. . 15 »

Imprimerie de H. FOURNIER et Comp., rue de Seine, n. 14.

www.ingramcontent.com/pod-product-compliance
Ingram Content Group UK Ltd.
Pitfield, Milton Keynes, MK11 3LW, UK
UKHW022325190726
13856UKWH00001B/211